高等院校继续教育财经类系列教材

基础会计

主编 曹雅姝

上海大学出版社
·上海·

图书在版编目(CIP)数据

基础会计 / 曹雅姝主编. —上海：上海大学出版社，2021.7
 ISBN 978-7-5671-4186-5

Ⅰ. ①基… Ⅱ. ①曹… Ⅲ. ①会计学-教材 Ⅳ. ①F230

中国版本图书馆 CIP 数据核字(2021)第 135182 号

责任编辑　石伟丽
封面设计　缪炎栩
技术编辑　金　鑫　钱宇坤

JICHU KUAIJI
基础会计
主编　曹雅姝
上海大学出版社出版发行
(上海市上大路99号　邮政编码200444)
(http://www.shupress.cn　发行热线 021-66135112)
出版人　戴骏豪

*

南京展望文化发展有限公司排版
上海东亚彩印有限公司印刷　各地新华书店经销
开本 787mm×1092mm　1/16　印张 17.5　字数 372 千字
2021 年 7 月第 1 版　2021 年 7 月第 1 次印刷
ISBN 978-7-5671-4186-5/F·214　定价 45.00 元

版权所有　侵权必究
如发现本书有印装质量问题请与印刷厂质量科联系
联系电话：021-34536788

丛书编委会

主　任　陈方泉
副主任　沈　瑶　徐宗宇
编　委　聂永有　尹应凯　胡笑寒
　　　　　房　林　严惠根　郭　琴
秘　书　石伟丽

总　序

随着经济全球化的不断深入和我国社会主义市场经济的不断发展,培养更多能够"知行合一"的高素质应用型经济管理人才是高校经管学科面临的重大任务和挑战。为此,我们遵循"笃学、笃用、笃行"的原则,组织上海大学相关学院的专业骨干教师,并与业界专业人士合作,编写这套新型的经济管理类教材。

本系列教材力求遵循教育教学规律,体现研究型挑战性教学要求,努力把握好"学习、实践、应用"三大关键。一是准确阐述本学科前沿理论知识,正确反映国家治理和制度创新的最新成就,体现经济社会发展趋势,使学生在学习专业知识的同时,养成正确的家国情怀和社会责任感,从而达到良好的思想政治和职业操守教育效果;二是通过"导入"等新的教学环节设计,教授学生科学、专业的思维方式和工作方法,培养学生在专业领域内由浅入深、由表及里,发现问题、分析问题、解决问题的能力;三是通过"拓展学习"的设计,引导学生关注并研究经济社会发展中出现的新问题,运用专业知识求实探索,寻求解决新问题的对策,培养学生的批判精神和创造能力,从而达到"授之以渔"的效果。

本系列教材的主要对象是高校经济管理学科接受继续教育的学生,同时也适用于有兴趣不断学习、更新经济管理知识的人士使用。我们还将运用现代信息技术和数字化教学资源,建设本系列教材的音像、网络课程,以及虚拟仿真实训平台等动态、共享的课程资源库。

本系列教材难免不足之处,敬请广大读者批评指正。

丛书编委会

2021 年 4 月

前言

"基础会计"既是会计学专业的一门专业基础课程,又是经济管理类专业的一门基础性课程,在工商管理与经济类学科教学中有着重要的地位。

为了便于继续教育学生对会计基本理论和技能的掌握,我们力求以通俗易懂的语言介绍会计的基本概念和记账方法。因此,本教材具有以下特点:

一是基础性。由于会计教学内容的层级性,作为"基础会计"课程,我们力求教材反映会计学科的基础性要求,以讲解会计基本概念、基本方法和基本技能为主,在内容安排上与会计的后续课程"财务会计"做好区别和衔接。

二是理论联系实际,内容新颖。本教材以我国最新发布的《会计法》《企业会计准则》《企业会计准则——应用指南》等为依据,在讲述会计基础理论的基础上,加大了对基础理论及其应用的论述,同时在会计凭证、会计账簿、会计处理程序、会计法规、会计职业等方面加大了对实践性内容的阐述,力争做到既有理论基础,又有实践应用。

三是本教材针对课程的各知识点,各章开篇前有"导入",有较强的引导性,增加学生了解各章内容的兴趣;章中有"探究与发现"引导学生结合所学内容对"导入"中的问题进行思考;各章内容后配备了思考题和多种题型的练习题,以帮助初学者较好、较扎实地掌握该课程的一些重要概念及记账原理;章末的"拓展学习",增加学生课后学习的内容,升华学生对本章知识的理解和运用。

本书共分十章,编写具体分工为:第一章、第二章、第三章、第十章由曹雅姝编写;第四章、第九章由陶琼编写;第五章、第六章由刘晓文编写;第七章、第八章由孙晶编写;全书的"导入""探究与发现"和"拓展学习"由曹雅姝编写；最后，由曹雅姝统稿。

  本书的出版特别需要感谢的是本套丛书的编委会、上海大学出版社的编辑；徐宗宇教授和沈瑶教授给本书提了许多建设性的意见，在此对他们表示衷心的感谢。

  然而，由于我们的学识所限，书中谬误和不足在所难免，敬请同行和读者批评指正。

编　者
2021 年 2 月

目 录

第一章 总论 ... 1
第一节 会计的含义 ... 1
第二节 会计的职能和会计目标 ... 3
第三节 会计核算基础 ... 6
第四节 会计核算方法 ... 11

第二章 账户与复式记账 ... 17
第一节 会计对象与会计要素 ... 17
第二节 会计等式与经济业务 ... 23
第三节 会计科目与会计账户 ... 29
第四节 复式记账的方法与原理 ... 36
第五节 借贷记账法 ... 38
第六节 会计业务循环 ... 46

第三章 制造业企业主要经济业务的核算 ... 57
第一节 制造业企业主要经济活动及其核算的内容 ... 57
第二节 资金筹集业务的核算 ... 59
第三节 生产准备业务的核算 ... 63
第四节 产品生产业务核算 ... 70
第五节 产品销售业务核算 ... 81
第六节 利润与利润分配的核算 ... 86

第四章 会计凭证 ... 105
第一节 会计凭证的意义和种类 ... 105
第二节 原始凭证 ... 107
第三节 记账凭证 ... 115
第四节 会计凭证的传递和保管 ... 123

第五章　会计账簿 … 131
　第一节　会计账簿的意义和种类 … 132
　第二节　会计账簿的设置和登记 … 134
　第三节　账簿登记基本规则 … 142
　第四节　结账和对账 … 145

第六章　财产清查 … 153
　第一节　财产清查的意义、种类和组织 … 154
　第二节　实物资产的盘存制度和方法 … 156
　第三节　货币资金的清查 … 160
　第四节　往来账项的清查 … 162
　第五节　财产清查结果的核算 … 162

第七章　会计报表 … 171
　第一节　会计报表的意义、种类和编制要求 … 171
　第二节　资产负债表 … 174
　第三节　利润表 … 179
　第四节　现金流量表 … 182
　第五节　所有者权益变动表 … 187

第八章　账户综合分类 … 195
　第一节　账户分类概述 … 196
　第二节　账户按经济性质和经济内容分类 … 196
　第三节　账户按用途和结构分类 … 198

第九章　账务处理程序 … 213
　第一节　账务处理程序及其选择要求 … 213
　第二节　账务处理程序的种类与特点 … 214

第十章　会计工作的组织与管理 … 255
　第一节　会计工作组织的意义与要求 … 255
　第二节　会计机构 … 257
　第三节　会计人员 … 259
　第四节　会计规范 … 264

参考文献与推荐阅读书目 … 270

第一章

总 论

 本章教学目标

通过本章的学习,学生应了解会计的产生和发展过程;熟悉会计的定义、会计的基本职能、会计目标、会计信息使用者、会计假设、会计信息质量特征、权责发生制等会计基本理论;掌握会计核算方法的基本内容。

 本章核心概念

会计;会计的反映职能;会计的监督职能;会计假设;会计信息质量;权责发生制;会计核算方法

 导入

老张和老李合伙开了一家小型汽修公司,取名"张李汽修有限公司",注册资金50万元,经营洗车美容和修理业务。经过前期的一系列准备,于20××年12月8日正式开业承接修理业务。经过一个月的经营,合伙人需要了解本月的经营情况和业绩,税务部门也要求公司申报纳税,市场监督部门要求进行信息公示等。为提供以上信息,老张和老李决定聘请兼职会计小王进行处理。

请带着以下问题进入本章的学习:

(1) 公司聘请会计是否为必需?
(2) 会计是做什么的? 会计能提供什么信息? 为谁提供?
(3) 会计在提供会计信息过程中应该遵循哪些原则?
(4) 会计应该用什么方法提供公司会计信息?

第一节 会计的含义

一、会计的产生和发展

生产活动是人类社会赖以存在和发展的基础。在生产活动中,要生产出满足人类需要的产品,必然会产生一定的耗费,包括人力、财力和物力的耗费。如果生产所得少于生产耗费,则生产只能在缩小规模的基础上进行,最终生产将不能继续,人类的生产生活将不复存在;如果生产所得等于生产耗费,则只能维持原来的生产规模进行简单再生产;如果生产所得超过生产耗费,则产生剩余产品,生产能在原来的生产规模基础上进行扩大再生产,并产生在社会生活中剩余产品如何分配的问题。因此,人类在生产和生活的社会实践当中,必然会关心生产所得和生产所耗,并对它们进行比较,以便更好地管理生产活动,提高生产效率。在对生产所得和生产所耗进行比较的过程中,就产生了计量和记录行为,而这种计量和记录行为,就是原始的会计行为。会计是伴随着人类的生产实践而产生的一种活动。它原来是"生产职能的附带部分",也就是在生产活动的同时附带地把收支情况记录下来。后来随着生产的发展,它逐渐从生产职能中分离出来,成为特殊的、专门委托代理人行使的独立职能。

会计有着悠久的历史。在我国,古代"会计"一词产生于西周,主要指对收支活动的记录、计算、考察和监督。在国外,在远古的印度公社中,已经有记账员登记农业账目,登记和记录与此有关的一切事项。可见,会计及会计职业的历史可以追溯到很久以前,是人类生产实践的重要组成部分。

随着人类社会生产的日益发展和生产规模的日益扩大,生产、分配、交换、消费活动日益频繁和复杂,会计经历了一个由简单到复杂、由低级到高级的不断发展和完善的过程。会计从简单地计算、记录财务收支,逐步发展到利用货币作为一般等价物来计量,综合反映和监督经济活动,会计的方法和技术也得到进一步的发展和完善。单从会计的簿记方法看,早在15世纪中叶,在商贸比较发达的欧洲逐步形成了复式记账法。1494年意大利数学家卢卡·帕乔利(Luca Pacioli)发表的《算术、几何、比及比例概要》一书,系统地总结和论述了复式记账原理及其运用。会计的方法和技术,通过长期实践以及随着科学技术的发展不断得到完善。会计从手工操作,逐渐到利用机械操作,再到在会计领域开始运用计算机,到后来基本实现会计电算化;随着电脑技术、网络技术、通信技术等相关技术的迅速发展,会计电算化也由最初的电子数据处理系统(EDP),经过会计信息系统(AIS)、管理信息系统(MIS),逐步发展到了资源管理系统(ERP)。

总之,会计起源于人类的生产活动,是适应生产活动发展的需要而产生,并随着生产的发展而发展的。经济越发展,会计越重要,在经济高度全球化的今天,会计发挥着越来越重要的作用。

二、会计的含义

什么是会计?理论界有不同观点,这对初学者来说并不重要,因此本书对此不加以讨论。我们仅从会计的基本功能出发,将会计定义为:会计是以货币作为主要的计量单位,采用专门的方法,对企事业单位和其他组织的经济活动进行连续、系统、全面的反映和监督,同时,为单位组织内部和外部信息使用者提供以财务信息为主的经济管理信息,并在此基础上对经济活动进行分析、预测和控制的一种管理活动。

> **探究与发现**
>
> 通过上述学习,你是否对"导入"所提出的问题进行了相关思考?你认为问题(1)该如何作答?

第二节 会计的职能和会计目标

一、会计的职能

会计职能,是指会计在管理经济活动中所具有的功能。会计的基本职能一般概括为反映和监督两大基本职能。

(一) 反映职能

会计反映职能,或称会计核算职能,是指会计把经济活动中产生的大量数据转换为以财务信息为主的经济信息并提供给企业单位内外部信息使用者的功能。由于提供经济信息是会计最基本的活动,因而反映职能也是会计最基本的职能。

会计在反映经济活动时,主要以货币为计量单位,辅以其他计量单位,反映各单位的经济活动状况。会计反映经济活动具有分类和综合的性质,要将不同类型的经济活动及其影响综合起来,运用综合指标予以客观揭示,为此,必须对不同的经济活动采取统一的度量单位,这个度量单位就是货币等价物。除货币作为主要的计量单位以外,会计同时还会应用其他的度量单位反映经济活动,譬如实物度量单位等。

会计反映已经发生的经济活动状况,具有可验证性。可验证性是指由具备资格的不同人员来进行同样的会计处理,会得出大致相当的结论。会计反映经济活动时,是在符合既定会计规范的前提下,提供关于企业单位某个特定日期或某一时段内经济活动情况的信息。会计反映已经发生的经济事项,因此,不同的会计人员采用相同的会计准则和会计制度对相同的经济活动进行反映,应该会得出相同的结论,提供相同的会计信息。因此,会计反映经济活动在某种意义上说具有一定的可验证性。

会计反映经济活动具有完整性、连续性和系统性。完整性是指会计必须全面地毫无遗漏地反映经济活动,提供完整的会计信息;连续性是指在企业单位存续期间自始至终对经济业务进行连续、不间断的记录;系统性是指会计运用一套科学的方法体系和技术分门别类地对经济活动进行反映,通过会计确认、计量、记录和报告等会计程序,对经济业务数据进行输入、处理,最后输出决策相关的信息,尽可能满足信息使用者的需求。

根据《会计基础工作规范》(1996 年 6 月 17 日财政部财会字〔1996〕19 号公布,根据 2019 年 3 月 14 日《财政部关于修改〈代理记账管理办法〉等 2 部部门规章的决定》修改,下同），会计反映的具体内容可以归纳为：① 款项和有价证券的收付；② 财物的收发、增减和使用；③ 债权债务的发生和结算；④ 资本、基金的增减和经费的收支；⑤ 收入、费用、成本的计算；⑥ 财务成果的计算和处理；⑦ 其他需要办理的会计手续和进行会计核算的事项。

(二) 监督职能

监督职能，就是检查、评价和控制企业单位的经济活动过程，使之符合规定的标准和要求，实现预定的目标。

任何单位，无论规模大小，进行会计工作总要符合会计规范。会计规范是会计工作的章法和规矩，因此，必须严格按照会计规范办事，经济业务发生、处理必须进行合法性、合规性检查。凡不符合规定的要避免其发生，正在发生和已经发生的不符合规定的要及时予以纠正，并将其影响降低到最低程度。

会计监督贯穿于经济活动的全过程，即会计监督的事前、事中和事后监督相统一。企业单位在进行经济活动开始之前是否符合法律法规和制度要求，在经济上是否划算可行，需要进行计划和评价；对正在发生的经济活动过程，通过相关资料的收集、分析和审查，及时发现并采取措施纠正经济活动进程中产生的偏差或失误，使经济活动按照既定的目标进行；对已经发生的经济活动要按照会计规范予以及时、真实反映，并进行分析、考核和评价，促进企业单位不断提高经营管理水平。

会计监督往往利用一系列价值综合指标进行。会计主要是以货币作为计量单位对经济活动进行计量，其结果是建立在价值基础之上的。因此，会计监督就可以以价值指标衡量和评价经济活动的状况，这种监督具有综合性。利用价值指标考核还必须注意对价值指标的分解，找出影响价值变动的因素及其影响程度，以便采取切实可行的措施，实施有效监督。

根据《会计基础工作规范》，会计监督职能具体体现在以下方面：① 监督经济活动的合法性、合理性；② 监督经济活动的真实可靠性；③ 监督经济活动的效益和效率；④ 监督财产物资的安全性和完整性；⑤ 监督财经法规和财经纪律的执行情况；⑥ 其他需要监督的方面。

随着社会经济的发展和经济管理的现代化，会计的职能也会随之发生变化，一些新的职能不断出现。一般认为，除了反映和监督两个基本职能之外，会计还有分析经济情况、预测经济前景、参与经济决策等各种职能。

二、会计目标和会计信息使用者

从会计的发展历史和职能的论述中可知，会计的目标，就是向会计信息使用者提供管理有用的信息。会计信息是会计信息使用者使用的，什么信息对管理有用，信息使用者自身最清楚，因此，会计目标与会计信息使用者密切相关。

总体上看，会计信息使用者可以分成两大类：内部信息使用者和外部信息使用者。

一般而言,企业内部会计信息使用者是指企业管理者。企业管理者需要会计信息进行日常企业经营管理工作,需要会计信息向投资者反映自己的经营管理业绩。由于企业日常经营活动由管理者自己掌控,会计信息又是管理者管理下的财务部门加工的,因而,企业管理者也就成了内部会计信息使用者。

企业外部会计信息使用者是指投资人(所有者)、债权人、政府部门以及企业职工和其他社会公众等。

(1) 投资者。企业的经营需要资金投入,其资金来源渠道之一是投资者对企业的投资。投资者投资企业与否或投资后是否继续持有投资,往往取决于企业经营状况。因此,投资者必然关心所投资企业的经营活动的情况,并预测企业未来现金流量的金额和不确定性,作为投资决策的主要依据。大部分投资者或潜在投资者不直接参与企业的经营活动,需要通过会计提供的会计报告获得相关信息,以作为投资决策的参考。

(2) 债权人。债权人是指向企业提供贷款、持有企业债券或向企业提供赊销的个人或组织。债权人将资金借给企业,首要考虑的是资金的安全性,资金及利息有无保障,能否按期收回。债权人不参与企业的经营活动,因此,债权人需要通过企业提供的会计资料和信息,了解和掌握企业资金的使用情况,评价企业的盈利能力、偿债能力,预测企业的发展前景,据此作出是否贷款给企业的决策。即使已经将资金贷给企业,如果财务报表分析及其他证据表明企业的经营状况恶化、偿债风险加大,贷款人还可以利用贷款合同所规定的条款决定提前收回资金,以化解贷款风险。因此,会计信息对企业的债权人或潜在的债权人作出正确决策是十分重要的。

(3) 政府部门。企业是国民经济的细胞,在市场经济体制下,政府更需要获得企业的会计信息。政府使用企业会计信息主要是出于两个方面的考虑:一是政府需要会计信息对国民经济实行宏观经济调控。例如通过法律、制度、政策、利率、汇率、税率等调节国民经济的发展,保持国民经济的有序、稳定、快速增长。二是政府需要会计信息课征企业税收。企业税收是政府财政收入的主要来源,为了保证财政收入的稳定增长,政府自然非常关心企业的经济情况。同时,企业的许多税收,如我国的增值税、所得税等的征收都需要会计信息系统提供基本数据,税法也规定企业必须向政府税务部门提供他们所需的会计数据。当然,政府部门是不会参与企业日常经营管理活动的,因而,其也是企业外部的会计信息使用者。

(4) 企业职工。职工与企业的经济利益是密切相关的,职工总希望能在一个有稳定发展前景的企业中就业。职工在企业中使用会计信息有着双重的身份:一是职工以企业员工的身份在履行企业岗位工作时运用会计信息,这时的职工属于内部会计信息使用者;二是职工以一个与企业签约的签约人身份运用会计信息,这时的职工就转化成了外部会计信息使用者。因为,职工需要会计信息评估自己职业的稳定性、发展性和风险性,并决定是否继续在企业任职。

(5) 其他利益相关者。理论上看,一切与企业有着直接、间接经济利益关系的方面,都会关心企业经济状况,都有获得企业会计信息的需要。例如,企业的原料供应商、企业产品销售商、财务分析机构、管理咨询机构等。随着资本市场的发展和企业社会责任的扩大,会计信息对社会公众也显得越来越重要。例如,企业对自然环境的影响不仅仅影响企业职工、所在地区的社会公众,还会影响整个社会公众。会计可以为社会公众了解企业提供信息。

> **探究与发现**
>
> 通过上述学习,你是否对"导入"所提出的问题进行了相关思考?你认为问题(2)该如何作答?

第三节 会计核算基础

一、会计假设

会计假设是为了保证会计工作的正常进行和会计信息的质量,对会计核算所处的空间和时间环境及会计所使用的主要计量单位所作的合理设定,是人们对事物的认识和客观正常情况所作的合理判断,是企业会计确认、计量和报告的前提。我国《企业会计准则——基本准则》(2006年2月15日财政部令第33号公布,自2007年1月1日起施行;2014年7月23日根据《财政部关于修改〈企业会计准则——基本准则〉的决定》修改,下同)规定的会计假设包括下列四个方面的内容:会计主体、持续经营、会计分期和货币计量。

(一)会计主体

会计主体,也称为会计个体,是指会计为之服务的对象,它规定了会计核算的空间范围,也即会计为谁记账。由于会计讲求经济核算、提供经济信息,因此,独立核算经济利益的需要就成为判断会计主体的重要依据。会计主体具有一定的相对性,关键看其是否需要独立核算其经济利益。一般而言,企业或单位只要具有独立的经济利益,就是一个独立的会计主体。企业或单位的内部组织单元,若进行独立的经济核算,也就成了具有独立经济利益的主体,因而也是独立的会计主体。同样,若企业之间具有投资与被投资的联系,若干个企业构成了企业集团,为了反映整个企业集团的财务状况和经营成果,可以将整个集团视为一个会计主体。

划分会计主体,就要把会计主体与会计主体的投资者、该会计主体和其他会计主体区分开来。如X、Y和Z设立了甲制造企业,这家特定的甲企业就成了一个会计核算的主体,只有以甲企业名义发生的有关活动,如购进原材料、支出生产工人的工资、销售产品等,才是甲企业会计核算的范围,而作为甲企业投资者的X、Y、Z等人的有关经济活动则不是甲企业会计核算的内容,向甲企业提供材料的另一些企业的经济活动也不是甲企业的核算范围。这样,作为甲企业的会计,核算的空间范围就界定为甲企业,即只核算以甲企业名义发生的各项经济活动,从而就严格地把甲企业与甲企业的投资者、与甲企业发生经济往来的其他企业区别开来。混淆会计核算范围的结果会使会计信息失去决策作用。

还应注意,会计主体与法律主体不是同一概念。一般而言,具有独立经济利益的法律主体都可以是会计主体,但反过来,会计主体却不一定是法律主体,如独资及合伙企业是会计主体,但不是法律主体。企业集团不是法律主体,但必须视为一个会计主体编制合并报表。

(二) 持续经营

持续经营,就是假定会计主体会按照既定的目标一直经营下去,不存在破产清算的情况。在持续经营假设下,会计确认、计量和报告应当以企业持续的、正常的生产经营为前提。只有在持续经营前提下,会计核算才能建立起非清算基础的会计确认和计量的原则,如历史成本原则等,会计处理的程序和方法才能保持相对稳定,会计核算工作才能正常进行。

当然,持续经营仅是一种假设,由于市场经济中普遍存在着风险和不确定性,企业破产的风险始终存在,如果一个企业不能持续经营,依据这一前提采用的会计处理方法和程序就不再适用,否则会误导会计信息使用者的经济决策。

(三) 会计分期

会计分期是指将会计主体的持续经营过程人为地划分为长度适当、间距相等的时间间隔,即会计期间,据以结算盈亏,按期编制财务报告,从而及时向会计信息使用者提供有关企业经营情况的信息。

会计期间通常分为会计年度和会计中期。短于一年的会计期间称为会计中期,例如,半年、一个季度、一个月份等。我国规定,以日历年度为会计年度,即从每年的1月1日起至当年的12月31日止为一个会计年度。

有了会计分期,才有了会计期初、会计期末、本期和非本期的概念。有了会计分期,才会出现收入、费用在不同会计期间的归属确认问题,才会产生收付实现制和权责发生制,也才会产生收入与费用的配比关系。

(四) 货币计量

货币计量是指会计主体在会计核算中以货币作为主要计量单位来反映会计主体的生产经营活动,并假设货币币值稳定。

以货币作为计量单位,是商品货币经济下反映会计信息的必然选择。在商品货币经济下,货币是商品的一般等价物,是衡量一般商品价值的共同尺度,具有综合性,是其他计量单位如实物计量单位、劳动量计量单位所无法比拟的。

我国规定会计核算以人民币作为记账本位币,如果以外币收支为主的企业,也可以选定某种外币作为记账本位币进行会计核算,但这些企业对外提供会计报表时,应当折合人民币反映,提供以人民币表示的会计报表。

二、会计信息质量要求

会计信息质量要求是对会计核算工作的基本要求。企业会计核算符合这些原则要求,就可以提高会计信息的质量,满足会计信息使用者的决策需要。我国《企业会计准则——基本准则》列示了八项会计信息质量要求,包括可靠性、相关性、可理解性、可比性、实质重于形式、重要性、谨慎性和及时性。

(一) 可靠性

可靠性是指企业应当以实际发生的交易或者事项为依据进行会计确认、计量和报告,如实反映符合确认和计量要求的各项会计要素及其他相关信息,保证会计信息真实可靠、内容完整。可靠性具有如下三个方面的含义:第一,可靠性要求会计忠实表达企业实际发生的经济业务,不提供虚假的或误导的信息。第二,可靠性要求所有会计程序的选择、会计数据的获取、会计信息的加工都应该是可以验证的。可验证是指由具备资格的不同人员来进行同样的会计处理,会得出大致相当的结论。第三,可靠性还包括中立性,即会计人员处理经济业务应持中立的立场。因为,会计信息如何加工、如何披露,并不是一个纯粹的会计技术问题,它还与企业各个利益集团的经济利益密切相关,会计人员只有站在中立的立场上,才能摆脱会计信息加工中利益驱动的影响,保证会计信息的可靠性。

(二) 相关性

相关性是指企业会计提供的信息应当与财务会计报告使用者的经济决策需要相关,有助于财务报告使用者对企业过去、现在或者未来情况作出评价或者预测。也就是说,企业会计信息应与信息使用者的经济决策相联系,具有帮助决策者获取导致决策方案差别的能力。所有的决策都包含方案差别比较和方案取舍的过程,相关性信息就是要具有帮助决策者分析方案差别、帮助进行方案取舍的能力。相关性具有三方面的要求:一是信息要有预测价值,即会计信息应能够使其使用者增强其预测决策方案中未来事件的能力;二是会计信息要有反馈价值,即会计信息使用者能够利用该信息判断先前的预测或评价现有的结果;三是会计信息必须及时提供,任何信息如果未能在有效的时间内及时提供到决策者手中,那么,最有用的信息也只能因时过境迁而毫无用处。由于及时性要求的重要性,我国会计基本准则将其列为单独的会计信息质量要求。

会计信息的可靠性和相关性质量要求,是会计信息应具备的两项主要品质特性,无论缺乏哪一个,该信息都无用处。

(三) 可理解性

可理解性是指企业会计提供的信息应当清晰明了,便于财务会计报告使用者理解和使用。

会计信息供信息使用者作出决策用,而要使使用者有效地利用信息,应当能让其了解会计信息的内涵,看懂会计信息的内容,这就要求财务报告提供的信息清晰明了,易于理解。当然，在强调会计信息的可理解性要求的同时，还应假定会计信息使用者具有一定的有关企业经营活动和会计方面的知识，并且愿意付出这些努力去研究这些信息。

（四）可比性

可比性是指企业提供的会计信息应当相互可比。会计信息的有用性就在于它可以相互比较，能判别决策方案之间的差别，供信息使用者对不同方案作出取舍。可比性具有两个具体方面的含义：一是指同一企业（会计主体）在不同时期发生的相同或相似的交易或事项，应当采用前后一致的会计处理方法，不得随意变更；二是指不同企业（会计主体）同一时期发生的相同或相似的交易或事项，应当采用统一的会计处理方法，确保会计信息指标口径一致、相互可比。

可比性要求并不是说企业完全不能改变原先采用的会计程序和会计处理方法。当企业的经营情况、经营范围和经营方式或国家有关的政策规定发生重大变化时，企业可以根据实际情况，选择使用更能客观真实反映企业经营活动情况的会计政策和会计处理方法进行会计核算，但要求说明变化的原因和对企业财务状况及经营成果的影响。

（五）实质重于形式

形式是指经济活动的法律形式，实质则为经济活动的本质。实质重于形式是指企业应当按照交易与事项的经济实质进行会计确认、计量和报告，不应仅以交易或事项的法律形式为依据。在市场经济条件下，企业经济交易或事项总是千变万化的，尤其是经济交易或事项的法律形式，为了适应各种不同的市场状况，经常处于变化与创新之中。当出现经济实质与法律形式背离时，企业会计应当按照经济实质而不是法律形式来进行会计确认、计量与报告。

（六）重要性

重要性是指企业提供的会计信息应当反映与企业财务状况、经营成果、现金流量等有关的所有重要交易或者事项。具体来说，对于那些对企业的经济活动或会计信息的使用者相对重要的会计事项，应当单独核算，分项反映，力求准确，并在会计报表中作重点说明；而对于那些相对次要的会计事项，在不影响会计信息可靠性和相关性的前提下，则可适当简化会计核算手续，合并反映。对于重要性的判断，通常的依据是事项的性质和数量。一般在性质上如属于不寻常、不适当或为未来情况改变的预兆，则为重要；在数量上若与同类或相关项目的金额（如资产总额、销货总额或净利润）比较，其比例大者，则为重要。

（七）谨慎性

谨慎性是指企业对交易或者事项进行会计确认、计量和报告应当保持应有的谨慎，不应高估资产或者收益、低估负债或者费用。市场经济与风险和不确定性总是相伴而生的。由于风险的存在，增强企业的实力、提高企业抵御风险的能力就显得十分必要。一般认为，当面临风险和不确定性时，低估企业的收益和资产，对信息使用者更为有利。在具体操作上，如果存在两种以上的备选会计方法时，应该选择既不会导致高估资产和收益，也不会导致低估负债和损失的方法。例如,在跌价的情况下,存货发出计价采用先进先出法,对应收账款计提坏账准备,采用加速折旧法计提固定资产折旧等,都是谨慎性的体现。需要注意的是,谨慎性的使用,必须在合理的范围内,任何超出会计准则规定的程度和范围,故意多计损失、少计收入的方法,都不属于谨慎性的要求。

(八) 及时性

及时性是指企业对于已经发生的交易或者事项,应当及时进行会计确认、计量和报告,不得提前或者延后。相关的会计信息必须满足及时提供的要求,任何有用的会计信息必须在决策之前提供,否则,信息无法影响决策。在会计核算中坚持及时性,一是要及时收集会计信息,即企业在经济业务发生后,会计人员要及时收集各种原始数据、单据;二是要及时处理会计信息,即及时根据收集的原始单据编制记账凭证、登记账簿并编制报表;三是要及时传递会计信息,即及时将编制的会计报表传递给会计信息使用者。

三、会计记账基础

会计分期假设将会计主体持续经营的过程人为地划分成了时间间隔相等的会计期间。有了会计期间,就有了本期与非本期之分。如某企业本年度销售,下年度才收款,该收入究竟是属于哪个年度的收入? 同样,本年度预付房租,下年度才使用该房屋,该支出究竟属于哪个年度的费用? 在收付期间和应归属期间不一致时,对于收入与费用的期间归属,存在两种记账基础,一种是权责发生制,另一种是收付实现制。

权责发生制是指收入和费用的确认应当以该收入和费用所引起的权利或义务是否发生为标准,而不是以该收入和费用所引起的现金收入或现金支付为标准。按照权责发生制,凡是当期已经实现的收入和已经发生或应负担的费用,不论款项当期是否收付,都应作为当期的收入和费用确认;凡是当期尚未实现的收入和尚未发生或不应当负担的费用,即使款项已经在当期收付,也不能作为当期的收入和费用确认。为了真实、公允地反映特定会计期的财务状况和经营成果,我国《企业会计准则》明确规定,企业应当以权责发生制为基础进行会计确认、计量和报告。

收付实现制是以款项是否已经实际收付为标准来确认当期收入和费用的记账基础。按照收付实现制,只要款项当期已经收到和已经支付,不管当期收入是否实际实现、费用是否实际发生,均作为当期收入和费用确认。目前《政府会计准则——基本准则》(2015年10月23日中华人民共和国财政部令第78号公布,自2017年1月1日起施行,下同)规定,行政单位和事业单位会计核算应当具备财务会计与预算会计双重功能。这些单位财务会计核算实行权责发生制;预算会计核算实行收付实现制。

> **探究与发现**
>
> 通过上述学习,你是否对"导入"所提出的问题进行了相关思考?你认为问题(3)该如何作答?

第四节　会计核算方法

　　会计的目标是为信息使用者提供会计信息,为了加工出对使用者决策有用的会计信息,会计处理必然要采用一定的方法。

　　会计方法,是指从事会计工作所使用的各种会计技术方法。它是核算和监督会计对象、完成会计任务的手段,也是会计的重要组成内容。

　　会计就其内容而言,可以分为会计核算、会计分析、会计检查三个主要方面。这三个方面既有一定的统一性,又有相对的独立性,它们所运用的方法各不相同。同样,会计方法也可以分为会计核算方法、会计分析方法、会计检查方法。会计核算是会计的基本环节,作为会计内容而言,会计核算是最基本的,因此,会计核算方法也是会计的基本方法。会计核算方法是本书的重点内容。有关会计分析方法和会计检查方法将在后续的有关会计专业教学中学习。

　　会计核算方法主要包括下列几种专门方法:设置会计科目和账户;复式记账;填制和审核凭证;登记账簿;成本计算;财产清查;编制会计报表。

　　(1) 设置会计科目和账户。会计科目是对会计对象的具体内容,按其不同的特点和经济管理的需要,进行分类核算和监督的项目。会计对象的具体内容是复杂多样的,为了对会计对象的具体内容进行系统的核算和监督,就应该对其进行科学分类。对会计对象的最基本的分类称为会计要素。根据各会计要素特点以及经济管理的具体要求,对会计要素的再分类即为会计科目。根据会计科目在账簿中开设的户头叫账户。账户是分门别类地、连续地在账簿中登记各种经济业务的专门方法,也是取得各种会计指标、产生各种财务信息的必要手段。账户的名称就是会计科目的名称。

　　(2) 复式记账。复式记账是对每一项经济业务都要以相等的金额,同时记入相互联系的两个或两个以上账户的一种记账方法。采用这种方法,可以对每项经济业务所引起的资金运动的来龙去脉进行全面反映。同时,由于对应账户所记载的金额相等,这就保持了账户记录在数量上的平衡关系,为账户记录的正确性检查提供了条件。因此,复式记账法可以检查有关经济业务的记录和计算的正确性。

　　(3) 填制和审核凭证。记账必须有根有据,这种根据就是会计凭证。会计凭证是记录经济业务、明确经济责任的书面证明,也是登记账簿的重要依据。但只有经过审核的正确无误的凭证才能作为登记账簿的依据。由此可见,填制和审核凭证是提供真实可靠的会计数据资料的前提条件,也是实行会计监督的重要手段。

　　(4) 登记账簿。账簿是会计账簿的简称,它是用来全面、连续、系统地记录经济业务的簿籍。登记账簿是以审核无误的会计凭证为依据,按照经济业务发生的时间顺序,分门别类地记入有关账簿,为经营管理提供完整的、系统的数据资料的过程。企业在日常经营活动中发生的大量经济业务,虽然在有关会计凭证中已经反映,但是在未登记账簿之前,这种反映是分散的、不系统的。而记入账簿以后,就能集中反映业务变化、财务收支以及资金结存等情况,有利于加强日常管理。同时,通过定期结账、对账,也可使账簿记录和实际情况保持一致,为编制会计报表提供完整而又系统的数据资料。

(5) 成本计算。成本计算是按照一定的成本对象归集和分配生产经营过程发生的各项生产费用,确定该种成本对象的总成本和单位成本的一种专门方法。例如,为了反映供、产、销三个过程所发生的各项费用,考核各过程的经营情况,就需要计算材料采购成本、产品生产成本、产品销售成本。通过正确计算成本,可以考核企业原材料和人工的消耗,核算其他费用支出是否节约,以便采取措施,降低成本。同时,还可以为编制成本计划、生产计划、制定销售价格提供必要的数据资料。

(6) 财产清查。财产清查是通过对各项财产物资进行实地盘点和核对,查明财产物资、货币资金和结算款项的实有数额,确定其账面结存数额和实际结存数额是否相符的一种专门方法。在日常的会计工作中,由于某些主观的或客观的原因,往往会发生账面记录与实际状况不符的情况。为了如实反映情况,做到账实相符,加强财产物资管理,就必须定期或不定期地对财产物资、往来账款等进行清查、盘点、核对。如发现账实不符,应及时调整账面记录,并查明原因,及时处理,以加强财产物资管理,提高会计信息的可靠性。

(7) 编制会计报表。会计报表是总括反映一定日期的财务状况和一定时期经营成果及现金流量的书面文件。编制会计报表是对日常会计核算的总结,它是根据账簿记录,定期进行分类整理和汇总,提供经济管理所需会计信息的过程。会计报表所提供的各种会计指标,是对外反映企事业单位财务状况和经营成果的重要依据,也是对内进行经济管理的重要依据。

上述各种会计核算方法并不是孤立存在的,而是相互联系、密切配合的,它们共同构成了一个科学、完整的会计核算方法体系。会计核算方法之间的关系,可以用图1-1表示。

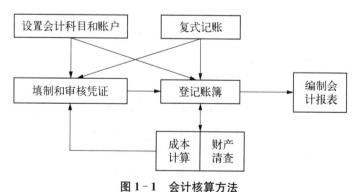

图1-1 会计核算方法

从图1-1可以看出,企业发生经济业务时,先从填制和审核凭证入手,然后再按规定的账户,运用复式记账方法,在有关账簿里进行登记;月终,根据账簿中记载的资料,计算成本、清查财产,在账实相符的基础上编制会计报表。这些专门方法是一个完整的相互联系的体系,任何一个方面没有做好,都会影响会计核算工作的质量,最终影响会计信息的质量。

> **探究与发现**
>
> 通过上述学习,你是否对"导入"所提出的问题进行了相关思考?你认为问题(4)该如何作答?

本 章 小 结

会计有着悠久的历史。会计起源于人类的生产活动,是伴随着人类的生产实践而产生的一种活动。它原来是"生产职能的附带部分",随着社会生产的发展,逐渐从生产职能中分离出来,成为特殊的、专门委托代理人行使的独立职能。经济越发展,会计越重要,在经济高度全球化的今天,会计发挥着越来越重要的作用。

会计是以货币作为主要计量单位,运用一系列专门的方法和技术,对一个单位、一个地区、行业乃至国家的经济活动进行全面、系统、综合的反映和监督,同时,为信息使用者提供以财务信息为主的经济管理信息,并在此基础上对经济活动进行分析、预测和控制的一种管理活动,是一项重要的管理工作。

会计职能是指会计作为管理经济的一种活动,客观上所能发挥的功用。会计的基本职能一般概括为反映和监督两大基本职能。

会计的目标是为信息使用者提供信息,以便于他们作出决策。会计信息的外部使用者主要是投资者、贷款人、政府监管部门等,内部使用者主要是企业内部各阶层的经营管理人员。

会计假设是会计核算的前提条件,包括会计主体、持续经营、会计分期和货币计量。在会计假设基础上,会计核算还需要制定一套会计核算工作的基本规范,它是进行会计核算的指导思想和衡量会计工作质量的标准。这些规范就是会计信息质量的原则要求,包括可靠性、相关性、可理解性、可比性、实质重于形式、重要性、谨慎性和及时性。

企业会计确认、计量和报告必须以权责发生制作为记账基础。

会计方法是由会计核算方法和预测、控制、分析及检查的方法组成的,其中,会计核算方法是会计方法的基础,它包括设置会计科目和账户、复式记账、填制和审核凭证、登记账簿、成本计算、财产清查和编制会计报表。

本章思考题

张李汽修有限公司20××年12月发生汽车美容和修理业务,公司兼职会计对本月部分经济业务作如下处理：

（1）合伙人老张从公司账上取现560元，为儿子买了一辆自行车，会计将其记为公司的费用。

（2）为吸引客户，办理汽车美容优惠卡预收现金8 000元，全部确认为本年的收入。（据统计其中3 000元已提供了汽车美容服务）

（3）汽车修理业务收入142 000元；洗车美容业务收入8 000元。这些收入中110 000元收到现金确认为本月收入；部分客户尚欠汽车修理款40 000元，未确认为本月的收入。

（4）购买用于汽车修理的设备开出支票15 000元，全部确认为本年的费用。该设备估计可以使用3年。

（5）购买用于汽车修理的配件、材料本月共支出现金或开出支票85 000元，全部确认为本年的费用。（经盘点还有5 000元的配件和材料积存）

（6）公司预付下一年的财产保险费10 000元，全部计入当月费用。

要求：根据上述资料，请讨论分析会计对经济业务的处理是否正确。若不正确，违反了哪项会计假设和会计原则？

本章练习题

一、单项选择题

1. 会计在经济管理中所具有的基本职能是（　　）。
   A. 记账和算账　　　　　　　　B. 记账和报账
   C. 算账和查账　　　　　　　　D. 反映和监督
2. 会计的主要计量单位是（　　）。
   A. 劳动计量　　B. 实物计量　　C. 工时计量　　D. 货币计量
3. （　　）假设规定了企业会计信息收集的空间范围。
   A. 会计分期　　B. 持续经营　　C. 会计主体　　D. 货币计量
4. （　　）假设规定了企业会计信息收集的时间基础。
   A. 会计分期　　B. 持续经营　　C. 会计主体　　D. 货币计量
5. 权责发生制核算基础的直接前提条件是（　　）。
   A. 会计分期　　B. 持续经营　　C. 会计主体　　D. 货币计量
6. 规定会计核算以货币作为计量单位，且假定币值不变的假设是（　　）。
   A. 会计主体假设　　　　　　　B. 持续经营假设
   C. 会计分期假设　　　　　　　D. 货币计量假设
7. 不仅要求不同会计主体之间的会计信息应当相互可比，而且还要求同一会计主体在不同会计期间的会计信息相互比较，这一会计信息质量要求称为（　　）。
   A. 可靠性　　B. 明晰性　　C. 相关性　　D. 可比性

8. 按现行制度规定,企业在确认收入与费用的会计期间归属时应遵循( )。
   A. 重要性原则　　　　　　　　　　B. 实质重于形式原则
   C. 权责发生制基础　　　　　　　　D. 谨慎性原则
9. 在会计方法体系中最基础的方法是( )。
   A. 会计核算　　　B. 会计检查　　　C. 会计分析　　　D. 会计控制
10. 企业投资人的会计信息不能混淆于企业会计主体信息的理论基础是( )。
    A. 重要性原则　　B. 持续经营假设　C. 会计主体假设　D. 货币计量假设

二、多项选择题

1. 会计反映职能的特点是( )。
   A. 具有连续性、系统性、全面性　　B. 具有可靠性
   C. 具有历史性　　　　　　　　　　D. 具有货币性
2. 会计核算基本的假设性前提条件为( )。
   A. 会计主体假设　　　　　　　　　B. 会计分期假设
   C. 货币计量假设　　　　　　　　　D. 持续经营假设
3. 属于我国《企业会计准则——基本准则》规定的会计信息质量要求的是( )。
   A. 真实性　　　B. 相关性　　　C. 权责发生制　　　D. 实质重于形式
4. 下列属于会计核算方法的有( )。
   A. 复式记账　　B. 会计检查　　C. 登记账簿　　　　D. 编制报表
5. 在有不确定因素情况下作出合理判断时,下列符合谨慎性要求的做法是( )。
   A. 合理估计可能发生的损失和费用
   B. 设置秘密准备,以防备利润计划完成不佳的年度转回
   C. 充分估计可能取得的收益和利润
   D. 不高估资产和收益
6. 根据可比性的要求,企业发生的相同或者相似的交易或者事项,为了使企业会计信息相互可比,企业应做到( )。
   A. 同一企业不同时期选择会计政策后可以随意变更
   B. 同一企业不同时期选择会计政策后不得随意变更
   C. 同一企业不同时期当改变会计政策后能够更恰当反映会计信息时,则可以变更
   D. 同一企业不同时期当国家有关法规发生变化要求企业变更会计政策时,则可以变更
   E. 不同企业应当采用规定的会计政策,确保会计信息口径一致、相互可比
7. 会计监督的内容包括( )。
   A. 监督会计资料的真实可靠　　　　B. 监督企业财产的安全和完整
   C. 监督经济业务的合法性　　　　　D. 监督财经法规和财经纪律的执行

8. 会计信息外部使用者一般包括(　　　)。

　　A. 投资者　　　　B. 银行　　　　C. 供应商　　　　D. 企业经理层

三、判断题

1. 会计是经济管理的重要组成部分,是随着生产发展和经济管理需要而产生与发展的。
(　　)
2. 会计主体就是法人主体。(　　)
3. 《企业会计准则》规定,我国的会计核算应当以人民币为记账本位币。(　　)
4. 权责发生制和收付实现制是在会计分期假设基础之上产生的。(　　)
5. 我国《企业会计准则》规定,企业应当以权责发生制为基础进行会计确认、计量和报告。
(　　)
6. 重要性原则指对于那些对企业的经济活动或会计信息的使用者相对重要的会计事项,应单独核算、分项反映,而对于那些次要的会计事项可以忽略不计。(　　)
7. 企业在会计分期的前提下,资产将会按原先预定的用途使用,负债将会按原先承诺的条件去清偿。(　　)
8. 可靠性和相关性是最重要的会计信息质量要求。(　　)

拓 展 学 习

1. 访问财政部会计准则委员会网站(https://www.casc.org.cn/),了解《企业会计准则——基本准则》的内容。
2. 访问上海证券交易所网站(https://www.sse.com.cn/)或深圳证券交易所网站(https://www.szse.cn/),了解上市公司披露会计信息的要求和内容。

第二章

账户与复式记账

 本章教学目标

通过本章的学习,学生应了解会计对象、会计要素、会计等式、会计科目、复式记账的基本知识;熟悉会计所要反映和监督的基本内容、会计等式的基本原理;掌握会计对象、会计要素和经济业务的类型对会计等式的影响及三者之间的密切联系,账户的基本含义及结构,借贷记账法的基本内容和运用。

 本章核心概念

会计对象;会计要素;会计等式;会计科目;会计账户;复式记账;借贷记账法;会计分录;账户对应关系;试算平衡;会计循环

 导入

张李汽修有限公司已经开业1个月,注册资金50万元已经到位,购买了汽车修理用的设备和修理用配件,提供了汽车修理和美容服务,支付了注册费、薪酬、水电费、招待费等。

请带着以下问题进入本章的学习:
(1) 从其所从事的经济活动看,张李公司归属于哪种企业类型?
(2) 如何对公司发生的经济业务进行分类?
(3) 会计小王用什么名称、以什么方法、按什么规则对公司业务进行记录?
(4) 会计小王按什么流程进行会计记录?

第一节 会计对象与会计要素

一、会计对象

会计对象是指会计所反映和监督的内容,即会计所要反映和监督的客体。由于会计需要以货币为主要计量单位,对特定会计主体的经济活动进行反映和监督,因而会计只能核算和监督社会再生产过程中能够用货币表现的各项经济活动,而以货币表现的经济活动,通常又称为价值运动或资金运动。所以,一般来说,会计对象是指企事业单位在日常经营活动或业务活动中所表现出的资金运动。

企业所拥有的资金是随着物资流的变化而不断地运动变化的。例如制造业企业进行生产经营活动,首先要用货币资金去购买生产设备和材料物资为生产过程做准备,然后将其投入企业生产过程中生产出产品,最后还要将所生产出来的产品对外出售并收回因出售产品而取得的货币资金。这样,制造业企业的资金就陆续经过供应过程、生产过程和销售过程,其形态也随之发生变化。用货币购买生产设备、材料物资的时候,货币资金转化为固定资金、储备资金;车间生产产品领用材料物资时,储备资金又转化为生产资金;将车间加工完毕的产品验收入库后,生产资金又转化为成品资金;将产成品出售又收回货币时,成品资金又转化为货币资金。我们把资金从货币形态开始,依次经过储备资金、生产资金、成品资金,最后又回到货币资金这一运动过程叫作资金循环,周而复始的资金循环叫作资金周转。实际上,企业的生产经营过程是周而复始、不间断、循环地进行的,即企业不断地投入原材料、不断地加工产品、不断地销售产品,其资金也是不断循环周转的。

上述资金循环和周转过程,也可以划分为三个具体的过程,即供应过程、生产过程和销售过程。制造业企业的资金在供、产、销三个过程不断地循环周转,这些资金在空间序列上同时并存,在时间序列上依次继起。企业资金在供、产、销三个过程中的循环和周转,支撑着企业的正常运营。

上述只是资金在企业内部的循环周转,就整个企业的资金运动而言,资金的循环周转还应该包括资金的投入和资金的退出。资金的投入是指资金进入企业。企业进行经营生产活动的前提是首先必须拥有一定数量的资金,投入包括投资者的资金投入和债权人的资金投入。前者构成了企业的所有者权益,后者形成了企业的债权人权益,即企业的负债。投入企业的资金一部分形成流动资产,另一部分形成企业的固定资产等非流动资产。资金的退出是指资金退出企业的资金循环和周转,它包括按法定程序返回投资者的投资、偿还各项债务、上缴税费、向所有者分配利润等内容,这是一部分资金离开企业,游离于企业资金运动之外。

资金的投入、运用(即内部循环周转)和退出是资金运动的三个阶段,三者相互支撑,构成一个统一体。没有资金的投入,就没有资金的循环和周转;没有资金的循环和周转,就没有资金的退出。制造业企业因资金的投入、循环周转和资金的退出等经济活动而引起的各项财产和资源的增减变化情况,以及企业销售收入的取得和企业纯收入的实现、分配情况,构成了制造业企业会计的具体对象。

与制造业企业相比,商品流通企业的经营活动缺少产品生产环节。商品流通企业的经营过程主要分为商品购进和商品销售两个环节。在前一个环节中,主要是采购商品,此时货币资金转换为商品资金;在后一个环节中,主要是销售商品,此时资金又由商品资金转换为货币资金。在商品流通企业经营过程中,也要消耗一定的人力、物力和财力,它们表现为商品流通费用。在销售过程中,也会获得销售收入和实现经营成果。因此,商品流通企业的资金是沿着货币资金——商品资金——货币资金的路径运动的,其具体内容也是资产、负债、所有者权益、收入、费用和利润等。

行政和事业单位为完成国家赋予的任务,同样需要一定数额的资金,但其资金主要来源是国家财政拨款。行政和事业单位在正常业务活动过程中所消耗的人力、物力和财力的货币表现,即为行政费用和业务费用。一般来说,行政和事业单位没有或只有很少一部分业务收入,因为费用开支主要靠国家财政预算拨款。因此,行政和事业单位的经济活动一方面按预算从国家财政取得拨入资金;另一方面又按预算以货币资金支付各项费用。其资金运动的形式是:资金拨入——资金付出。由此可见,行政事业单位会计对象的内容就是预算资金及其收支。

综上所述,不论是制造业企业、商品流通企业,还是行政、事业单位都是社会再生产过程中的基层单位,会计反映和监督的对象都是资金及其运动过程,正因为如此,我们可以把会计对象概括为社会再生产过程中的资金运动。

二、会计要素

如前所述,会计对象是社会再生产过程中的资金运动。但这一概念的涉及面过于广泛,而且很抽象。会计反映和监督的内容应该是详细具体的,这就要求对会计对象进行必要的分类,使之具体化。因此,会计要素就是对会计对象的基本分类,是会计对象的具体化,是反映会计主体财务状况和经营成果的基本单位。

我国《企业会计准则——基本准则》规定,我国企业的会计要素包括资产、负债、所有者权益、收入、费用和利润。这六大要素又可分为两大类:① 反映财务状况的会计要素,又称资产负债表要素,是构成资产负债表的基本单位,包括资产、负债、所有者权益;② 反映经营成果的会计要素,又称利润表要素,是构成利润表的基本单位,包括收入、费用和利润。

下面对各具体会计要素的概念和含义作进一步阐述。

(一) 资产

资产是指企业过去的交易或者事项形成的、由企业拥有或者控制的、预期会给企业带来经济利益的资源。根据资产的定义,资产具有以下特征:

1. 资产是由企业过去的交易或者事项所形成的

过去的交易或者事项包括了购买、生产、建造行为或者其他交易或事项。换句话说,企业预期在未来发生的交易或者事项不能形成资产。例如,企业有购买某存货的意愿或计划,但由于购买行为尚未发生,就不符合资产的定义,因而不能就此确认存货资产。

2. 资产必须为企业拥有或控制

资产作为一项资源,应当由企业拥有或控制,具体是指企业享有某项资产的所有权,或者虽然不享有某项资产的所有权,但该资源能被企业所控制。一般情况下,企业拥有资产所有权,才能享有其带来的经济利益,但是在某些特殊情况下(例如融资租赁),企业虽然不拥有资产的所有权,却也可以获得资产带来的经济利益,从实质重于形式的角度出发,也可以认为该资产是属于企业的资产。

3. 资产预期会给企业带来经济利益

资产预期会给企业带来经济利益,是指资产直接或间接导致现金或现金等价物流入企业的潜力,这是资产的本质属性。对于企业而言,资产的意义并不在于是一种资金的分布形式或价值的存在状态,而在于能给企业带来经济利益,能在未来导致现金或现金等价物的流入。例如,当应收账款能收回变成现金时,它就是资产的一种,而当应收账款发生坏账无法收回时,它就不再属于资产,必须注销成为损失。其他如待处理的财产损失、已经失效或毁损的存货等也都不属于资产。

企业的资产按照其流动性的不同,可以划分为流动资产和非流动资产。

流动资产是指在一年内或超过一年的一个营业周期内变现或者耗用的资产以及交换其他资产或清偿负债的能力不受限制的现金或现金等价物。常见的流动资产包括:库存现金及各种存款、交易性金融资产、应收及预付款项、存货、其他流动资产等。非流动资产是指除了流动资产以外的资产。常见的非流动资产包括:债权投资、长期股权投资、投资性房地产、在建工程、固定资产、无形资产、商誉等。

(二) 负债

负债是指企业过去的交易或者事项形成的、预期会导致经济利益流出企业的现时义务。负债具有以下特征:

1. 负债是由企业过去的交易或事项形成的

负债应当由企业过去的交易或事项形成,也就是说,导致负债产生的交易或者事项必须是已经发生的。例如赊购货物会产生应付账款,接受银行贷款会产生贷款偿还的义务等。企业将在未来发生的承诺、签订的合同等交易或者事项,不形成负债。

2. 负债是企业目前承担的一种现时义务

现时义务是指企业在现行条件下已经承担的义务。这表明,在未来发生的交易或事项形成的义务不属于现时义务,不应当确认为负债。这里所指的义务,可以是法定义务,也可以是推定义务。其中法定义务一般是具有约束力的合同或法定要求,在法律上可能是强制执行的,如企业向银行贷入款项形成的借款,企业购买原材料形成的应付账款,企业按照税法规定应当缴纳的税款等。推定义务是根据企业多年来的习惯做法、公开的承诺或者公开宣布的政策而导致企业将承担的责任,例如企业若愿意承担在产品质量保证期内发现的产品缺陷的修理费用,则企业在已经售出的产品上预期将会发生的修理费用就属于推定义务,在符合一定条件下应当将其确认为该企业的负债。

3. 负债预期会导致经济利益流出企业

现时义务一般是强制性的,它不可能自行消灭,只有按合同或协议约定履行才能消灭义务。现时义务的履行有多种方式,如支付现金、提供劳务或者交付其他资产等,但不管什么方式,义务的履行都会导致企业现金、现金等价物或其他资产等经济利益的流出。

负债按照流动性可以分为流动负债和非流动负债,流动性是指负债偿还的时间。流动负债是指在一年内或者超过一年的一个营业周期内偿还的负债。常见的流动负债包括：短期借款、应付账款、预收账款、其他应付款、应付职工薪酬、应付股利、应交税费等。除了流动负债以外的负债均是非流动负债。常见的非流动负债有：长期借款、应付债券、长期应付款等。

(三) 所有者权益

所有者权益,是指企业资产扣除负债后由所有者享有的剩余权益。对于企业来说,所有者权益是所有者对企业资产的剩余索取权,它是企业资产中除债权人权益外应由所有者享有的部分,既可反映所有者投入资本的保值增值情况,又体现了保护债权人权益的理念。

所有者权益的来源包括所有者投入的资本、直接计入所有者权益的利得和损失、留存收益等。

1. 所有者投入的资本

为了保证市场经济的秩序、提高企业的商业信用程度、保障债权人的权益,国家法律一般都要求企业必须有一定资本金,并且不得随意抽回。所有者投入的资本是指所有者投入企业的资本部分,它既包括构成企业注册资本(计入实收资本)或者股本的金额,也包括投入资本超过注册资本或者股本的金额,即资本溢价或股本溢价,这部分投入资本被计入了资本公积。

2. 直接计入所有者权益的利得和损失

直接计入所有者权益的利得和损失,是指不应当计入当期损益、会导致所有者权益发生增减变动的、与所有者投入资本或向所有者分配利润无关的利得或者损失。

利得是指由企业非日常活动所形成的、会导致所有者权益增加的、与所有者投入资本无关的经济利益的流入。损失是指由企业非日常活动所发生的、会导致所有者权益减少的、与向所有者分配利润无关的经济利益的流出。

3. 留存收益

企业取得的税后利润,作为资本的报酬,除了按法律规定必须留在企业的外,企业所有者可以决定提取自用或继续留在企业,这种来自企业净利润中的留在企业继续使用的部分,称为留存收益。主要包括累计计提的盈余公积和未分配利润。

(四) 收入

收入是指企业在日常活动中形成的、会导致所有者权益增加的、与所有者投入资本无关的经济利益的总流入。收入具有以下特征：

1. 收入是从企业日常活动中产生的,而不是从偶发的交易或事项中产生的

日常活动是指企业为完成其经营目标所从事的经常性活动以及与之相关的活动。例如,制造业企业的收入是从销售产品、提供劳务等日常活动中产生的,而不是从处置固定

资产等非日常活动中产生的。非日常活动中产生的经济利益流入,不能确认为收入,而应当计入利得。

2. 收入能导致企业所有者权益的增加

收入可以表现为企业资产的增加,如增加银行存款、应收账款;也可表现为负债的减少,如以商品或劳务抵偿债务;或者两者兼而有之,如商品销售的货款中部分抵偿债务,部分收取现金。因此,企业取得收入可以增加利润,增加所有者权益。

3. 收入是与所有者投入资本无关的经济利益的总流入

收入应当会导致经济利益的流入,从而导致企业资产的增加。例如,企业销售商品,应当收到现金或者在未来有权收到现金,才表明该交易符合收入的定义。但是,经济利益的流入有时是所有者投入资本的增加所导致的,所有者投入资本的增加不应当确认为收入,而应当将其直接确认为所有者权益。

收入按性质分类,一般分为销售商品收入、提供劳务收入和让渡资产使用权的收入。按企业经营业务的主次分类,可以分为主营业务收入、其他业务收入等。

(五) 费用

费用是指企业在日常活动中发生的、会导致所有者权益减少的、与向所有者分配利润无关的经济利益的总流出。费用具有以下特征:

1. 费用是企业在日常活动中形成的

费用一般是在取得收入的日常活动中发生的。有所得,就会有所费,企业为了取得收入,必然要发生相应的费用。企业为生产产品、提供劳务等发生的可归属于产品成本、劳务成本等的费用,应当在确认产品销售收入、劳务收入等时,将已经销售产品、已经提供劳务的成本等记入当期费用。非日常活动中产生的经济利益流出,不属于费用,而应当计入损失。

2. 费用会减少企业的所有者权益

通常,企业资金的流入(收入)会增加企业的所有者权益;相反,资金流出会减少企业的所有者权益。但是,企业的资金流出并不总是表现为费用。例如,企业以银行存款偿付一项债务,只是一项资产与一项负债的等额减少,并不影响所有者权益,不形成费用;又如,企业向投资者分配利润,这一经济利益流出尽管减少了所有者权益,但其属性是对最终利润的分配,不是经营活动的结果,也不应作为费用。

3. 费用是与向所有者分配利润无关的经济利益的总流出

费用本质上是一种耗费,最终会减少企业的资源。费用是为了达到某种目的而发生的耗费,这种耗费可能表现为现金的流出、非货币资产的耗费或者负债的增加,但最终总会导致企业资源的减少,导致经济利益流出企业。鉴于企业向所有者分配利润也会导致经济利益流出,而该经济利益的流出是属于所有者权益的抵减项目,不应确认为费用。

值得注意的是,费用这一概念是一个多义词,我们往往将处于新资产形成过程中的生产性耗费也称为费用。例如,生产费用就是产品形成过程中发生的费用,随着产品生产的完成,生产费用将转化为产品的生产成本,直到该产品销售以后,归集在产品成本上的各种生产耗费才最终转化为企业费用。又如,材料的采购费用将形成库存材料的采购成本等。

常见的费用有:营业成本(包括产品销售成本、商品销售成本、其他营业成本等)、税金及附加、销售费用、管理费用、财务费用、所得税费用、资产减值损失等。

(六) 利润

利润是指企业在一定会计期间的经营成果,利润包括收入减去费用后的净额、直接计入当期利润的利得和损失等。其中,收入减去费用后的净额反映的是企业日常活动的经营业绩;直接计入当期利润的利得和损失反映的是企业非日常活动的业绩,它是指应当计入当期损益、最终会导致所有者权益发生增减变动的、与所有者投入资本或者向所有者分配利润无关的利得或者损失。

从利润的定义中可知,利润具有以下特征:① 利润是企业在一定会计期间的经营成果;② 利润与收入费用有直接关系;③ 利润在未分配前属于所有者权益。

一般情况下,如果企业实现了利润,表明企业的所有者权益将增加,业绩会得到提升。反之,如果企业发生了亏损,表明企业的所有者权益将减少,业绩会下滑。所以,利润通常是评价企业管理层业绩的一项重要指标,也是财务报告使用者进行决策时的重要参考依据。

利润可以划分为三个层次,即营业利润、利润总额和净利润。具体内容将在第三章展开。

> **探究与发现**
>
> 通过上述学习,你是否对"导入"所提出的问题进行了相关思考?你认为问题(1)该如何作答?

第二节 会计等式与经济业务

一、会计等式

会计等式也称为会计平衡公式,它是表明各会计要素之间基本关系的等式,是设置账户、复式记账和设计会计报表的理论依据。会计等式有两种表现形式:资产=负债+所有者权益;收入-费用=利润。

(一) 基本会计等式

企业要获取利润,必须要有供经营活动应用的资产,它是企业从事经济活动的物质基础。企业的资产是由投资者或债权人提供的,因此,他们对企业的资产有要求权,会计上称这种要求权为权益。企业有一定的资产，就有相应的权益，两者必然相等，以公式表示即：

$$资产＝权益$$

权益可以分为两类，其中，属于投资者的权益，称为所有者权益，它是对企业全部资产减去负债后的净资产的所有权；属于债权人的权益，称为负债，它是债权人要求企业定期偿付本息的权益。因此，上述会计等式又可表述为：

$$资产＝负债＋所有者权益$$

这是基本的会计等式，也称为第一等式，它反映了企业财务状况的三个会计要素之间的数量关系，是静态会计等式。

资产与权益的恒等关系，表明了某一会计主体在某一特定时点所拥有的各种资产，同时也表明了这些资产的归属关系，表明企业所拥有的全部资产都是由债权人和投资者提供的。企业经济活动中发生的任何一项会计事项，都可以以其对这一等式的影响说明，且无论会计事项如何变化，这个等式永远成立，故又称为会计恒等式。这一会计恒等式是会计设置账户、复式记账方法的理论基础，也是编制资产负债表的依据。

(二) 扩展的会计等式

从动态会计要素看，收入、费用、利润等反映了企业价值运动的增值过程，它们存在下列数量关系：

$$利润＝收入－费用$$

上述数量关系反映了一定时间内企业收入、费用与经营成果的关系，由于人们将利润定义为收入与费用的差额，所以，这个数量关系也是一个恒等式。该等式可以解释企业价值增值的原因，也即企业利润的形成过程，这一等式可称为第二等式，它是编制企业利润表的基础。需要说明的是，资产与权益之间的恒等关系是基本的，收入、费用、利润之间的关系是为了解释企业主体所有者权益的增加而出现的，所以是从属的。由于利润可以增加所有者权益及资产（如果是亏损则作相反方向的影响），因此，会计等式又可扩展为：

$$资产＝负债＋所有者权益＋利润$$

或者，

$$资产＝负债＋所有者权益＋收入－费用$$

二、经济业务与会计等式

所谓经济业务，也称为会计事项，简单地说，就是需要会计进行业务处理的事项，具体是指企业经济活动中发生的交易、事项或企业所在经济环境变化的情况。经济业务发生，就会引起会计要素发生增减变化,但会计要素无论怎样变化,不会改变会计要素之间的恒等关系。也就是说,经济业务的发生不会影响会计恒等式的平衡关系。因为一个企业的经济业务无论怎样错综复杂,从对会计等式影响的角度,都可以将其分为两大类:

(一) 等式一边发生增减变化

经济业务的发生,仅引起等式一边发生增减变化,但增减金额相等,总额不变。这又可分为以下五种情况:

(1) 经济业务的发生,导致等式左边即资产方项目此增彼减,但增减金额相等,故等式保持平衡。

(2) 经济业务的发生,导致等式右边的负债项目此增彼减,但增减金额相等,故等式保持平衡。

(3) 经济业务的发生,导致等式右边的所有者权益项目此增彼减,但增减金额相等,故等式保持平衡。

(4) 经济业务的发生,导致等式右边的负债项目增加,而所有者权益项目减少,但增减金额相等,故等式保持平衡。

(5) 经济业务的发生,导致等式右边的所有者权益项目增加,而负债项目减少,但增减金额相等,故等式保持平衡。

(二) 等式两边同时增加或减少

经济业务的发生,引起等式两边都发生同时增加或减少的变化,但增加或减少的金额相等,等式保持平衡,而两边的总额或增加或减少。这又可分为以下四种情况:

(1) 经济业务的发生,导致等式左边的资产项目增加,而同时导致等式右边的负债项目也增加相同金额,故等式保持平衡。

(2) 经济业务的发生,导致等式左边的资产项目增加,而同时导致等式右边的所有者权益项目也增加相同金额,故等式保持平衡。

(3) 经济业务的发生,导致等式左边的资产项目减少,而同时导致等式右边的负债项目也减少相同金额,故等式保持平衡。

(4) 经济业务的发生,导致等式左边的资产项目减少,而同时导致等式右边的所有者权益项目也减少相同金额,故等式保持平衡。

以下将用经济业务的具体例子来说明经济业务的发生与会计等式平衡之间的关系。

【例2-1】假定A公司在会计期初拥有资产2 000万元(银行存款1 000万元,房屋与设备1 000万元),同时承担的银行债务有1 200万元,属于投资人的所有者权益为800万元。本期发生以下经济业务:

(1) 公司以银行存款200万元购买设备一台,设备已经收到,设备款也已经通过银行支付。

该经济业务一方面动用企业银行存款进行了支付,使企业资产(银行存款)减少了200万元;另一方面由于购买设备,使企业资产(固定资产——设备)增加了200万元。该经济业务对会计恒等式的影响是：

	资产	=	负债	+	所有者权益
期初会计恒等式	2 000	=	1 200	+	800
会计要素变化金额	(2 000−200+200)	=	1 200	+	800

(2) 公司以应付票据 30 万元偿付前欠 B 公司的应付购料款。

该经济业务一方面使企业负债（应付账款）减少了 30 万元；另一方面由于开出了应付票据，使企业另一项负债（应付票据）增加了 30 万元。该经济业务对会计恒等式的影响是：

	资产	=	负债	+	所有者权益
	2 000	=	1 200	+	800
会计要素变化金额	2 000	=	(1 200+30−30)	+	800

(3) 经批准，公司将盈余公积 50 万元转作资本。

这项经济业务发生后，一方面使企业的一项所有者权益（盈余公积）减少了 50 万元；另一方面由于将盈余公积 50 万元转作资本，使企业的另一项所有者权益（实收资本）增加了 50 万元。该经济业务对会计恒等式的影响是：

	资产	=	负债	+	所有者权益
	2 000	=	1 200	+	800
会计要素变化金额	2 000	=	1 200	+	(800−50+50)

(4) 公司按照投资者的出资比例向其分配股利 100 万元，股利尚未支付。

这项经济业务发生后，一方面使企业的一项所有者权益即企业可供分配的利润减少了 100 万元；另一方面由于股利尚未支付，因而导致了负债也相应地增加了 100 万元。该经济业务对会计恒等式的影响是：

	资产	=	负债	+	所有者权益
	2 000	=	1 200	+	800
会计要素变化金额	2 000	=	(1 200+100)	+	(800−100)

(5) 公司经股东和银行双方同意，将银行借款 400 万元转变为资本。

该经济业务一方面减少了企业债权人权益，使企业负债（银行借款）减少了 400 万元；另一方面因银行成为新的投资者而增加了所有者权益，使企业所有者权益增加了 400 万元。该经济业务对会计恒等式的影响是：

	资产	=	负债	+	所有者权益
	2 000	=	1 200	+	800
会计要素变化金额	2 000	=	(1 200−400)	+	(800+400)

(6) 公司从银行取得短期借款 400 万元贷款,款项已经到账。

该经济业务,一方面使 A 公司获得了银行贷款,一旦资金划入公司银行存款账户,则公司资产就立即增加 400 万元;另一方面,由于该资产来自银行,公司债务将增加 400 万元,表现为债权人权益的增加。该经济业务对会计恒等式的影响是:

	资产	=	负债	+	所有者权益
	2 000	=	800	+	1 200
会计要素变化金额	(2 000+400)	=	(800+400)	+	1 200

上述经济业务仅仅改变了会计恒等式的平衡内容,并没有改变会计恒等式的平衡状态。由于等式左边的资产项目与等式右边的负债项目同时增加相同金额 400 万元,故等式依然保持平衡。

(7) 公司的投资人决定增加资本 200 万元,投资人已经将资金存入了 A 公司在银行开设的存款账户。

A 公司的投资者投入了 200 万元货币资金(表现为银行存款),该业务一方面使企业资产增加了 200 万元;另一方面使企业所有者增加了对公司资产的要求权 200 万元,即所有者权益增加了 200 万元。该经济业务对会计恒等式的影响是:

	资产	=	负债	+	所有者权益
	2 400	=	1 200	+	1 200
会计要素变化金额	(2 400+200)	=	1 200	+	(1 200+200)

上述经济业务也仅仅改变了会计恒等式的平衡内容,并没有改变会计恒等式的平衡状态。由于等式左边的资产项目与等式右边的所有者权益项目同时增加相同金额 200 万元,故等式依然保持平衡。

(8) 公司以银行存款偿还前欠 C 公司货款 80 万元。

该业务一方面动用企业银行存款进行了支付,使企业资产(银行存款)减少了 80 万元;另一方面由于偿还了供货单位的债务,使企业负债(应付账款)减少了 80 万元。该经济业务对会计恒等式的影响是:

	资产	=	负债	+	所有者权益
	2 600	=	1 200	+	1 400
会计要素变化金额	(2 600−80)	=	(1 200−80)	+	1 400

上述经济业务也仅仅改变了会计恒等式的平衡内容,并没有改变会计恒等式的平衡状态。由于等式左边的资产项目与等式右边的负债项目同时减少相同金额 80 万元,故等式依然保持平衡。

(9) 公司用银行存款分配给投资者利润 180 万元。

这项经济业务发生后,一方面使 A 公司一项所有者权益即企业可供分配的利润减少了 180 万元;另一方面由于公司用银行存款支付给投资者 180 万元,因而导致资产(银行存款)也相应地减少了 180 万元。该经济业务对会计恒等式的影响是:

	资产	＝	负债	＋	所有者权益
	2 520	＝	1 120	＋	1 400
会计要素变化金额	(2 520－180)	＝	1 120	＋	(1 400－180)

上述经济业务也仅仅改变了会计恒等式的平衡内容,并没有改变会计恒等式的平衡状态。由于等式左边的资产项目与等式右边的所有者权益项目同时减少相同金额 180 万元,故等式依然保持平衡。

在扩展的会计等式中,考虑了收入、费用和利润这三个会计要素,而这三个会计要素的变化实质上都可以表现为所有者权益的变化,它们对会计等式的影响可以表现为以下三种情况:

(1) 企业收入的取得,或者表现为资产要素和收入要素同时、等额的增加,或者表现为收入要素的增加和负债要素同时、等额的减少,结果等式仍然保持平衡。

(2) 企业费用的发生,或者表现为负债要素和费用要素同时、等额的增加,或者表现为费用要素的增加和资产要素同时、等额的减少,结果等式仍然保持平衡。

(3) 在会计期末,将收入与费用相减得出企业的利润。利润在按规定程序进行分配以后,留存企业的部分转化为所有者权益的增加或减少,同时,要么是资产要素相应增加或减少,要么是负债要素相应减少或增加,结果等式仍然保持平衡。

下面继续看 A 公司的例子。

(10) 公司本期支付 150 万元各种费用,假定均以银行存款支付。

这项经济业务发生后,一方面使企业资产(银行存款)减少 150 万元;另一方面使企业费用增加 150 万元。减少的资产金额即增加的费用金额。该经济业务对会计恒等式的影响是:

	资产	＝	负债	＋	所有者权益	＋	收入	－	费用
	2 340	＝	1 120	＋	1 220				
会计要素变化金额	(2 340－150)	＝	1 120	＋	1 220			－	150

上述经济业务也仅仅改变了会计恒等式的平衡内容,并没有改变会计恒等式的平衡状态。该项经济业务发生增加了费用,减少了资产,并最终会导致所有者权益的减少,但不影响会计恒等式的平衡关系。该业务反映了企业资金增值运动的一个方面,即发生费用支出的这一方面。

(11) 公司在本期获得各种收入 250 万元,已经全部收到并存入银行账户。

这项经济业务发生后,一方面使企业资产(银行存款)增加 250 万元;另一方面使企业收入增加 250 万元。该经济业务对会计恒等式的影响是:

$$资产 = 负债 + 所有者权益 + 收入 - 费用$$
$$2\,190 = 1\,120 + 1\,220 - 150$$

会计要素变化金额 $(2\,190+250) = 1\,120 + 1\,220 + 250 - 150$

上述经济业务也仅仅改变了会计恒等式的平衡内容，并没有改变会计恒等式的平衡状态。该项经济业务发生增加了资产，同时增加了收入，并最终会导致所有者权益的增加，但不影响会计恒等式的平衡关系。该业务反映了企业资金增值运动的另一个方面，即取得收入的这一方面。

因为，收入－费用＝利润，A公司本期利润＝250－150＝100万元，所以，期末恒等式也可以改变为：

资产2 440万元＝负债1 120万元＋所有者权益1 220万元＋利润100万元

可见，通过收入与费用要素，企业利润形成过程的价值运动得到了较为详细的反映。当然，利润也属于所有者权益，所以，在会计期末，可以得到如下等式：

资产2 440万元＝负债1 120万元＋所有者权益1 320万元

以上说明，企业无论发生什么样的经济业务，虽然会影响会计要素的金额，但不会改变会计恒等式的平衡关系，在原有平衡打破的同时，新的平衡也随之建立起来。由此，我们可以得出如下结论：

(1) 任何经济业务所引起的会计要素变化，均可以反映于会计恒等式中。

(2) 任何经济业务，从引起的会计要素变化特征上看，都可以分类为两大类、九种情况。

(3) 任何经济业务，均不会影响会计等式的恒等关系。

探究与发现

通过上述学习，你是否对"导入"所提出的问题进行了相关思考？你认为问题(2)该如何作答？

第三节　会计科目与会计账户

一、会计科目

(一) 会计科目的意义

前已述及，会计要素是对会计对象的基本分类，有了会计要素就能对企业发生的经济活动作出总括性的反映。然而，这种分类仍然比较粗，其提供的信息还不够详细，甚至有些活动还无法反映。例如，投资人投入资产500万元，会计要素可以反映资产与所有者权益同时增加500万元,但是投资人投入的是什么资产呢？会计要素就无法反映清楚。又如,企业用银行存款购买机器设备,由于银行存款与机器设备均是资产,从企业总资产来讲并没有变化,因此,在这样的情况下会计要素就无法反映该经济业务的变化。为了反映各项经济业务所引起的会计对象的具体变化,使会计信息系统能提供更详细的满足管理要求的会计信息,必须对会计要素作进一步的分类。

会计科目是对会计对象的具体内容即会计要素进一步分类的结果,按其在经济活动中体现的特点和经济管理的需要,对会计要素分门别类进行核算的项目。为了全面、系统、分类反映和监督企业各项经济业务的发生情况,以及由此引起的各类会计要素具体内容的增减变化过程和结果,必须按照会计要素的特点,根据经济管理的具体要求,通过设置科目来进行分类别、分项目的核算。只有这样,才能分别为企业内部经营管理者和外部有关方面提供所需要的一系列完整的会计信息。

在实际工作中,会计科目是事先通过会计准则规定的,它是设置账户、进行账务处理所必须遵循的规则和依据,是进行准确会计核算的一个重要条件。

(二)会计科目设置的基本原则

设置会计科目是进行会计核算的起点。会计科目的设置是否合理,对于系统地提供会计信息、提高会计工作效率,以及有条不紊地组织会计工作等都有很大的影响。因此,在设置会计科目时不能随心所欲,而应遵循一定的原则。一般认为设置会计科目应遵循以下原则:

1. 要能全面、系统地反映会计要素的特点和内容

会计科目作为对会计对象具体内容即会计要素进行分类核算的项目,其设置应能保证全面、系统地反映会计对象的全部内容,不能有任何遗漏;同时,会计科目的设置必须反映会计对象的特点。因此不同行业应根据会计对象的特点设置相应的会计科目。即使是同行业的不同企业,亦可根据本企业经济活动特点和经济管理要求,对会计准则中统一规定的会计科目作必要的增补或简并,做到统一性与灵活性相结合。

2. 会计科目的设置要能满足会计信息使用者对会计信息的需要

会计科目的设置,除了要考虑到本企业经济管理的需要,同时应考虑外部信息使用者的各种需求。诸如投资者、债权人对企业经营成果和财务状况作出准确判断的需要,政府有关部门(税务、市场、财政等部门)对税收征管、市场监督、加强宏观调控、制定方针政策的需要等。

3. 会计科目的设置既要适应经济业务发展需要,又要保持相对稳定

会计科目的设置,要适应社会经济环境的变化和本企业业务发展的需要。例如,随着技术市场的形成和专利法、商标法的实施,对企业拥有的专有技术、专利权、商标权等无形资产的价值及其变动情况,就有必要专设"无形资产"科目加以反映。但是,为了对不同时期会计核算资料进行对比分析,也不能经常变动会计科目,也就是说,会用科目的设置,要保持相对稳定,以便保证不同时期会计资料的可比性。

4. 统一性与灵活性相结合

为了提供会计信息的可比性和满足各方面会计信息使用者的信息需求,我国会计科目一般由国家统一制定会计科目分类标准,供企业制定具体会计科目时参考。企业应根据国家统一会计科目表,结合自己企业的会计对象特点,制定符合企业特点和各方面要求的会计科目。

5. 会计科目的设置要简明、适用

每一个会计科目都应当明确地反映一定的经济内容,对其特定的核算内容必须严格、明确地界定,各科目之间不能互相混淆。为了便于会计工作的进行,尤其是为了方便会计电算化,对会计科目可进行分类排列,为每一个会计科目编一个固定的号码,这些号码称为会计科目编号或称账户编号。在各会计科目编号之间,应留有适当的空号,以便在增添新的会计科目时使用。常用的会计科目见表2.1。

(三)会计科目的分类

会计科目作为一个体系包括科目的经济内容和级次。科目的经济内容反映各科目之间的横向联系,科目的级次反映科目内部的纵向联系。

1. 会计科目按经济内容分类

会计科目是会计要素的具体分类项目。某一个会计科目的内容也就是其反映的会计要素的内容。如前所述,会计要素可以分为资产、负债、所有者权益、收入、费用和利润,那么相应地,会计科目也就应当分为资产类、负债类、所有者权益类、收入类、费用类和利润类,但收入和费用类科目是用来反映企业损益的会计科目,因此可将其合并为损益类会计科目。而企业实现的利润或发生的亏损,其最终承担者是所有者,所以又可将其归到所有者权益类科目里。在企业中,生产产品或提供劳务的成本计算是一项重要的经济业务,有必要单独设置成本类会计科目。因此,会计科目按经济内容分类可以分为五类:资产类、负债类、所有者权益类、成本类和损益类。表2.1的会计科目表就是按经济内容分类的结果。

2. 会计科目按级次分类

会计科目按级次分类,也就是按其提供指标的详细程度分类,可分为总分类科目、二级科目、三级科目、四级科目等等。总分类科目,又称"一级科目""总账科目",是指对会计要素具体内容进行总括分类,提供总括信息的会计科目,如"应付账款""应收账款""原材料"等。为了保证企业之间会计信息的可比性,我国总分类会计科目一般是由国家统一规定的,只允许企业结合企业特征稍作变通处理。明细分类科目,也称"明细科目",是对总分类科目所反映的经济内容进一步分类的科目。明细科目的设置,在不违反统一会计核算要求的前提下,企业可以根据自己的需要自行确定。二级科目是介于总分类科目与明细分类科目之间的会计科目,如果某一总分类科目下属的明细分类科目较多,可以增加设置二级科目。可见,当二级科目为末级科目时,二级科目也可称为明细科目;当二级科目下还存在明细科目时,三级及三级以下的科目均为明细科目。例如,"原材料"科目的分类情况如表2.2所示。

表 2.1　　　　　　　　　　我国常用会计科目表

序号	标准编号	科目名称	序号	标准编号	科目名称
		资产类	28	2232	应付股利
1	1001	库存现金	29	2241	其他应付款
2	1002	银行存款	30	2501	长期借款
3	1121	应收票据	31	2502	应付债券
4	1122	应收账款	32	2701	长期应付款
5	1123	预付账款			
6	1131	应收股利			**所有者权益类**
7	1132	应收利息	33	4001	实收资本
8	1221	其他应收款	34	4002	资本公积
9	1401	材料采购	35	4101	盈余公积
10	1403	原材料	36	4103	本年利润
11	1405	库存商品	37	4104	利润分配
12	1601	固定资产			
13	1602	累计折旧			**成本类**
14	1604	在建工程	38	5001	生产成本
15	1605	工程物资	39	5101	制造费用
16	1606	固定资产清理			
17	1701	无形资产			**损益类**
18	1702	累计摊销	40	6001	主营业务收入
19	1801	长期待摊费用	41	6051	其他业务收入
20	1901	待处理财产损溢	42	6111	投资收益
			43	6301	营业外收入
		负债类	44	6401	主营业务成本
21	2001	短期借款	45	6402	其他业务成本
22	2201	应付票据	46	6403	税金及附加
23	2202	应付账款	47	6601	销售费用
24	2203	预收账款	48	6602	管理费用
25	2211	应付职工薪酬	49	6603	财务费用
26	2221	应交税费	50	6711	营业外支出
27	2231	应付利息	51	6801	所得税费用

表 2.2　　　　　　　　　　　"原材料"科目的分类表

总分类科目	二 级 科 目	明细科目(三级明细)	明细科目(四级明细)
原材料	原料及主要材料	圆　　钢	Φ 5
			Φ 8
			Φ 10
		方　　钢	
		角　　钢	
	辅助材料		
	燃　料		

综上所述,一级科目是最高层次的会计科目,控制或统驭二级科目和明细科目,二级科目是介于一级科目和明细科目之间起过渡与中间控制作用的会计科目(二级科目本身也算作明细科目的一个组成部分),明细科目是对二级科目或一级科目按管理所需更为详细的分类。应当说明的是,并不是所有的一级科目都需分设二级和明细科目,根据信息使用者所需信息的不同详细程度,有些只需设置一级科目,有些只需设一级和明细科目,而不需要设置二级科目。是否设置二级科目与明细科目,取决于经济管理对会计信息的需要。

二、会计账户

(一) 账户的意义

会计科目将会计要素作了进一步的分类,然而,会计科目本身仅界定了其反映经济内容的具体范围,无法反映经济内容的数量变化及其结果,而这些数量变化及结果却是会计信息的主要内容。要想序时、连续、系统地记录由于经济业务发生所引起的会计要素的增减变动,以提供会计信息,就必须根据规定的会计科目来开设账户。

会计账户是指具有一定结构的记账实体和信息载体,用来记录会计科目所反映经济内容增减变化及其结果和分类储存会计核算资料的户头,它是根据会计科目开设的。传统上,账户是开立在纸质的账簿上的,但账户在实质上是属于一种数据结构,在电算化条件下账户可以开立在各种电脑能识别的媒体上。

(二) 账户的基本结构

账户要反映它所包含的经济内容的数量变化及结果,必须具有一定的数据结构。无论是什么经济内容,就其数量变化而言,不外乎增加和减少两种情况,因此,用来分类记录经济业务的账户,在结构上也就分为两个部分,一部分反映增加,另一部分反映减少,这就形成了账户的基本结构。在教学中为了便于说明问题,常把具有基本结构的账户简化为如下的"T"字形账户,有时也称为"丁"字账(见图 2-1)。

图 2-1 "T"字形账户

账户基本结构具有如下要素：

1. 会计账户的名称

会计账户是反映会计科目内容的,故会计科目就是会计账户的名称。

2. 会计账户的结构

任何经济业务引起的经济内容的变化都不外乎是两种状态,或者增加,或者减少,为了反映经济业务内容的增减变化,任何账户都必须划分为左右两个基本部分,用来完整地反映经济业务内容的变化。

3. 会计账户的方向

账户的左右两边,也称为账户的方向。如果一方登记了"增加",则另一方就只能登记"减少"。在借贷复式记账法下,账户的左方称为"借方",账户的右方称为"贷方","借"与"贷"也就成为表示账户方向的名称。

在会计账户划分为左右两边后,若一边登记"增加",则另一边就一定登记"减少",反之,亦然。但是,哪边登记增加?哪边登记减少?这就取决于不同账户的性质了。一般而言,决定的因素有两个：一是账户所反映的经济内容；二是在实务工作中所采用的记账方法。

(三) 会计账户中的数据关系

上列账户左右两方,分别记录增加额和减少额,增减数额相抵后的差额,称为"账户余额"。账户余额按其表现的不同时间,分为"期初余额"和"期末余额",前者是在会计期初出现的结余额,后者是在会计期末出现的结余额,在连续登记账户的情况下,账户的本期期末余额即为下期期初余额;而账户的本期期初余额即为上期的期末余额。因此,通过账户记录可以提供账户期初余额、本期增加发生额、本期减少发生额、本期增加发生额合计、本期减少发生额合计、期末余额等六个核算指标(见图 2-2 和图 2-3)。

(左方)	(账户名称/会计科目)	(右方)
期初余额		
本期增加发生额1	本期减少发生额1	
本期增加发生额2	本期减少发生额2	
……	……	
本期增加发生额合计	本期减少发生额合计	
期末余额		

图 2-2 左方登记增加数的账户结构图

(左方)	(账户名称/会计科目)	(右方)
		期初余额
本期减少发生额 1		本期增加发生额 1
本期减少发生额 2		本期增加发生额 2
……		……
本期减少发生额合计		本期增加发生额合计
		期末余额

图 2-3 右方登记增加数的账户结构图

账户中各指标的数量关系,可总结如下:

$$\text{本期增加发生额合计} = \sum \text{本期每笔增加发生额} \quad (2.1)$$

$$\text{本期减少发生额合计} = \sum \text{本期每笔减少发生额} \quad (2.2)$$

$$\text{期末余额} = \text{期初余额} + \text{本期增加发生额合计} - \text{本期减少发生额合计} \quad (2.3)$$

在一个会计期间内,账户的增加数一般大于账户的减少数,所以账户的余额方向一般是与登记增加发生额的方向一致的。

(四) 账户的类别

1. 按照账户提供信息的详细程度分类

账户按照其提供信息的详细程度可以分为总分类账户和明细分类账户。

正如会计科目可以分级设置一样,会计账户也可以分别根据各级会计科目设置。也就是说,我们可以根据总分类科目开设总分类账户,根据明细分类科目开设明细分类账户。总账、明细账的区别主要在反映内容的范围上,总账是总括反映有关经济业务的内容,明细账是对总账内容进行更为详细的反映。因此,总账与其所属明细账(含二级账),在会计账户发生额、余额上有如下关系:

$$\text{总账期初余额} = \sum \text{所属各明细账户期初余额} \quad (2.4)$$

$$\text{总账发生额合计} = \sum \text{所属各明细账户发生额合计} \quad (2.5)$$

$$\text{总账期末余额} = \sum \text{所属各明细账户期末余额} \quad (2.6)$$

2. 按照账户的经济内容分类

账户的经济内容就是指账户反映的会计要素的具体内容。账户之间最本质的差别在于其反映的内容不同。会计对象可以分为六个会计要素,会计要素进一步划分为会计科目,会计科目有六大类,则根据会计科目开设的账户也有六大类:资产类账户、负债类账户、所有者权益类账户、收入类账户、费用类账户和利润类账户。

资产类、负债类、所有者权益类账户是反映企业财务状况的三类账户,期末一般都有余额,因此也称为实账户,它们的余额是编制资产负债表的数据来源。收入类、费用类和利润类账户是反映企业经营成果的三类账户,期末经过结转一般没有余额,因此也称为虚账户,它们的发生额是编制利润表的主要依据。

我们也可以按照会计科目的归类方式,将账户也归纳为资产类、负债类、所有者权益类、损益类和成本类,各类账户所包括的范围与会计科目一致;账户还可以按其他标准进行分类,具体见第八章。

(五)账户的具体结构

以上介绍的是账户的基本结构,是各种具体账户的共性的内容。账户的具体结构,在不同的记账方法和不同的核算要求下会有所区别,但一般应包括如下内容:① 账户名称(会计科目);② 登账日期;③ 记账凭证的编号;④ 摘要(简明扼要说明经济业务内容);⑤ 增加、减少的金额和余额。

在借贷记账法下,一般账户的格式见表2.3。

表 2.3 账户具体结构
账户名称

| 年 | | 凭证编号 | 摘 要 | 借 方 | 贷 方 | 借或贷 | 余 额 |
月	日						

三、会计科目与会计账户的关系

会计科目与会计账户是两个既有区别又有联系的概念。

两者的联系在于:会计账户是根据会计科目设置的,都是分门别类地反映会计要素的具体内容,即两者所反映的经济内容是完全相同的。正因为如此,在实际工作中,通常将两者作为同义语来理解,互相通用,往往不加区别,科目即账户,账户即科目。

两者的区别在于:会计科目是账户的名称,它仅仅规定账户的经济内容,没有结构,而账户除了要有账户名称外,还要有一定的结构,以便反映账户经济内容的增减变化及其结果;另外,账户所提供的数据信息还为人们编制会计报表所用。

第四节 复式记账的方法与原理

一、复式记账法

在会计核算工作中,为了反映和监督会计对象,除了要设置会计科目并按会计科目开设账户外，还必须采用一定的记账方法将经济业务在有关的账户中进行登记。所谓记账方法，就是根据一定的原理和规则，采取一定的计量单位（以货币作为主要的计量单位），利用文字和数字来记载经济业务的一种专门方法。记账方法在会计发展的历史进程中，有单式记账法和复式记账法两类。

单式记账法是比较古老的记账方法，它是在一项经济业务发生后，只在一个账户中加以记录的记账方法。该方法侧重于货币收付和应收、应付往来款项的记录，如用现金购买原材料时，在账上只登记"库存现金"的减少，不登记"原材料"的增加；购买材料而货款尚未支付时，只登记"应付账款"的增加，不登记"原材料"的增加。可见，单式记账法是一种比较简单、不完整的记账方法。采用单式记账法记账，一般只需要设置"库存现金""银行存款""应收账款""应付账款"等账户，而没有一套完整的账户体系，账户之间也不能形成相互对应的关系，因而不能全面反映经济活动所引起的资金活动的来龙去脉，也难以对全部账户记录的正确与否进行全面检查，发生问题和差错也不易查找。随着经济的发展和管理职能的加强，复式记账法逐渐取代了单式记账法。

复式记账法，是指对发生的每一笔经济业务，都要用相等的金额，在相互联系的两个或两个以上的账户中进行全面登记的一种记账方法。例如，开出支票 20 万元，购买一台机器设备，这项业务不仅要在"银行存款"账户中记录银行存款的付出，而且要在"固定资产"账户中记录固定资产的增加，同时，要求两个账户中记录的金额要完全相等，即银行存款减少了 20 万元，固定资产则增加了 20 万元。又如，企业赊购一批材料 38 万元，这项业务一方面要在"应付账款"账户中记录欠款的增加，另一方面要在"原材料"账户中记录原材料的增加，同时，要求两个账户中记录的金额要完全相等，即应付账款和原材料都增加了 38 万元，"应付账款"账户和"原材料"账户之间也形成了一种对应关系。

二、复式记账原理

（一）复式记账法的理论依据

复式记账法是建立在会计等式的基础上并以此作为理论依据的一种科学的记账方法。

前已述及，基本的会计等式为：资产＝负债＋所有者权益。若加以扩展，将收入和费用进行综合，则会计等式变为：资产＝负债＋所有者权益＋收入－费用。会计等式反映了企业资金运动的内在规律性，任何经济业务的发生都会对会计要素产生影响，但都不会破坏会计等式的平衡，即遵循资金运动的规律。复式记账针对发生的每一笔经济业务，都用相等的金额，在相互联系的两个或两个以上账户中进行全面登记，也同样遵循资金运动的规律。因此，复式记账法的理论依据就是会计等式。

（二）复式记账法的特点

复式记账法的特点主要有：

（1）对发生的每一笔经济业务，都必须在两个或两个以上相互联系的账户中进行全面登记。复式记账法所记录的对象是企业发生的任何一项经济业务，不能有所遗漏。每项经济业务所涉及的账户至少是两个,并且这些账户之间存在着一种对应关系。因此,我们通过账户记录不仅可以全面、清晰地反映出经济业务的来龙去脉,而且可以全面、系统地反映出经济活动的过程和结果。

(2)对发生的每一笔经济业务,都必须用相等的金额进行记录。复式记账法不仅要在两个或两个以上相互联系的账户中进行全面登记,而且要以相等的金额进行分类登账,因而对记录的结果,可以通过试算平衡,检查账户记录是否正确。

由此可见,复式记账法与单式记账法相比,具有如下特点:有完整的账户体系;可以完整地反映每一项经济业务的来龙去脉;账户之间具有对应关系和数字平衡关系。正由于复式记账法具备上述特点,因而其被世界各国公认为是一种科学的记账方法而被广泛采用。从复式记账法在我国的发展历史看,有"借贷记账法""增减记账法""收付记账法"等。目前,我国的企业和行政、事业单位采用的记账方法都是借贷记账法,因为借贷记账法经过多年的实践已为全世界的会计工作者所普遍接受,是一种相对比较成熟、完善的记账方法。再从会计实务角度看,统一记账方法对企业间横向经济联系和加强国际交往等都会带来极大的方便。因此,本书将详细阐述借贷记账法的记账原理。

第五节 借贷记账法

一、借贷记账法的记账符号

借贷记账法是复式记账法的一种,它是对发生的每一项经济业务,都以"借"和"贷"作为记账符号,用相等的金额在相互联系的两个或两个以上的账户中进行记录的一种复式记账方法。

在借贷记账法中,"借"和"贷"仅仅是一对记账符号,只表示记账的方向,"借""贷"二字无实际含义。"借""贷"这一对记账符号,在最初产生时是有其具体含义的。它们原是适应借贷资本的需要而产生的,表示为"人欠"和"欠人",分别记录反映自己在债权、债务方面的增减变动和结存情况,结算其资金的使用及来源。随着社会经济的发展以及复式记账方法的进一步发展和确立,"借"和"贷"符号的使用范围由债权、债务扩大到商品、货币等一般性财产物资方面的增减变动和结存情况,会计记账方法中的"借""贷"二字也就超越了最初产生的原始含义,而演变成一对纯粹的记账符号,用来表示记账的方向。需要说明的是,虽然"借"和"贷"已没有原来的含义,但在借贷记账法中,"借"和"贷"可以表示账户中两个对立的部位,还可以表示会计要素的数量变化情况,即增加还是减少。

二、借贷记账法的账户结构

(一)资产类、负债及所有者权益类账户

前已述及,在借贷记账法下,通常账户的左方称为"借方",右方记为"贷方",简称"左借右贷"。到底是"借方"登记增加,还是"贷方"登记增加,则要根据账户所反映的经济内容来决定。由于反映资产类的账户和反映负债类及所有者权益类的账户的性质不同,因此用来反映增加和减少的部分,应登记在账户相反的方向。

习惯上在资产类账户中,用借方登记它的增加数,贷方登记它的减少数;在负债类及所有者权益类的账户中,用贷方登记它的增加数,借方登记它的减少数。每个账户在一定时期内的"借方"和"贷方"的金额合计数分别称为"本期借方发生额合计"和"本期贷方发生额合计",或统称为"本期发生额"。一般账户的借方数大于贷方数,其结余额称为"借方余额";而账户的贷方数大于借方数,其结余额称为"贷方余额"。本期的"期末余额"即为下期的"期初余额"。通常余额的方向与增加额的方向一致,资产类账户的余额一般为借方余额;权益类账户的余额一般为贷方余额。其计算公式为:

资产类账户:

期末借方余额＝期初借方余额＋本期借方发生额合计－本期贷方发生额合计

负债及所有者权益类账户:

期末贷方余额＝期初贷方余额＋本期贷方发生额合计－本期借方发生额合计

(二) 收入类及成本费用类账户

收入增加将导致所有者权益的增加,因此其账户结构类似于权益类账户,即贷方登记收入的增加额,借方登记收入的减少额或转销额(转记入"本年利润"账户的贷方),在收入结转后,期末一般无余额。对于费用类账户,其账户的结构与收入类账户相反,借方登记费用的增加额,贷方登记费用的减少额或转销额(转计入"本年利润"账户的借方),在费用结转后,期末一般无余额。由于收入类账户和费用类账户只在会计期中暂时性地登记收入与费用的发生额,到会计期末一般总要结出利润,并结转于所有者权益,结转后期末无余额,所以,收入账户与费用账户又称为"暂记性账户"或"虚账户"。对应于收入、费用账户这类无期末余额的虚账户,资产、负债、所有者权益这类一般具有期末余额的账户称为"实账户"。利润属于所有者权益,所以,利润账户结构与所有者权益相同。资产、负债、所有者权益、收入、费用各类账户简化的结构如图2-4所示。

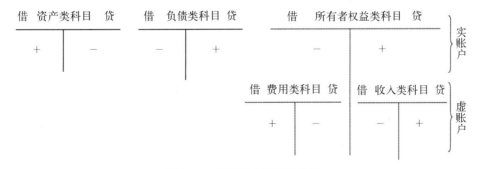

图2-4 各类账户简化结构图

实际上,从基本结构上看,账户只有资产类账户和权益类账户两类。资产类账户包括资产、费用类、成本类(成本可以理解为处于过渡形式的资产)账户;权益类账户包括负债、所有者权益、收入、利润账户。借贷记账法下,资产类账户与权益类账户的具体结构如图2-5和图2-6所示。

借方	资产类账户	贷方
期初借方余额 ×××		
本期借方发生额 ×××	本期贷方发生额	×××
本期借方发生额合计 ×××	本期贷方发生额合计	×××
期末借方余额 ×××		

图 2-5 资产类账户的具体结构

借方	权益类账户	贷方
	期初贷方余额	×××
本期借方发生额 ×××	本期贷方发生额	×××
本期借方发生额合计 ×××	本期贷方发生额合计	×××
	期末贷方余额	×××

图 2-6 权益类账户的具体结构

从图2-5和图2-6可见,在借贷记账法下,资产类账户的期末余额一般在借方,权益类账户的期末余额一般在贷方,这一规律反过来也成立。如果某个账户的期末余额在借方,则表示该账户具有资产性质;如果某个账户的期末余额在贷方,则表示该账户具有权益性质。根据这一原理,在借贷记账法下,人们可以设置双重性质的账户,这类账户的性质可以通过余额的方向来判断。例如,应收账款是资产,如果多收了,多收部分就转化成应退还给对方的款项,变为负债。这类账户需要在期末根据账户余额的方向确定其反映的经济业务性质。如果该类账户的期初余额和期末余额的方向相同,说明账户登记项目的资产、负债与所有者权益的性质未变;如果期初余额在借方,期末余额在贷方,说明该账户登记项目已从期初的资产变为期末的负债或所有者权益;如果期初余额在贷方,期末余额在借方,说明该账户登记项目已从期初的负债或所有者权益变为期末的资产。

三、借贷记账法的记账规则

前已述及,按照复式记账的原理,任何经济业务都要以相等的金额,在两个或两个以上相互联系的账户中进行记录。那么,在借贷记账法下,如何记录经济业务呢?以下通过几笔简单的业务实例来说明借贷记账法的具体运用,从而总结出借贷记账法的记账规则。

【例2-2】 D公司20××年11月初有关账户余额如下：

会计科目	期初余额	
	借方	贷方
银行存款	1 200 000	
原材料	100 000	
固定资产	1 900 000	
短期借款		400 000
应付账款		320 000
应付票据		
实收资本		2 000 000
盈余公积		480 000
合　计	3 200 000	3 200 000

该公司本月发生的部分业务如下：

(1) 公司收到某单位投入的资本1 600 000元，款项已存入银行。

该业务一方面使企业的资产——银行存款增加，资产类账户增加登记在借方，因此在"银行存款"账户借方登记1 600 000元；另一方面也使企业所有者权益——实收资本增加，用账户"实收资本"反映，该账户增加应登记在贷方，因此在"实收资本"账户贷方登记1 600 000元。其登账结果如图2-7所示。

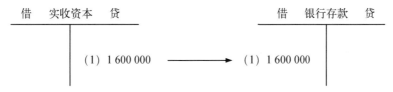

图2-7　登账结果

(2) 公司用银行存款归还前欠某企业货款，金额为200 000元。

该业务一方面使企业资产——银行存款减少，在"银行存款"账户贷方登记200 000元；另一方面也使企业的债务——应付账款减少，"应付账款"属于负债类账户，减少登记在借方，因此在"应付账款"账户借方登记200 000元。其登账结果如图2-8所示。

图2-8　登账结果

(3) 公司以银行存款 400 000 元购入一台机器设备。

该业务一方面使银行存款减少,另一方面使固定资产增加,银行存款和固定资产都是资产,该业务属资产一增一减类型。资产类账户增加登记在借方,因此在"固定资产"账户借方登记 400 000 元;资产类账户减少登记在贷方,因此在"银行存款"账户贷方登记 400 000 元。其登账结果如图 2-9 所示。

图 2-9 登账结果

(4) 公司将盈余公积 320 000 元按法定程序转为企业资本。

该业务一方面使企业的一项所有者权益——盈余公积减少 320 000 元,登记在"盈余公积"的借方;另一方面使企业的另一项所有者权益——实收资本增加了 320 000 元,在"实收资本"账户的贷方登记 320 000 元。其登账结果如图 2-10 所示。

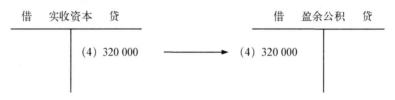

图 2-10 登账结果

(5) 公司签发并承兑一张面额 80 000 元、为期两个月的商业汇票,用于抵偿应付账款。

该业务一方面使企业的负债——应付账款减少,"应付账款"属于负债类账户,减少登记在借方,因此在"应付账款"账户借方登记 80 000 元;另一方面也使企业的另一项债务——应付票据增加,"应付票据"属于负债类账户,增加登记在贷方,因此在"应付票据"账户贷方登记 80 000 元。其登账结果如图 2-11 所示。

图 2-11 登账结果

从以上所举的几个例子可以看出,每一项经济业务发生之后,运用借贷记账法进行账务处理,都必须在记入某一个账户借方的同时也记入另一个账户的贷方,而且记入借方与记入贷方的金额总是相等的。所以,我们可以总结出借贷记账法的记账规则:有借必有贷,借贷必相等。

四、账户对应关系和会计分录

运用复式记账法处理经济业务,同一经济业务中所涉及的会计账户之间,总是存在着应借应贷的关系,这种账户间通过经济业务而存在的应借应贷关系即账户的对应关系。因此,所谓"账户对应关系",是指有关账户之间因经济业务而形成的应借、应贷的相互关系。存在对应关系的账户彼此称为"对应账户"。值得注意的是,账户的对应关系与对应账户是以经济业务的存在为前提的,没有经济业务,就没有账户的对应关系,也没有对应账户。由于账户对应关系反映了每项经济业务的内容以及由此引起的资金运动的来龙去脉,因此,在采用借贷记账法登记某项经济业务时,应先通过编制会计分录来确定其所涉及的账户及其对应关系,从而保证账户记录的正确性。

所谓会计分录,就是标明某项经济业务应记入的账户(会计科目)、登记方向和登记金额的记录。会计分录是登记账户的依据,会计分录的正确与否,直接关系到账户记录和报表数据的正确性,最终影响整个会计信息质量。实际工作中,会计分录是在记账凭证上编制的,是记账凭证的一个主要部分。在编制会计分录时,用"借""贷"作为记账方向,写在最前面;会计科目作为所用账户名称,写在中间;登记金额写在会计科目后面。一般情况下,借方登记账户写在上行,贷方登记账户写在下行,下行适当向后相对于上行错开。

【例 2-2】中经济业务的会计分录编写如下:
(1) 借:银行存款　　　　　　　　　　　　　　　　1 600 000
　　　贷:实收资本　　　　　　　　　　　　　　　　　　1 600 000
(2) 借:应付账款　　　　　　　　　　　　　　　　　200 000
　　　贷:银行存款　　　　　　　　　　　　　　　　　　　200 000
(3) 借:固定资产　　　　　　　　　　　　　　　　　400 000
　　　贷:银行存款　　　　　　　　　　　　　　　　　　　400 000
(4) 借:盈余公积　　　　　　　　　　　　　　　　　320 000
　　　贷:实收资本　　　　　　　　　　　　　　　　　　　320 000
(5) 借:应付账款　　　　　　　　　　　　　　　　　　80 000
　　　贷:应付票据　　　　　　　　　　　　　　　　　　　　80 000

在上面列举的例子中,会计分录均只涉及两个总账科目。这种只有一借一贷的会计分录通常称为"简单会计分录"。有时,一笔经济业务需要两个以上的账户才能反映清楚。同一分录中涉及两个以上会计科目的分录称为"复合会计分录",实际上它是由几个简单会计分录组成的,必要时可将其分解为若干个简单会计分录。编制复合会计分录,既可以简化记账手续,又能集中反映某项经济业务的全面情况。

继续来看【例2-2】：

（6）D公司购买原材料60 000元，企业在提货时开出40 000元支票一张，余款尚未支付（暂不考虑增值税）。

该业务既涉及资产账户又涉及负债账户。购买原材料，一方面使企业资产——原材料增加，应登记于"原材料"账户的借方60 000元；另一方面，企业在提货时开出支票，表明企业已经动用银行存款作出了支付，该支付将引起银行存款的减少，金额为40 000元，应登记于"银行存款"账户贷方40 000元；余款为20 000元，形成企业对供应商的欠款，可以反映于"应付账款"账户。"应付账款"账户是负债账户，负债增加反映于负债账户的贷方，所以20 000元欠款应反映于"应付账款"账户的贷方。

该业务的会计分录为：

借：原材料　　　　　　　　　　　　　　　　　　　　　　　　60 000
　　贷：银行存款　　　　　　　　　　　　　　　　　　　　　　40 000
　　　　应付账款　　　　　　　　　　　　　　　　　　　　　　20 000

（7）D公司以银行存款120 000元，偿还银行短期借款80 000元和前欠某企业货款40 000元。

该业务一方面使企业资产——银行存款减少，应登记于"银行存款"账户贷方120 000元；另一方面，使企业的负债——短期借款和应付账款分别减少了80 000元和40 000元，应分别记入"短期借款"账户的借方80 000元和"应付账款"账户的借方40 000元。该业务的会计分录为：

借：短期借款　　　　　　　　　　　　　　　　　　　　　　　80 000
　　应付账款　　　　　　　　　　　　　　　　　　　　　　　　40 000
　　贷：银行存款　　　　　　　　　　　　　　　　　　　　　120 000

复合会计分录的基本格式有两种：一是"一借多贷"，即一个会计分录涉及一个借方账户、多个贷方账户；另一种是"多借一贷"，即一个会计分录涉及多个借方账户、一个贷方账户。但在实际工作中，有些比较复杂的经济业务，仅仅采用"多借一贷"或"一借多贷"的形式无法反映清楚经济业务的实质内容，因此还可以使用"多借多贷"的会计分录。然而，不能为了简化登账工作，就把不同的经济业务合并在一起编制多借多贷的分录。那样就无法反映账户间的对应关系了，也不能明确表达经济业务的实际情况。

五、借贷记账法的试算平衡

所谓借贷记账法的试算平衡，是指根据会计等式的平衡原理，按照记账规则的要求，通过汇总计算和比较，来检查账户记录的正确性、完整性。

采用借贷记账法，由于对任何经济业务都是按照"有借必有贷，借贷必相等"的记账规则记入各有关账户的，所以不仅每一笔会计分录借贷发生额相等，而且当一定会计期间的全部经济业务都记入相关账户后，所有账户的借方发生额合计数必然等于贷方发生额合计数。同时,期末结账后,全部账户的借方余额合计数也必然等于贷方余额合计数。

因此,借贷复式记账法下存在如下试算平衡公式：

$$\sum 全部账户的期初借方余额 = \sum 全部账户的期初贷方余额$$

$$\sum 全部账户的本期借方发生额 = \sum 全部账户的本期贷方发生额$$

$$\sum 全部账户的期末借方余额 = \sum 全部账户的期末贷方余额$$

利用上述试算平衡公式,可以检查账户记录是否基本正确。如不相等(实际工作中叫"不平"),则在记账或算账过程中必然存在错误,但是,即使试算平衡了,也并不能发现记账和算账过程中的所有错误。如借贷双方同时漏记、重记、借贷记账方向彼此颠倒或方向正确但记错了科目等,并不影响借贷平衡关系。

试算平衡通常是在月末结出各个账户的本期发生额和月末余额后,通过编制总账科目试算平衡表来进行的。

根据【例2-2】编制的试算平衡表如表2.4所示。

表2.4　　　　　　　　　　总账科目发生额及余额试算平衡表
20××年11月

会计科目	期初余额		本期发生额		期末余额	
	借方	贷方	借方	贷方	借方	贷方
银行存款	1 200 000		1 600 000	760 000	2 040 000	
原材料	100 000		60 000		160 000	
固定资产	1 900 000		400 000		2 300 000	
短期借款		400 000	80 000			320 000
应付账款		320 000	320 000	20 000		20 000
应付票据				80 000		80 000
实收资本		2 000 000		1 920 000		3 920 000
盈余公积		480 000	320 000			160 000
合　计	3 200 000	3 200 000	2 780 000	2 780 000	4 500 000	4 500 000

通过以上对借贷记账法系统的论述,可以总结出借贷记账法具有如下优点：

(1) 对应关系清楚。根据借贷记账方向、会计科目及经济业务的类型,可以清晰地反映出经济业务的来龙去脉。

(2) 平衡验算方便。借方发生额合计永远等于贷方发生额合计,期初借方余额合计等于期初贷方余额合计,期末借方余额合计等于期末贷方余额合计,因而便于试算平衡。

(3) 记账凭证简洁。只有两个金额栏,按借方、贷方发生额分别汇总,比较方便。

(4) 账户使用灵活。借贷记账法下,借方余额表示资产类账户,贷方余额表示权益类账户,余额方向表明账户的性质,因而可以设置双重性质的账户。

> **探究与发现**
>
> 通过上述学习,你是否对"导入"所提出的问题进行了相关思考?你认为问题(3)该如何作答?

第六节　会计业务循环

为了将一个持续经营的会计主体的财务状况、经营成果等会计信息,通过会计报表的方式提供给会计信息使用者,会计人员必须要经过记录、分类、汇总、编制报表等一系列的会计程序加工会计信息,以形成一套完整可信的会计记录,满足各方面会计信息使用者的需要。这些程序在每一个会计期间内于会计期初开始,于会计期末终了,并循环往复,周而复始,会计上将这种按一定次序依次继起的会计程序称为"会计业务循环",简称"会计循环"。

会计循环是围绕着会计核算的基本模式即从会计凭证到会计账簿再到会计报表来进行的,其基本步骤如下:

(1) 分析经济业务。即分析经济业务的发生是否影响以及如何影响会计要素。

(2) 编制会计分录。即确定反映经济业务的账户、借贷登记方向、登记金额,并按复式记账原理编制会计分录。在实际工作中,会计分录是通过编制记账凭证完成的。

(3) 登记会计账户。也即登记账簿,是指按照会计分录的指示,将经济业务登记到账簿的过程,也称为"过账"。需要登记的账簿主要是日记账与分类账。

(4) 调整前试算平衡。期末,在调整事项进行调整前,将分类账中各账户本期发生额及期末余额汇总列表,进行试算平衡。

(5) 账项调整。对于需要进行账项调整的事项,编制调整会计分录,登记入相关账簿。

(6) 调整后试算平衡。对调整后的各账户数据,再进行试算平衡。

(7) 编制会计报表。根据工作底稿编制会计报表。

(8) 期末结账。即会计期末结清收入、费用类账户,并列示资产、负债、所有者权益账户余额,为登记下个会计期间的经济业务做好准备。

上述八个步骤中,前三个步骤属于会计的日常工作程序,后五个步骤属于会计的期末工作程序。此外,账项调整和前后的试算平衡一般可在会计工作底稿上进行,属于工作底稿工作内容(在实际工作中,工作底稿并不是必需的;如果在会计电算化情境下,试算平衡会由会计软件程序自动完成)。上文所介绍的会计循环的各个步骤可用图2-12作一个归纳。

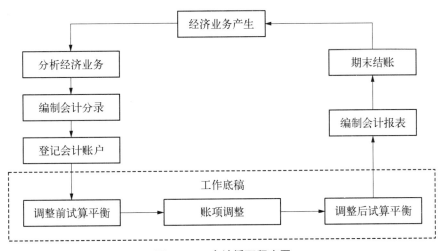

图2-12 会计循环程序图

探究与发现

通过上述学习,你是否对"导入"所提出的问题进行了相关思考? 你认为问题(4)该如何作答?

本章"探究与发现"参考答案

本 章 小 结

一般来说,会计对象就是指会计工作所要反映和监督的内容;具体来说,会计对象是指企事业单位在日常经营活动或业务活动中所表现出的资金运动。

会计要素就是对会计对象的基本分类,是会计核算对象的具体化,也是用于反映会计主体财务状况、确定经营成果的基本单位。根据我国会计准则的规定,我国企业的会计要素包括资产、负债、所有者权益、收入、费用和利润。其中,反映财务状况的会计要素包括:资产、负债和所有者权益;反映经营成果的会计要素包括:收入、费用和利润。

会计等式也称为会计平衡公式,它是表明各会计要素之间基本关系的恒等式。会计等式有两种表现形式:

$$资产=负债+所有者权益$$

$$利润=收入-费用$$

其中,资产=负债+所有者权益,是基本的会计等式,它反映了企业财务状况的三个会计要素之间的数量关系,是静态会计等式,是会计设置账户、复式记账方法的理论基础,也是编制资产负债表的依据;利润＝收入－费用,是动态会计等式,它是编制企业利润表的基础。

会计等式又可扩展为:

$$资产＝负债＋所有者权益＋利润$$

$$或者:资产＝负债＋所有者权益＋收入－费用$$

经济业务,也称为会计事项,简单地说,就是需要会计进行业务处理的事项。企业无论发生什么样的经济业务,虽然会影响会计要素的金额,但不会改变会计恒等式的平衡关系。

会计科目是对会计对象的具体内容,按其在经济活动中体现的特点和经济管理的需要,分门别类进行核算的项目。会计账户是指具有一定结构的记账实体和信息载体,用来记录会计科目所反映经济内容增减变化及其结果和分类储存会计核算资料的户头,它是根据会计科目开设的。会计科目与会计账户是两个既有区别又有联系的概念。

复式记账法,是指对发生的每一笔经济业务,都要用相等的金额,在相互联系的两个或两个以上的账户中进行全面登记的一种记账方法。借贷记账法是复式记账法的典型代表,是当今世界普遍使用的一种记账方法。

借贷记账法是以"借""贷"作为记账符号,设置和应用会计账户,遵照一定的记账规则,运用复式记账原理来记录和反映会计要素增减变动的一种复式记账法。

利用借贷记账法形成的账户对应关系可以编制分录凭证;利用借贷记账法的记账规则可以进行试算平衡,以检查账户记录是否基本正确。

会计循环是围绕着会计核算的基本模式即从会计凭证到会计账簿再到会计报表来进行的,其基本步骤为:分析经济业务——编制会计分录——登记会计账户——调整前试算平衡——账项调整——调整后试算平衡——编制会计报表——期末结账。

本章思考题

1. 为什么要划分会计要素?我国《企业会计准则》对会计要素是如何划分的?
2. 什么是资产?作为会计意义上的资产有什么特征?
3. 什么是负债?什么是所有者权益?为什么所有者权益又称为"净资产"?
4. 什么是收入?什么是费用?收入与利得、费用与损失各有什么区别?
5. 会计科目按不同的分类指标是如何分类的?其意义何在?
6. 什么是借贷复式记账法的记账规律?其形成的基础是什么?
7. 什么是试算平衡?为什么要进行试算平衡?
8. 什么是会计循环?会计循环的主要环节有哪些?

本章练习题

一、单项选择题

1. 经济业务发生后只涉及所有者权益这一会计要素时,会导致该要素中部分项目发生( )变动。
   A. 同增　　　　　B. 同减　　　　　C. 不增不减　　　　D. 一增一减

2. 企业以银行存款归还短期借款,将引起( )。
   A. 资产一增一减　　　　　　　　B. 资产与负债同增
   C. 资产与负债同减　　　　　　　D. 负债一增一减

3. 机器设备、房屋建筑物属于( )。
   A. 存货　　　　　B. 固定资产　　　C. 长期投资　　　D. 流动资产

4. 企业月初总资产为600万元,当月发生业务两笔:① 购买固定资产50万元,价款未付;② 用银行存款归还短期借款60万元。那么,月末企业权益总额为( )。
   A. 710万元　　　　B. 590万元　　　C. 490万元　　　D. 610万元

5. 根据账户的基本结构,账户哪一方记增加、哪一方记减少取决于( )。
   A. 账户的名称　　　　　　　　　B. 账户的结构
   C. 账户所反映的经济内容性质　　　D. 会计人员的判断

6. 某企业的所有者权益是其总资产的1/5,债权人权益为20 000元,其所有者权益是( )。
   A. 25 000元　　　B. 5 000元　　　C. 4 000元　　　D. 10 000元

7. 不能由会计等式提供理论依据的是( )。
   A. 设置账户　　　B. 复式记账　　　C. 编制会计报表　　D. 期末结账

8. 企业所有者在企业净资产上所享有的权益是( )。
   A. 资产　　　　　B. 所有者权益　　C. 费用　　　　　D. 收入

9. 资产负债表中包含的信息是( )。
   A. 负债、所有者权益和费用　　　B. 资产、收入和负债
   C. 资产、负债和所有者权益　　　D. 收入、费用和所有者权益

10. 资产按照流动性通常被划分成( )。
    A. 流动资产和偿债资产　　　　　B. 流动资产和可靠资产
    C. 非流动资产和偿债资产　　　　D. 流动资产和非流动资产

11. 对账户发生额进行试算平衡的依据是( )。
    A. 账户的性质　　　　　　　　　B. 资产=权益
    C. 借贷记账法的记账规则　　　　D. 账户的结构

12. 由一笔经济业务引起的几个账户间的相互依存关系称为账户的( )。
    A. 对等关系　　　B. 对应关系　　　C. 相关关系　　　D. 相对关系

13. 下列错误能通过试算平衡发现的是( )。
    A. 借贷双方同时少记了相同的金额
    B. 某项经济业务被重复登记
    C. 某项经济业务登记了借方金额而未登记贷方金额
    D. 某项经济业务在登账中借贷双方颠倒

14. 应付账款的正常余额在( )方,因为应付账款是( )类账户。
    A. 借;资产   B. 贷;所有者权益   C. 贷;负债   D. 贷;收入

15. 下列关于账户的说法正确的是( )。
    A. 资产类账户借方记减少
    B. 费用类账户借方记减少
    C. 收入类账户贷方记增加
    D. 负债类账户贷方记减少

16. 企业采购固定资产600万元,其中一半用银行存款转账付讫,另一半尚欠。下列关于账户对应关系判断错误的是( )。
    A. "固定资产"账户与"银行存款"账户存在对应关系
    B. "固定资产"账户与"应付账款"账户存在对应关系
    C. "银行存款"账户与"应付账款"账户存在对应关系
    D. "固定资产"账户与"银行存款""应付账款"存在对应关系

17. 公司收取客户前欠账款,"应收账款"账户内容的变化和登记方向为( )。
    A. 应收账款增加,记借方
    B. 应收账款增加,记贷方
    C. 应收账款减少,记借方
    D. 应收账款减少,记贷方

18. 借贷记账法的记账规律是( )。
    A. 有借必有贷,借贷必相等
    B. 有增必有减,增减必相等
    C. 有收必有付,收付必相等
    D. 有出必有进,进出必相等

19. 会计期末,下列账户一般不存在余额的有( )。
    A. 费用类账户
    B. 资产类账户
    C. 负债类账户
    D. 所有者权益类账户

20. 下列账户中属于"虚账户"或"暂记性"账户的有( )。
    A. 主营业务收入
    B. 固定资产
    C. 短期借款
    D. 流动资产类账户

二、多项选择题

1. 下面经济业务的发生会影响资产总金额变动的有( )。
   A. 购进货物价款28 000元未付
   B. 收到应收款86 000元存入银行
   C. 以银行存款支付应付款20 000元
   D. 以银行存款对外投资200 000元

2. 下列经济业务中属于资产和权益同时减少的有（　　）。
   A. 用银行存款归还所欠货款　　　　　B. 以现金支付职工工资
   C. 购买材料,材料已入库,货款未付　　D. 从银行提取现金
3. 会计科目是（　　）。
   A. 对会计要素进行分类核算的项目　　B. 设置账户、进行账务处理的依据
   C. 会计报表的名称　　　　　　　　　D. 账户的名称
4. 账户一般应包括的内容是（　　）。
   A. 账户名称　　　　　　　　　　　　B. 日期和凭证号码
   C. 摘要　　　　　　　　　　　　　　D. 增减金额
5. 会计要素是（　　）。
   A. 对会计对象进行的基本分类　　　　B. 构成会计报表的基本框架
   C. 复式记账的理论依据　　　　　　　D. 设置会计科目的基本依据
6. 发生费用可能引起会计要素产生的变动是（　　）。
   A. 资产减少,负债增加　　　　　　　B. 资产减少,费用增加
   C. 负债增加,费用增加　　　　　　　D. 利润减少,费用增加
7. 反映价值增值运动状态的会计要素有（　　）。
   A. 收入　　　　B. 费用　　　　C. 负债　　　　D. 利润
8. 在借贷记账法下,可以进行试算平衡的公式有（　　）。
   A. 所有总分类账户借方发生额合计＝所有总分类账户贷方发生额合计
   B. 资产账户借方发生额合计＝资产账户贷方发生额合计
   C. 所有总分类账户借方余额合计＝所有总分类账户贷方余额合计
   D. 资产账户借方发生额合计＝权益账户贷方发生额合计
9. 借贷记账法分录的形式有（　　）。
   A. 一借一贷　　B. 一借多贷　　C. 多借一贷　　D. 多借多贷
10. 在借贷记账法下,借方记录的内容是（　　）。
    A. 资产的增加　　　　　　　　　　　B. 资产的减少
    C. 权益的增加　　　　　　　　　　　D. 成本费用的增加
11. 从分析业务到登记账户,其中还需经过的环节有（　　）。
    A. 判断会计账户的性质
    B. 确定经济业务所引起的会计账户内容的增减
    C. 确定经济业务所引起变化的会计账户对应金额的大小
    D. 确定经济业务在各账户中的借贷登记方向
12. 企业的费用具体表现为一定期间（　　）。
    A. 现金的流出　　　　　　　　　　　B. 企业其他资产的减少
    C. 企业负债的增加　　　　　　　　　D. 银行存款的流出

13. 以下说法正确的是(　　)。

   A. 资产预期会给企业带来经济利益

   B. 负债义务的履行会导致经济利益的流出

   C. 所有者权益由投入资本和留存收益构成

   D. 收入可以表现为资产的增加,也可以表现为负债的增加

14. 以下关于账户表述中正确的是(　　)。

   A. 账户的左边登记资产的增加

   B. 账户的右边登记费用的增加

   C. 对资产账户,期末借方余额＝期初借方余额＋本期借方发生额合计数－本期贷方发生额合计数

   D. 账户的余额一般是在登记增加发生额的方向

三、判断题

1. 权益就是企业投资人对企业资产的要求权。　　　　　　　　　　　(　　)
2. 任何会计事项的发生都不会影响会计等式两边的金额。　　　　　　(　　)
3. 会计科目可以连续、系统地记录和反映某项经济内容的增减变化情况和最终结果。
　　　　　　　　　　　　　　　　　　　　　　　　　　　　　　(　　)
4. 所有账户的结构中,借方登记增加,贷方登记减少。　　　　　　　(　　)
5. 会计恒等式左右两边必须始终平衡。　　　　　　　　　　　　　　(　　)
6. 收入(含利得)减去费用(含损失)等于利润(或损失)。　　　　　　(　　)
7. 预付账款从性质上看应属于资产。　　　　　　　　　　　　　　　(　　)
8. 购买办公设备记账时可能同时增加资产和负债。　　　　　　　　　(　　)
9. 复式记账法是指在每笔经济业务发生后,以相等的金额在两个或两个以上的账户中进行登记的一种记账方法。　　　　　　　　　　　　　　　　　　　　　(　　)
10. 在借贷记账法中,"借"和"贷"分别表示债权和债务。　　　　　(　　)
11. 在借贷记账法下,资产类账户的期末余额一般在借方,权益类账户的期末余额一般在贷方,这一规律反过来也成立。　　　　　　　　　　　　　　　　　(　　)
12. 资产、所有者权益和费用类账户在借方登记增加金额。　　　　　(　　)
13. 借贷记账法下,所有账户借方发生额合计应当等于所有账户贷方发生额合计。
　　　　　　　　　　　　　　　　　　　　　　　　　　　　　　(　　)
14. 从会计记账的角度,企业的每一笔交易都至少会涉及一个借方科目和一个贷方科目。
　　　　　　　　　　　　　　　　　　　　　　　　　　　　　　(　　)
15. 会计账户和会计科目本质上就是一个概念。　　　　　　　　　　(　　)
16. 在借贷记账法下,为了保持会计恒等式的平衡,每个经济业务总是同时涉及资产和权益账户,而且金额相等。　　　　　　　　　　　　　　　　　　　(　　)

四、实训题

习题 2-1

(一) 目的：了解资产、权益的划分，并确定所属的会计科目。

(二) 资料：某企业 20××年 1 月 31 日有关资产、权益的部分资料如习题表 2.1 所示。

习题表 2.1　　　　　　　　有关资产、权益的部分资料　　　　　　　　单位：元

项　　目	资　产	负　债	所有者权益
1. 存放在出纳处的库存现金			
2. 仓库中存放的各种材料			
3. 企业生产用的设备			
4. 企业存入银行的款项			
5. 接受投资者投入的资本			
6. 企业欠供货单位的货款			
7. 应收某单位的货款			
8. 尚未发放的职工工资			
9. 预借给采购员的差旅费			
10. 从净利润中提取的盈余公积			
11. 企业向社会发行的债券			
12. 向银行借入的借款			
13. 生产车间正在加工的产品			
14. 库存产成品			
15. 公司办公楼			
16. 去年尚未分配的利润			

(三) 要求：根据以上项目，划分资产、权益并在空格内填上所属的会计科目。

习题 2-2

(一) 目的：分析会计要素的变动与会计等式的关系。

(二) 资料：20××年 1 月 31 日甲公司资产 800 万元、负债 300 万元、所有者权益 500 万元。2 月发生如下经济业务：

(1) 收回应收账款 10 万元，存入银行。

(2) 购入原材料 20 万元，货款暂欠。

(3) 向银行借入 6 个月的借款 15 万元直接偿还前欠货款。

(4) 提取法定盈余公积 50 万元。

(三) 要求：(1) 逐笔分析上述业务发生对基本会计等式的影响。

(2) 分别计算 2 月末甲公司的资产、负债与所有者权益总额。

习题 2-3

(一) 目的：运用借贷记账法下账户发生额与余额之间的关系，计算账户有关要素的金额。

(二) 资料：乙公司 20××年 9 月份部分账户资料如习题表 2.2 所示。

习题表 2.2　　　　　　乙公司 20××年 9 月份部分账户资料　　　　　　单位：元

账户名称	期初余额		本期发生额		期末余额	
	借方	贷方	借方	贷方	借方	贷方
银行存款	( )		30 000	33 000	3 000	
应收账款	1 600		( )	1 500	1 400	
固定资产	( )		15 000	22 500	( )	
短期借款		19 800	( )	7 500		( )
应交税费		9 150	1 260			9 560
实收资本		( )	—	—		180 000
主营业务成本	—		30 500	( )	—	
主营业务收入		—		38 000		( )
合　　计	( )	( )	( )	( )	( )	( )

(三) 要求：将计算的结果填入括号内。

习题 2-4

(一) 目的：分析每笔经济业务发生后对会计要素的影响。

(二) 资料：丙企业 2 月份发生如下经济业务：

(1) 以银行存款支付材料款 20 000 元。

(2) 购进并入库原材料 300 000 元，货款尚未支付。

(3) 取得短期借款 90 000 元，存入银行。

(4) 以银行存款偿还上月的原材料价款 60 000 元。

(5) 从银行提取现金 80 000 元。

(6) 以银行存款 500 000 元购入机器设备。

(7) 投资人向企业投资 400 000 元，存入银行。

(三) 要求：根据资料完成习题表 2.3。

习题表 2.3   **丙企业的财务状况及增减变动表**   单位：元

项目	期初余额	本月增加额	本月减少额	期末余额
库存现金	10 000			
银行存款	700 000			
原材料	200 000			
固定资产	270 000			
应付账款	60 000			
短期借款	50 000			
实收资本	350 000			

习题 2-5

（一）目的：练习借贷记账法的账户设置、登记与编制试算平衡表。

（二）资料：1. 丁公司20××年6月月初会计科目的余额如习题表2.4所示。

习题表 2.4   **试 算 平 衡 表**

编制单位：丁公司   20××年6月1日   单位：元

会计科目	借方余额	贷方余额
银行存款	30 000	
应收账款	50 000	
原材料	40 000	
短期借款		40 000
应付账款		30 000
实收资本		50 000
合 计	120 000	120 000

2. 6月发生如下业务：

(1) 收回应收账款40 000元并存入银行。

(2) 用银行存款20 000元购入原材料（假定不考虑增值税，材料采用实际成本进行日常核算），原材料已验收入库。

(3) 用银行存款偿还短期借款30 000元。

(4) 从银行借入短期借款10 000元直接偿还应付账款。

(5) 收到投资人追加投资50 000元并存入银行（假定全部为实收资本）。

(6) 购入原材料，货款30 000元（假定不考虑增值税，材料采用实际成本进行日常核算），原材料已验收入库，货款尚未支付。

(三) 要求：
    (1) 编制上述业务的会计分录。
    (2) 根据资料 1 和 2 登记有关总分类账户，并结算出各总分类账户的本期发生额和期末余额。
    (3) 编制丁公司 6 月 30 日的试算平衡表。

拓 展 学 习

1. 访问上海证券交易所网站（https://www.sse.com.cn/）或深圳证券交易所网站（https://www.szse.cn/），选取不同行业上市公司的年报，了解并比较不同行业会计要素的内容。

2. 访问财政部会计准则委员会网站（https://www.casc.org.cn/），了解《企业会计准则——应用指南》附录"会计科目及账务处理"中会计科目的内容。

第三章

制造业企业主要经济业务的核算

 本章教学目标

通过本章的学习,学生应了解企业类型、制造业企业基本经济业务的内容;掌握制造业企业基本经济业务的核算内容,即企业筹集资金业务的核算、固定资产和材料的购置核算、产品生产业务的核算、产品销售业务的核算、利润与利润分配的核算;掌握成本计算方法。

 本章核心概念

投入资本;借入资本;增值税;固定资产;原材料;生产费用;产品成本;成本项目;期间费用;固定资产折旧;应付职工薪酬;营业利润;利润总额;净利润;利润分配

 导入

XYZ有限公司注册资金1 198 000元,生产和销售A、B两种产品,需要用甲、乙、丙三种材料。公司筹集了资金,购买了设备和材料,雇用了员工,进行了产品的生产和销售,支付了各项费用等。

请带着以下问题进入本章的学习:

(1) 从其所从事的经济活动看,XYZ公司归属于哪种企业类型?
(2) 如果该公司是家具生产和销售企业,请描述其生产经营过程。
(3) 公司会计对公司发生的经济业务应设置哪些账户?如何进行账务处理?
(4) 为生产和销售产品发生了各项支出,哪些支出应计入产品成本?怎样计算产品的成本?
(5) 期末如何确定经营成果及分配的顺序?

第一节 制造业企业主要经济活动及其核算的内容

一、企业类型及其经济活动的特点

企业是依法设立的以营利为目的从事生产经营活动的独立核算的经济组织。企业的最主要特征是以营利为根本目的,自主经营、自负盈亏。企业按照所从事的经济活动的特征主要可以分为制造业企业、商品流通企业、服务业企业三种类型。

制造业企业是以产品的加工制造和销售为主要生产经营活动的营利性经济组织。每个制造业企业要进行营利活动,就必须拥有一定的资金,企业资金筹集业务成为首要的经济业务。资金的筹集涉及资金的来源渠道及各种渠道所筹集的资金数额。资金筹集是企业开展业务活动的起点,是企业正常运转和经营的基础。制造业企业取得资金后,其日常的经济活动过程是以生产产品为中心的生产准备过程(供应过程)、产品生产过程和产品销售过程的统一。生产准备过程是为进行产品生产准备必要的生产资料和劳动加工对象的经营过程。企业运用从各种渠道筹集到的资金购置厂房、机器设备,为进行生产准备必要的生产资料。同时,还要购买各种材料物资,形成生产储备,以保证生产上的需要,并随着生产的进行不断消耗材料用于产品的生产。产品生产过程是劳动者通过借助于劳动资料对劳动对象进行加工,制造出各种为社会所需要的产品。在产品的制造过程中所发生的各种材料费用、人工费用以及其他为组织和管理产品的生产所发生的各种费用共同构成了所生产产品的生产成本。产品销售过程是企业一方面将自己加工制造的产品销售给购买者,另一方面要办理结算,收取货款,同时产品的价值得以实现。

商品流通企业是以商品购销为基本经济业务的营利性经济组织。其主要经济活动过程是商品采购过程、商品储存过程和商品销售过程的统一。商品采购过程是企业根据市场需求和商品的采购计划,购进适销对路的商品的经营过程。在这个过程中,企业要完成包括签订购销合同、接收商品、结算货款、整理商品以备出售等环节的经营活动;商品储存过程是连接购销经营过程的一个中间环节。一般而言,为了保证购销业务的顺利进行,企业往往需要进行必要的商品储存;商品销售过程是企业将购入的商品销售给有需求的购货方的过程。在这个过程中,企业需要采用各种积极的营销手段,及时出货,收回资金。

服务业企业泛指那些对外提供劳务服务的企业,因它提供的并非是产品商品,而是一种劳务服务,所以称之为服务业企业。它主要包括交通运输业、建筑安装业、金融保险业、邮电通信业、文化体育业、娱乐业、旅游服务业、仓储保管业、仓储租赁业、代理业、广告业、咨询业、培训业等。服务业企业的主要经济活动是提供劳动服务,在服务过程中取得服务收入。

制造业企业、商品流通企业、服务业企业,它们之间的主要区别在于:制造业企业涉及产品的生产以及与之相关的采购和销售;商品流通企业仅仅涉及商品的购销,没有商品生产过程;服务业企业则不涉及产品或商品,仅仅提供劳务活动。因此,较商品流通企业会计和服务业企业会计而言,制造业企业会计较为复杂,其复杂之处主要在于制造业企业有产品生产成本计算。

二、制造业企业生产经营业务的主要核算内容

在上述制造业企业的生产经营活动过程中,反映制造业企业特点的各种经济业务和事项,构成了制造业企业会计的主要核算内容。

在资金筹集过程中，企业要从各种渠道取得经营所需资金：一是企业所有者投入的资本金，这是可供企业长期使用的资金；二是来自银行借款等举债行为的资金，这部分资金仅仅供企业在一定时间内使用，并需要计算利息。因此，资金的来源渠道和数额及筹资费用的发生和计算等会计事项，就构成了资金筹集过程中的主要核算内容。

在生产准备过程中，企业的货币性资产转换为厂房、生产设备、办公大楼等固定资产以及材料等存货资产。企业在支付购货价款和购货费用时，还会与供货方发生货款的结算关系以及增值税的进项税结算关系。因此，采购业务和因采购引起的与供货方的货款结算、增值税核算业务、支付购货费用和计算采购成本等会计事项，就构成了供应过程中的主要核算内容。

产品制造过程，一方面是产品的加工制造过程，另一方面又是物化劳动和活劳动的消耗过程。在这一过程中，要发生各项生产费用，如：材料的消耗、支付薪酬、厂房及机器设备等固定资产的折旧等，这一过程使得企业一部分材料存货价值、货币资金和一部分固定资产价值转化为在产品存货价值，形成在产品成本，并且随着产品的加工完成、产成品的验收入库，在产品存货又转化为产成品存货。所以，归集发生的生产费用，再将生产费用在完工产品和在产品之间进行分配，计算完工产品成本等会计事项是企业产品制造过程的主要核算内容。

在产品的销售过程中，企业要将生产的产品销售出去并收回货款。因此，销售产品收入的确认和成本的结转、计算和缴纳增值税与其他销售税金、与购货方的货款结算等会计事项是其主要的核算内容。

制造业企业的最终目的是要取得利润，所以如何合理地核算利润和分配利润是其经营成果核算的主要内容。

> **探究与发现**
>
> 通过上述学习，你是否对"导入"所提出的问题进行了相关思考？你认为问题(1)和(2)该分别如何作答？

第二节　资金筹集业务的核算

制造业企业在生产经营过程中的所需资金是从一定渠道取得的。企业筹集资金的主要渠道有两个：一是投资者投入的资金，二是从债权人处借入的资金。

一、投入资本的核算

投入资本是指企业投资者对企业注册资本的出资额。

按投资主体不同，投资者投入资本可分为：① 国家投入资本，指有权代表国家投资的政府部门或机构以国有资产投入企业而形成的资本；② 法人单位投入资本，指企业法人以其依法可支配的资产投入企业形成的资本；③ 个人投入资本，指社会个人或本企业内部职工以个人合法财产投入企业形成的资本;④ 外商投入资本,指外国投资者和我国香港、澳门、台湾地区投资者投入企业形成的资本。

投入资本按其出资方式不同可以分为以下几种:

(1) 货币资产投资。货币资产投资可以是人民币,也可以是外币,一般按实际收到或存入企业开户银行的时间和金额作为投入资本的记账依据。

(2) 实物资产投资。实物资产包括房屋及建筑物、机器设备及其他物料,企业应该以实际收到实物的日期、验收无误的实物数量,以及合同、协议或企业申请书和验收清单中所列金额作为投入资本的记账依据。

(3) 无形资产投资。无形资产包括专利权、商标权、非专利技术或土地使用权等,投资者以无形资产出资的,一般以投资双方确认的价值作为投入资本的记账依据。

(一) 投入资本核算的账户设置

为了反映和监督投资者投入资本的增减变动情况,企业必须按照国家统一的会计准则的规定进行实收资本的核算,以真实地反映所有者投入企业资本的状况,维护所有者各方在企业的权益。企业对投入资本进行核算,应设置如下账户进行会计核算:

(1) "实收资本"(股份有限公司为"股本")账户。企业接受投资者对注册资本的出资时,应设置"实收资本"账户。该账户的贷方登记企业收到的各种资本额;借方登记依法批准减少的资本额;期末贷方余额反映投资者实际投入企业的资本额。对企业的投入资本应按投资主体设置明细账进行明细分类核算,并设置备查簿详细记录企业的注册资本总额以及各投资者的出资比例或认缴的股份。

(2) "资本公积"账户。在接受投资者追加投资时,企业收到投资者出资超过其在注册资本或股本中所占份额的部分,应作为"资本溢价"(股份有限公司为"股本溢价"),在"资本公积"账户中核算。该账户贷方登记资本公积的增加数,借方登记资本公积的减少数,期末余额在贷方,反映企业资本公积的结余数。本账户应当分别按"资本溢价""其他资本公积"设置明细账,进行明细分类核算。

(二) 投入资本核算的账务处理

投入资本核算主要包括初始投入资本核算和经营期间增加资本的核算。以下通过举例来进一步说明企业投入资本的会计处理。

【例3-1】XYZ公司在设立时收到国家投入资金1 000 000元并存入银行。

这项经济业务应作如下会计分录:

借:银行存款　　　　　　　　　　　　　　　　　　　　　1 000 000
　　贷:实收资本——国家投入资本　　　　　　　　　　　1 000 000

【例3-2】XYZ公司在设立时收到E公司投入机器一台,投资方账面原价45 000元,累计已提折旧15 000元,投资双方确认的价值35 000元;投入原材料一批,增值税专用发票上注明的原材料价值100 000元,增值税额13 000元,材料已验收入库,固定资产已达到预定可使用状态。

这项经济业务应作如下会计分录：

借：固定资产 35 000
　　原材料 100 000
　　应交税费——应交增值税(进项税额) 13 000
　　贷：实收资本——E公司 148 000

【例3-3】XYZ公司在设立时收到某自然人投资者甲将一项发明专利投入企业，经双方确认作价为50 000元。

这项经济业务作会计分录如下：

借：无形资产——专利权 50 000
　　贷：实收资本——甲 50 000

【例3-4】XYZ公司在持续经营两年后，为扩大经营规模，经批准，接受新投资者加入。收到新投资者乙投入货币资本280 000元，按照投资协议，其中200 000元属于新投资者在注册资本中所享有的份额。

这项经济业务作会计分录如下：

借：银行存款 280 000
　　贷：实收资本——乙 200 000
　　　　资本公积——资本溢价 80 000

将上述分录过账后，有关总分类账户的记录情况如图3-1所示。

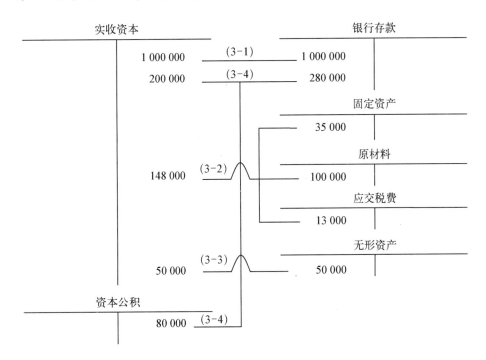

图3-1　投入资本的总分类核算

二、银行借款的核算

企业在生产经营过程中,为弥补经营资金的不足,往往从银行或其他金融机构借入各种款项,形成企业的负债。借入款项按偿还期限的不同,可分为短期借款和长期借款。此处以短期借款为例说明借款业务的会计处理。

短期借款是指企业为了满足生产经营的需要而向银行或其他金融机构借入的期限在一年以下(包括一年)的各种借款。这部分借款可供企业生产经营周转使用,以弥补日常经营中流动资金的不足。

(一) 短期借款核算的账户设置

无论从何处借入款项,企业均需向债权人按期偿还借款的本金和利息,并及时、如实反映款项的借入、利息的结算和本息的偿还情况。为此,企业应设置如下账户进行会计核算:

(1) "短期借款"账户。为反映短期借款本金的借入和归还,企业应设置"短期借款"账户。该账户贷方登记取得借款的本金数额,借方登记偿还借款的本金数额,余额在贷方,表示尚未偿还的借款本金数额。本科目按债权人的名称设置明细账,并按借款种类进行明细核算。

(2) "财务费用"账户。财务费用是指企业为筹集生产经营所需资金等而发生的筹资费用,主要包括利息支出、利息收入(冲减财务费用)以及金融机构的手续费等。短期借款的利息属于筹资费用,应计入"财务费用"账户。该账户借方登记本期发生的各项财务费用,贷方登记期末转入"本年利润"账户的财务费用,结转后该账户无余额。该账户应按费用项目设置明细账,进行明细分类核算。

(3) "应付利息"账户。应付利息是指企业按照合同约定应支付的利息。该账户贷方登记按合同利率计算确定的应付未付利息,借方登记实际支付的利息,期末余额在贷方,反映企业应付未付的利息。该账户可按债权人设置明细账,进行明细分类核算。

(二) 短期借款核算的账务处理

企业取得短期借款本金时,借记"银行存款"科目,贷记"短期借款"科目;归还借款本金时,作相反的会计分录。短期借款如果利息金额较小或按月支付,可以在支付时直接计入财务费用;如按季结算或到期支付且利息金额较大,则应根据权责发生制原则采用分月预提方式进行核算。预提时,借记"财务费用"科目,贷记"应付利息"科目;支付时,借记"应付利息"科目,贷记"银行存款"科目。现举例说明如下:

【例3-5】XYZ公司于20××年11月1日向银行借入500 000元期限为3个月、年利率为6%的借款。该借款利息按季结算,分月预提,到期后如数归还。

这项借款业务应作如下会计分录:

(1) 11月1日借入款项时:

借:银行存款　　　　　　　　　　　　　　　　500 000
　　贷:短期借款　　　　　　　　　　　　　　　　500 000

(2) 11月30日预提当月利息 500 000×6％÷12＝2 500(元)时
借：财务费用 2 500
　　贷：应付利息 2 500
(3) 12月31日和下一年1月31日预提当月利息的处理同11月30日。
(4) 下一年2月1日还本付息时：
借：短期借款 500 000
　　应付利息 7 500
　　贷：银行存款 507 500

将上述分录过账后，有关总分类账的记录情况如图3－2所示。

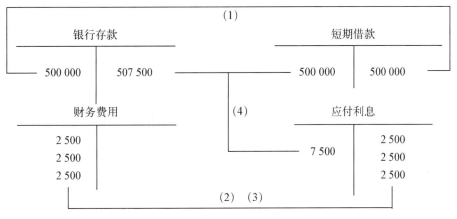

图3－2　短期借款的总分类核算

第三节　生产准备业务的核算

企业经营必须使用各种资产，以供日常营运使用。这些资产中，除了货币资产，还包括固定资产、原材料等。制造业企业要进行产品的加工和生产，首先必须购入这些资产，为生产做准备。

一、固定资产购置的核算

固定资产是指为生产商品、提供劳务、出租或经营管理而持有的使用寿命超过一个会计年度的有形资产，包括房屋与建筑物、机器设备、运输工具等。

(一) 固定资产购置核算的账户设置

企业购置固定资产与其他资产一样，应按取得时的实际成本入账。实际成本(原始价值)是指为购建某项固定资产达到预定可使用状态前所发生的一切合理、必要的支出，包括买价、税费(可抵扣的增值税①除外)、运输费、包装费和安装费等。为了反映和监督企业固定资产增减变动和结存的情况,企业应设置如下账户:

(1)"固定资产"账户。该账户用来核算企业各种固定资产的原始价值(简称"原价"或"原值")。企业增加固定资产原价时,记入本账户的借方;减少固定资产原价时,记入本账户的贷方;期末余额在借方表示实有固定资产的原价。"固定资产"账户应按固定资产类别和项目设置明细账户,进行明细核算。

(2)"在建工程"账户。该账户用来核算企业进行各项工程的支出,包括固定资产新建、改扩建、安装等工程所发生的实际支出。工程发生支出时借记本账户;工程完工结转成本时贷记本账户;期末余额在借方,表示尚未完工的在建工程所发生的支出。"在建工程"账户应按工程项目等设置明细账户,进行明细核算。

(3)"应交税费——应交增值税"账户。该账户用来反映和监督企业应交和实交增值税情况。该账户的借方登记企业因购货或接受劳务而应向供应单位连同买价一起支付的增值税额,即增值税进项税额,贷方登记企业因销售货物或提供劳务而应向购买单位收取的增值税额,即增值税销项税额。本期增值税销项税额扣除进项税额即为本期应交的增值税额。期末余额如在借方,表示代扣的税金,留待下一期继续抵扣;期末余额如在贷方,表示企业月末应交未交的增值税,应将其转入"应交税费——未交增值税"账户。该账户应按增值税项目设置明细账,进行明细分类核算。

(二) 固定资产购置业务核算的账务处理

企业购置固定资产时,如果购置的固定资产直接达到预定可使用状态,可直接计入"固定资产"账户;如购置的固定资产需安装、建造后才能达到预定可使用状态,应先将安装、购建支出在"在建工程"账户归集,待达到预定可使用状态后再将其全部购建成本转入"固定资产"账户。

【例3-6】XYZ公司购入不需安装的生产设备一台,增值税专用发票上注明的买价为20 000元,增值税额2 600元;购入时支付运输费,增值税专用发票上注明的运费为1 000元,增值税额90元,全部款项均已用银行存款支付。

这项经济业务应作如下会计分录:

借:固定资产 21 000
　　应交税费——应交增值税(进项税额) 2 690
　贷:银行存款 23 690

---

① 增值税是指对我国境内销售货物、进口货物、提供劳务或服务的增值额征收的一种流转税。增值额是指商品生产、流通和劳务或服务提供中各环节的新增价值或商品附加值。如企业用100元购进的一件商品,200元售出,增值额即为200-100=100元,如按13%的增值税率计算,即应缴纳的增值税额为100(增值额)×13%=13元。但在实际当中,新增价值或附加值是很难准确计算的,因此,我国也采用国际上普遍采用的税款抵扣的办法,即在购进货物支付价款的同时,还需支付13%的税,即进项税额,100×13%=13元;销售货物收取价款的同时,还需收取13%的税,即销项税额,200×13%=26元;当期销项税额减去当期进项税额即为应交的增值税额,即26-13=13元,与直接按照增值额计算的增值税一致。增值税的进项税并不在企业采购成本之内,增值税的销项税也不在企业的销售收入之内,它是由消费者最终承担的,因此,增值税也被认为是"价外税"。

【例3-7】 XYZ公司购入需安装的生产用机器设备一台,增值税专用发票上注明的买价为30 000元,增值税额3 900元,另支付运输费,增值税专用发票上注明的运费为500元,增值税额45元,全部款项均已用银行存款支付。在安装过程中,耗用材料1 500元,应负担安装人员的薪酬1 140元。设备已安装完毕,经验收合格交付使用。

这项经济业务应作如下会计分录:

(1) 购入设备支付货款时:

借:在建工程 30 500
　　应交税费——应交增值税(进项税额) 3 945
　贷:银行存款 34 445

(2) 发生安装费时:

借:在建工程 2 640
　贷:原材料 1 500
　　　应付职工薪酬 1 140

(3) 安装完毕达到预定可使用状态时:

借:固定资产 33 140
　贷:在建工程 33 140

将上述分录过账后,有关固定资产购置业务总分类账户的记录情况如图3-3所示。

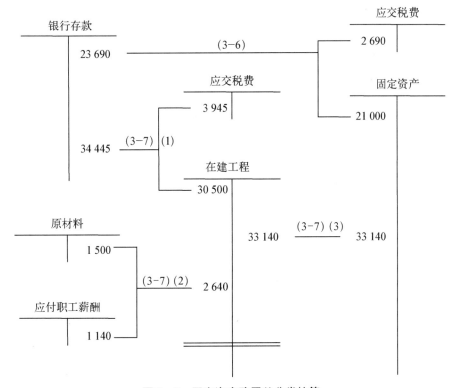

图3-3　固定资产购置总分类核算

二、材料采购业务的核算

(一) 材料采购业务概述

制造业企业要进行产品的生产和销售,就必须购买和储备一定种类和数量的材料。材料作为劳动对象,在产品制造过程中将会不断地被领用和消耗,它可能构成产品的实体,也可能有助于产品的形成。经过一个生产周期,材料的实物形态将会随着加工而改变,其价值也会一次性地全部转移到所制造的产品中去,构成产品成本的重要组成部分。制造业企业在生产中所耗用的材料品种、规格很多,根据其用途一般可分为原料及主要材料、辅助材料、外购半成品、修理用备件、包装材料和燃料等。

材料成本构成产品成本的重要组成部分,如采购单价过高、品质不良、存量过多或过少均会对企业造成损害,因此,材料采购的管理,对每一个制造业企业均具有重要意义。企业应有计划地、按时适量地进行材料采购。在材料采购过程中,一方面要从购买单位取得所需的各种材料,另一方面要向材料供应商支付材料的买价、增值税以及可能发生的各种采购费用,所有这些款项的发生都需要企业与各相关单位发生结算业务。材料运达企业,经验收入库后,即为企业可供生产领用的库存材料。因此,材料的买价、增值税和各项采购费用的发生和结算以及材料采购成本的计算,就构成了供应过程经济业务核算的主要内容。

购入材料的采购成本,一般由买价和采购费用组成。买价是指企业采购材料时按发票支付的货款。采购费用是指企业在采购材料过程中所支付的各项费用,包括材料的运输费、装卸费、保险费、仓储费、运输途中的合理损耗、入库前的挑选整理费用和其他应计入成本的费用等。为了简化核算,实际工作中对于某些本应计入材料采购成本的采购费用如采购人员薪酬、差旅费、采购部门经费、材料的保管费用等,不计入材料采购成本,而是列作管理费用支出。

材料采购成本的计算,就是把供应过程中因购买各种材料而发生的采购成本,按材料的品种、规格分别进行归集,并计算各种材料的实际采购总成本和单位成本。在计算材料采购成本时,凡是能直接计入各种材料的直接费用,应直接计入各种材料的采购成本;凡不能直接计入各种材料的间接费用,应按一定标准在有关材料之间进行分配,分别计入各种材料的成本。分配标准可由企业根据实际情况进行合理确定,如材料的重量或买价等,但一经确定,则应保持一贯。

(二) 材料采购核算的账户设置

为了及时反映材料购入业务和采购费用的发生情况,计算材料采购成本,企业需设置和运用以下账户:

(1) "材料采购"[①]账户。为了正确计算所购材料的采购成本,及时准确地反映和监督处

---

① 根据我国《企业会计准则——应用指南》,材料采购业务核算在计划成本核算模式下设置"材料采购"账户,在实际成本核算模式下设置"在途物资"账户。为了说明原理,简化论述,这里将应用指南中规定的"材料采购"账户和"在途物资"账户合并起来论述,并仍使用"材料采购"这一账户名称。

于采购途中的材料的增减变动和余额情况,应设置"材料采购"账户。该账户的借方登记已购入材料的买价和采购费用,即不论材料物资是否运达企业和是否验收入库,为便于计算材料采购成本,采购材料的实际支出都要记入该账户的借方;该账户的贷方登记已验收入库转入"原材料"账户借方的实际采购成本。期末如有余额在借方,表示在途材料的实际采购成本。该账户应按材料品种、规格设置明细账,按采购成本的项目设置专栏,进行明细分类核算。

(2) "原材料"账户。为了反映和监督库存材料的增减变动及其结存情况,应设置"原材料"账户。该账户的借方登记已验收入库材料的实际成本,贷方登记所发出材料的实际成本,期末余额在借方,表示结存材料的实际成本。该账户应按材料的品种、名称和规格型号设置明细分类账,进行明细分类核算。

(3) "应付账款"账户。为了反映和监督企业因采购材料而与供应单位发生的结算债务的增减变动及其余额的情况,应设置"应付账款"账户。该账户的贷方登记应付材料供应单位的款项,借方登记偿付的供应单位的款项,期末余额在贷方,表示企业尚未偿还的应付款项。该账户应按供应单位设置明细账,进行明细分类核算。

(4) "预付账款"账户。为了反映和监督企业因向供应单位预付材料价款而与供应单位发生的债权结算的增减变动及其余额的情况,应设置"预付账款"账户。企业向供应单位预付账款,表明企业的债权增加,应记入"预付账款"账户的借方和"银行存款"等账户的贷方;收到供应单位提供的材料,冲销预付款时,表明企业债权的减少,应记入"预付账款"账户的贷方和"材料采购"等账户的借方,期末如有余额一般在借方,表示企业尚未收到材料的预付款项。该账户应按供应单位设置明细账,进行明细分类核算。

(5) "应付票据"账户。为了反映和监督企业采用商业汇票(商业承兑汇票或银行承兑汇票)采购材料而与供应单位发生的结算债务的增减变动及其余额的情况,应设置"应付票据"账户。企业开出承兑汇票时,贷记本账户,偿还应付票据时,借记本账户,期末如有余额在贷方,表示尚未到期的应付票据款。

(三) 材料采购业务核算的账务处理

以下通过实例来说明材料采购账户的运用和采购业务的账务处理。

假设 XYZ 公司生产 A、B 两种产品,需耗用甲、乙、丙三种材料。20××年12月份有关材料采购的经济业务及账务处理如下:

【例 3-8】从外地企业购入甲、乙两种材料。增值税专用发票上注明甲材料 400 千克,单价 50 元,计 20 000 元;乙材料 800 千克,单价 100 元,计 80 000 元,买价共计 100 000 元,增值税额 13 000 元。上述款项已用银行存款支付。材料已经到达并验收入库。

这项经济业务应编制会计分录如下:

```
借:材料采购——甲材料                          20 000
        ——乙材料                          80 000
    应交税费——应交增值税(进项税额)            13 000
    贷:银行存款                                        113 000
```

【例 3-9】 以银行存款支付购入上述甲、乙材料的运输费,增值税专用发票上注明运费 5 520 元,增值税额 496.80 元。

企业于同一地点同时购入两种或两种以上的材料所发生的运杂费等各项采购费用,如在发生时不能分清各种材料应负担的费用额,为了准确计算各种材料的采购成本,应采用一定的分配标准在所采购的各种材料之间进行分配。常用的分配标准有材料的买价或所采购材料的重量。分配采购费用的基本原则是收费标准原则,即材料采购中采用什么样的收费标准,就应该按照该收费标准进行分配。例如,运输费一般按照重量与运输路程收费,在路程相同的情况下,则采购运输费按照重量分配。但若运输费是按照体积收费的,则采购运输费的分配就应该是所运材料的体积。又如,运输保险费一般与所运输物品的价值相关,则保险费的分配就应该采用所运输材料的价值。

材料采购费用分配方法如下:

$$采购费用分配率 = \frac{材料采购费用总额}{\sum 各种材料分配标准数量}$$

某种材料应分配的采购费用 = 该种材料的分配标准数量 × 采购费用分配率

本例假定以甲、乙材料的重量作为分配标准,则该采购费用分摊如下:

$$采购费用分配率 = \frac{5\ 520}{400 + 800} = 4.6(元/千克)$$

$$甲材料应分摊的运费 = 4.6 \times 400 = 1\ 840(元)$$

$$乙材料应分摊的运费 = 4.6 \times 800 = 3\ 680(元)$$

应编制的会计分录如下:

借:材料采购——甲材料	1 840.00
——乙材料	3 680.00
应交税费——应交增值税(进项税额)	496.80
贷:银行存款	6 016.80

【例 3-10】 从本地 F 公司购进甲材料 600 千克,单价 50 元,增值税专用发票上注明价款 30 000 元,增值税额 3 900 元,材料已验收入库,款项尚未支付。

这项经济业务应编制会计分录如下:

借:材料采购——甲材料	30 000
应交税费——应交增值税(进项税额)	3 900
贷:应付账款——F 公司	33 900

【例 3-11】 以银行存款 54 000 元向外地 G 公司预付购买乙材料货款。

这项经济业务的发生,一方面使企业的银行存款减少 54 000 元,另一方面也使企业预付账款增加 54 000 元。因此,这笔经济业务的发生涉及"银行存款"和"预付账款"两个

账户,其中,预付账款的增加是企业资产的增加,应记入"预付账款"账户的借方。其会计分录如下:

  借:预付账款——G 公司   54 000
    贷:银行存款   54 000

【例 3-12】企业从本地 H 公司购进丙材料 1 000 千克,单价 60 元,增值税专用发票上注明价款 60 000 元,增值税额 7 800 元,货款采用商业承兑汇票结算,企业开出并承兑 6 个月商业承兑汇票一张,但材料尚未验收入库。

这项经济业务应编制的会计分录如下:

  借:材料采购——丙材料   60 000
    应交税费——应交增值税(进项税额)   7 800
    贷:应付票据——H 公司   67 800

【例 3-13】企业收到外地 G 公司发运来的乙材料 500 千克,单价 100 元,增值税专用发票上注明价款 50 000 元,增值税额 6 500 元,另对方代垫材料装卸费 220 元,除冲销原预付账款 54 000 元外,其余款项用银行存款支付。

这项经济业务的发生,一方面使企业材料采购成本增加 50 220 元,增值税进项税额增加 6 500 元;另一方面也使企业的预付账款中应付账款增加 56 720 元,将预付账款账户中的预付款与应付款进行比较,还应补付银行存款 2 720 元。

这项经济业务应编制的会计分录如下:

(1) 借:材料采购——乙材料   50 220
   应交税费——应交增值税(进项税额)   6 500
   贷:预付账款——G 公司   56 720
(2) 借:预付账款——G 公司   2 720
   贷:银行存款   2 720

【例 3-14】计算并结转本月已验收入库材料的实际采购成本。

本月采购的材料中甲、乙材料已全部到达并验收入库,根据材料采购明细账,编制"材料采购成本计算表"如表 3.1 所示。

表 3.1   材料采购成本计算表   单位:元

材料名称	单位	数量	单价	买价	采购费用	总成本	单位成本
甲	千克	1 000	50	50 000	1 840	51 840	51.84
乙	千克	1 300	100	130 000	3 900	133 900	103.00
合计	—	—	—	180 000	5 740	185 740	—

甲、乙材料已验收入库,其采购成本已计算出来,表明材料采购过程完成,一方面库存材料增加,应记入"原材料"账户的借方,另一方面材料采购过程完毕,要从"材料采购"账

户的贷方转出。根据表3.1编制会计分录如下：

借：原材料——甲材料　　　　　　　　　　　　　　　　　51 840
　　　　　——乙材料　　　　　　　　　　　　　　　　　133 900
　　贷：材料采购——甲材料　　　　　　　　　　　　　　51 840
　　　　　　　　——乙材料　　　　　　　　　　　　　　133 900

本月采购的丙材料，因其尚未到达验收入库，留在材料采购账户的借方，表示在途材料的实际成本。

材料采购核算账务处理汇总简图如图3-4所示。

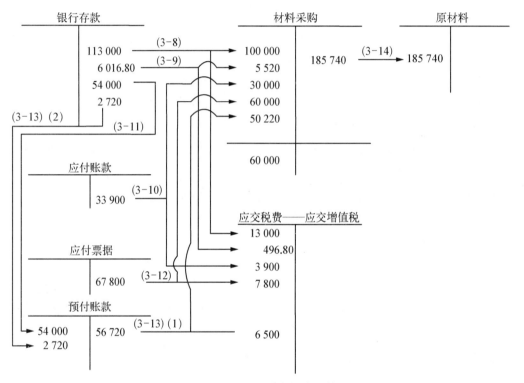

图3-4　材料采购总分类核算

第四节　产品生产业务核算

一、产品生产业务概述

制造业企业主要是进行产品的生产和销售。企业在产品的生产过程中，一方面要生产出产品；另一方面为了生产出产品必然要发生各种耗费，这些耗费包括固定资产的磨损、材料的消耗、劳动力的耗费以及支付的其他费用等。企业在一定时期内发生的、能够用货币额表现的耗费，叫作费用。这些费用按是否计入产品成本分为产品生产费用和期间费用。产品生产费用是为制造产品而发生的,最终要归集、分配到一定种类和一定数量的产品上,形成各种产品的成本,也就是说,企业为生产一定种类、一定数量产品所支出的生产费用总和,就是这些产品的成本。期间费用是指不能直接归属于某个特定对象的费用,这种费用在发生的当期就应计入当期的损益,包括财务费用(在资金筹集业务中已涉及)、管理费用和销售费用(将在产品销售业务中讲述)。因此,在产品生产过程中费用的发生、归集和分配,以及产品生产成本的计算,就构成了产品生产业务核算的主要内容。

二、产品成本计算的程序

产品成本的计算就是将企业生产过程中为制造产品所发生的各种费用,按照所生产的产品品种等进行分配和归集,计算各种产品的总成本和单位成本。产品成本计算的一般程序如下:

(一)确定成本计算对象

确定成本计算对象是进行成本计算首先要解决的问题。所谓"成本计算对象",是指成本归集和分配的对象。例如,要计算各种产品的成本,那么各种产品就是成本计算对象。成本计算对象的确定,是设置产品生产成本明细账(或称"成本计算单")、归集生产费用、正确计算产品成本的前提。在实际工作中成本计算对象的选择与不同类型企业的生产特点和成本管理要求不同密切相关,但最终都要按照产品品种计算出各种产品的生产成本,所以按产品品种确定成本计算对象是最基本的成本计算对象。

(二)确定成本计算期

所谓成本计算期是指每隔多长时间计算一次产品成本。从理论上讲,产品生产成本的计算期间应当同产品的生产周期保持一致,如造船、大型机械制造等单件小批量生产的企业,就是以生产周期来确定成本计算期的。但是,由于企业生产产品品种的多样性和生产周期的不确定性,使得大多数企业很难按照产品的生产周期来计算产品生产成本,为与会计报告的期间一致,便于进行期间考核,大多数企业的产品成本计算期,一般是以"月份"作为成本计算期。所以,成本计算期的确定既与产品的生产周期有关,同时也与成本计算对象密不可分。因此,在会计实际操作过程中,成本计算期有会计期间和产品的生产周期两种。一般情况下,在大批量生产并以产品品种为成本计算对象的企业,其产品的生产周期通常比会计期间短,这时选会计期间(月份)为成本计算期;在小批量生产并以单件产品为成本计算对象的企业,其产品的生产周期通常比会计期间长,则选产品的生产周期为成本计算期。

(三)确定产品成本项目

所谓"成本项目",是指计入产品成本的生产费用按照其经济用途所进行的分类。为了达到降低成本、提高经济效益的目的,成本计算除提供各种产品的总成本和单位成本的资料外,在生产费用按其经济内容分类的基础上再按照经济用途进行分类,以了解成本的经济构成。也就是说,计入产品成本的生产费用,在成本计算中应按成本项目进行归集。

在制造业企业,一般应设置直接材料、直接人工和制造费用三个成本项目。

(1) 直接材料。直接材料是指直接用于产品生产并构成产品实体的原料及主要材料以及有助于产品形成的辅助材料等。直接材料为产品的主要构成部分,如裁剪服装用的布料、制造家具用的木材、炼钢用的矿石等。

(2) 直接人工。直接人工是指直接参加产品生产的工人的薪酬,如工资、福利费、保险费等。如服装裁剪人员的薪酬、家具厂制造家具的生产工人的薪酬等。

(3) 制造费用。制造费用是指为组织和管理车间生产而发生的不能直接计入产品成本的各项间接生产费用。通常包括:① 间接材料,包括车间所耗用的各项物料,如润滑油、传动皮带、清洁用品、修理用备件等;② 间接人工,指与产品生产无直接关系的人工,如车间主任、记录员、技术员、统计员等车间管理人员的薪酬;③ 其他,凡与产品生产有关的厂房租金、固定资产折旧、动力费、水电费、维护修理费等皆属于此列。

直接材料和直接人工合称"直接成本",而直接人工与制造费用合称"加工成本"。直接成本往往可直接计入产品成本中,而制造费用往往要使用分摊的方法摊入产品成本内。

(四) 按权责发生制划清费用的受益期限

企业为产品生产而发生的某些生产费用,有一些是在本期实际支付但受益期限横跨多个会计期间,而另一些虽未在本期实际支付但本期已经受益,所以就应以承担付款责任的日期为确认标志的"权责发生制"对各期的生产费用进行确认,划清费用的受益期限。即应计入本期的生产费用不论其款项是否已实际付出,都要作为本期的生产费用来加以确认。也就是说,企业在某一成本计算期内支付的生产费用,不一定全部计入本期产品成本,而本期的产品成本也不一定都是本期实际支付的费用。

(五) 按成本分配的受益原则划清费用的受益对象

成本计算就是要具体计算各个成本计算对象所应负担的生产费用,所以,在对各成本项目按照权责发生制划清了受益期限后,为了正确计算产品的生产成本,还应将属于该期的生产费用在当期所生产的各种产品之间进行分配,并应遵循谁受益谁负担以及按受益程度大小来负担的原则。对于能够直接分清受益对象的直接费用,则直接计入各该成本计算对象,而对不能够直接分清受益对象的间接费用即应由两个以上的成本计算对象共同负担的费用,就应选用和该费用发生直接关联的项目作为分配标准,采用比例分配法,在各成本计算对象之间进行分配并计入各该成本计算对象。

(六) 分清完工产品成本与在产品成本

如果期末部分产品已经完工,部分产品尚未完工,还应将计入各成本计算对象的生产费用按照一定分配标准在完工产品和在产品之间进行分配,以正确计算完工产品的总成本和单位成本。

三、产品生产业务核算的账户设置

为了反映和监督各项生产费用的发生、归集和分配,正确计算产品的生产成本,应设置以下账户：

(1)"生产成本"账户。该账户是用来归集产品生产过程中所发生的应计入产品成本的各项费用，并据以进行产品生产成本计算的账户。借方登记应计入产品成本的各项费用，包括平时登记应直接计入产品成本的直接材料费和直接人工费，以及月末登记分配转入的制造费用；贷方登记已完工验收入库转入"库存商品"账户借方的产品生产成本转出额；期末余额在借方，表示尚未完工产品（在产品）的成本。该账户应按产品品种设置明细账，并在账内按成本项目设置专栏，进行明细分类核算。

(2)"制造费用"账户。该账户是用来归集和分配在车间范围内为组织和管理产品的生产所发生的各项间接费用的账户，包括车间管理人员的薪酬、车间用固定资产的折旧费、办公费、水电费、厂房租赁费、劳保费以及机物料消耗费等。借方登记平时在车间范围内实际所发生的各项制造费用；贷方登记月末分配后转入"生产成本"账户借方的制造费用转出额；该账户月末分配结转后应无余额。该账户应按生产车间分别设置明细账，并在账内按费用项目设置专栏，进行明细分类核算。

(3)"累计折旧"账户。该账户是用来反映和监督企业在生产经营过程中所使用的所有固定资产的折旧额的提取和注销情况的账户。它是"固定资产"账户的抵减账户，贷方登记每月提取的折旧额；借方登记固定资产因出售、毁损、报废等原因减少时应注销的该项固定资产累计提取的折旧额；期末余额应在贷方，表示企业现有固定资产已提取折旧的累计额。将"累计折旧"账户的贷方余额从"固定资产"账户的借方余额中减去，即可求得该项固定资产的净值。

(4)"应付职工薪酬"账户。该账户核算企业根据有关规定应付给职工的各种薪酬，如职工工资、职工福利费用等①。账户的贷方登记本月发生的应付各种职工薪酬，借方登记本月实际向职工支付的各种职工薪酬以及按照有关规定从应付职工薪酬中扣还的各种款项（代垫的家属药费、个人所得税等），账户的期末贷方余额，反映企业应付未付的职工薪酬。

(5)"库存商品"账户。该账户是用来反映和监督企业库存产成品的增减变动及其结存情况的账户。借方登记已经完成全部生产加工过程并已经验收入库的产成品的实际成本；贷方登记因销售等原因所出库的产成品的实际成本；期末余额在借方，表示库存产成品的实际成本。该账户应按产成品的品种和规格设置明细账，进行明细分类核算。

(6)"管理费用"账户。该账户是用来核算组织和管理整个企业经营活动所发生的费用的账户，包括企业的董事会和行政管理部门在企业的经营管理中发生的，或者应由企业统一负担的各项费用，如公司经费、业务招待费、工会经费、职工教育经费、劳动保险费、董事会费等等。账户的借方登记发生的各种管理费用；贷方登记期末转入"本年利润"账户

---

① 除职工工资与福利外，职工薪酬还包括：社会保险费、住房公积金、工会经费、职工教育经费、解除职工劳动关系补偿、股份支付等。

的管理费用,结转后该账户期末无余额。该账户按照费用项目设置明细分类账户,进行明细核算。

四、产品生产业务核算的账务处理

假设XYZ公司生产A、B两种产品,耗用甲、乙、丙三种材料,20××年12月初有关在产品成本资料如表3.2所示。

表3.2　　　　　　　　　12月初在产品成本　　　　　　　　　单位:元

产品名称	单位	数量	直接材料	直接人工	制造费用	合计
A产品	件	460	36 000	18 563	7 313	61 876
B产品	件	300	27 370	21 890	5 483	54 743
合计	—	—	63 370	40 453	12 796	116 619

本月A产品投产3 100件,B产品投产1 000件。

(一)材料费用核算的账务处理

在材料采购业务中,外购的材料经验收入库后形成储备物资以备生产领用。

材料被领用时,应填制领料单,向仓库办理领料手续,为了更好地控制材料的领用、节约材料费用,应该尽量采用限额领料单。仓库做了必要的登记后将领料凭证递交会计部门。会计部门对领料凭证进行计价,并编制发料凭证汇总表,进行材料发出的总分类核算。成本核算人员可根据发料凭证汇总表编制材料费用分配表据以进行成本的明细核算。

关于发料凭证的计价,如果所有材料均系同一价格购入,其单位成本一致,则发出材料计价非常简单。然而,实际中由于材料购入时间和购入地点等不同而使得各批购入材料的采购成本不尽相同,造成同种结存材料的单位成本可能有多个,这样发出材料的单位成本就需要采用一定的方法去确认。发出材料计价方法主要有:个别认定法(或个别计价法、具体辨认法)、加权平均法、先进先出法等。根据上述方法确定了材料发出的成本后,按领料部门和领料用途将材料成本分配到有关账户,基本生产部门为生产产品直接领用的材料应直接计入"生产成本"账户,车间一般领用材料计入"制造费用"账户,企业行政部门领用材料则计入"管理费用"账户。下面继续以XYZ公司为例说明材料发出的核算。

【例3-15】假定XYZ公司20××年12月份有关领用材料的资料如下:

领料单号码	领用材料名称	用途	数量
1201	甲材料	生产A产品用	3 000
1202	乙材料	生产A产品用	2 500
1203	丙材料	车间一般耗用	250

1204	甲材料	生产B产品用	1 500
1205	乙材料	生产B产品用	300
1206	丙材料	行政部门用	100

会计部门计算出甲材料的单价是每千克50.368元,乙材料的单价是每千克102元,丙材料的单价为每千克50元。

根据领料单和材料的单价编制发料凭证汇总表如表3.3所示:

表3.3　　　　　　　　　　　　发料凭证汇总表
20××年12月　　　　　　　　　　　　　　　　单位:千克、元

材料 用途	甲材料		乙材料		丙材料		合计
	数量 (千克)	金额 (元)	数量 (千克)	金额 (元)	数量 (千克)	金额 (元)	
生产A产品用	3 000	151 104	2 500	255 000			406 104
生产B产品用	1 500	75 552	300	30 600			106 152
小　　计	4 500	226 656	2 800	285 600			512 256
车间一般耗用					250	12 500	12 500
行政部门耗用					100	5 000	5 000
合　　计	4 500	226 656	2 800	285 600	250	17 500	529 756

根据发料凭证汇总表,编制会计分录如下:

借:生产成本——A产品　　　　　　　　　　　　　　　　　　406 104
　　　　　　——B产品　　　　　　　　　　　　　　　　　　106 152
　　制造费用　　　　　　　　　　　　　　　　　　　　　　　12 500
　　管理费用　　　　　　　　　　　　　　　　　　　　　　　 5 000
　　贷:原材料——甲材料　　　　　　　　　　　　　　　　　226 656
　　　　　　　——乙材料　　　　　　　　　　　　　　　　　285 600
　　　　　　　——丙材料　　　　　　　　　　　　　　　　　 17 500

如果几种产品共同耗用同一种材料,应采用一定的标准分配计入"生产成本",通常的材料费用分配标准为材料的定额消耗量。

$$材料费用分配率 = \frac{材料实际消耗量 \times 发出材料单价}{\sum 各种产品的材料定额消耗量}$$

某产品分配的材料费用＝该产品材料定额消耗量×材料费用分配率

例如,企业生产A、B两种产品,实际领用某材料500千克,单价30元;A产品的定额消耗量为300千克,B产品的定额消耗量为180千克。

则，材料费用分配率 = $\dfrac{500 \times 30}{300 + 180}$ = 31.25（元/千克）（定额）

A 产品分配的材料费用 = 300 × 31.25 = 9 375（元）

B 产品分配的材料费用 = 180 × 31.25 = 5 625（元）

（二）人工费用核算的账务处理

人工费用为产品生产过程中劳动力的耗费，也是一项重要的成本费用因素。职工工资的计算通常有计时制和计件制两种，前者以标准工资和工作考勤为计算工资的依据；后者以生产合格产品产量为计算工资的依据。企业除了基于按劳取酬原则支付职工工资以外，还应该按照国家规定为职工支付一定的社会保险费用，例如基本养老保险金、失业保险金、基本医疗保险金和住房公积金等。企业支付的职工工资和社会保险均属于企业发生的人工费用。另外，企业还可以按照实际情况计提职工福利费用，用于企业职工的福利开支等。

为了便于生产成本的计算，企业通常将计入产品成本的人工费用划分为直接人工费用和间接人工费用。直接人工费用是指生产车间直接从事产品生产的工人工资及其他薪酬，直接人工可以直接计入"生产成本"账户；间接人工费用是指组织与管理车间生产人员和车间辅助人员的工资及其他薪酬，间接人工先计入"制造费用"账户，然后随制造费用的分配最终进入生产成本。另外，行政部门人员的人工费用属于期间费用，计入"管理费用"账户。

企业的直接人工，如果根据生产工人的工作过程能够直接认定到企业具体的产品成本的，可以直接进入该产品的生产成本；直接人工如果不能根据生产工人的工作过程直接认定的，则应该按照一定的标准分配进入各种产品的成本。通常的分配标准是产品的生产工时。

人工费用的分配方法：

$$\text{工资费用分配率} = \dfrac{\text{生产工人工资总额}}{\sum \text{各种产品的生产工时}}$$

某产品分配的直接人工费用 = 该产品生产工时 × 工资费用分配率

假定 XYZ 公司按计时制进行工资的计算。

【例 3 – 16】XYZ 公司 20××年 12 月份根据考勤记录计算职工工资如下（单位：元）：

生产工人工资	250 000
车间管理人员工资	50 000
行政部门人员工资	100 000
合计	400 000

企业规定，生产工人工资按产品生产工时比例分配计入 A、B 产品的成本。根据企业

工时记录单,A 产品的生产工时为 21 000 工时,B 产品的生产工时为 10 250 工时。

$$\text{生产工人工资费用分配率} = \frac{250\,000}{21\,000 + 10\,250} = 8(\text{元}/\text{工时})$$

$$\text{A 产品分配的生产工人工资费用} = 21\,000 \times 8 = 168\,000(\text{元})$$

$$\text{B 产品分配的生产工人工资费用} = 10\,250 \times 8 = 82\,000(\text{元})$$

车间管理人员的工资属于间接人工费用,计入"制造费用"。

根据上述分配结果,编制会计分录如下:

借:生产成本——A 产品	168 000
——B 产品	82 000
制造费用	50 000
管理费用	100 000
贷:应付职工薪酬	400 000

【例 3-17】XYZ 公司 20××年 12 月份根据工资总额的 14% 计提职工福利费如下(单位:元):

生产 A 产品的工人职工福利费	23 520(168 000×14%)
生产 B 产品的工人职工福利费	11 480(82 000×14%)
车间人员的职工福利费	7 000(50 000×14%)
行政部门人员的职工福利费	14 000(100 000×14%)
合计	56 000

根据上述资料,编制会计分录如下:

借:生产成本——A 产品	23 520
——B 产品	11 480
制造费用	7 000
管理费用	14 000
贷:应付职工薪酬	56 000

【例 3-18】通过银行发放职工工资 400 000 元。

编制会计分录如下:

借:应付职工薪酬	400 000
贷:银行存款	400 000

(三)固定资产折旧费核算的账务处理

固定资产折旧费即固定资产因使用损耗而转移到企业成本、费用中去的金额。固定资产折旧费应该根据固定资产的用途进行分配。通常,车间使用固定资产的折旧费用,属于"制造费用";行政管理部门使用固定资产的折旧费用,属于"管理费用"。

【例 3-19】本月计提车间使用的固定资产折旧费 4 200 元;计提行政管理部门使用

的固定资产折旧费 2 000 元。

编制会计分录如下：

借：制造费用　　　　　　　　　　　　　　　　　　　　　4 200
　　管理费用　　　　　　　　　　　　　　　　　　　　　　2 000
　　贷：累计折旧　　　　　　　　　　　　　　　　　　　　　　6 200

（四）其他费用核算的账务处理

其他费用是企业为组织、管理生产和为生产服务而发生的费用，如办公费、水电费、劳动保护费等。这些费用如果本期发生本期即支付，则在发生时计入有关的成本费用项目；如果费用的支付期与受益期不一致，则期末应按权责发生制原则进行账项调整，分别计入各受益期的成本费用项目。

【例 3-20】以现金购买办公用品 625 元，其中 425 元交付车间使用，200 元交行政管理部门使用。

编制会计分录如下：

借：制造费用　　　　　　　　　　　　　　　　　　　　　　425
　　管理费用　　　　　　　　　　　　　　　　　　　　　　　200
　　贷：库存现金　　　　　　　　　　　　　　　　　　　　　　625

【例 3-21】以银行存款支付 12 月份生产车间水电费 3 500 元，行政部门的水电费 3 800 元。

编制会计分录如下：

借：制造费用　　　　　　　　　　　　　　　　　　　　　3 500
　　管理费用　　　　　　　　　　　　　　　　　　　　　　3 800
　　贷：银行存款　　　　　　　　　　　　　　　　　　　　　7 300

【例 3-22】摊销以前支付应由本月负担的设备租赁费 1 500 元，其中生产车间应负担 500 元，行政部门应负担 1 000 元。

编制会计分录如下：

借：制造费用　　　　　　　　　　　　　　　　　　　　　　500
　　管理费用　　　　　　　　　　　　　　　　　　　　　　1 000
　　贷：长期待摊费用　　　　　　　　　　　　　　　　　　　1 500

【例 3-23】以银行存款预付下两年的设备租赁费 36 000 元。

编制会计分录如下：

借：长期待摊费用　　　　　　　　　　　　　　　　　　　36 000
　　贷：银行存款　　　　　　　　　　　　　　　　　　　　36 000

（五）产品成本的计算与核算的账务处理

企业生产过程中为制造产品所发生的各种费用，按照所生产的产品品种等进行分配和归集，能够直接分清受益对象的直接费用，直接计入各该成本计算对象，如上述的直接材料费和直接人工费;而对不能够直接分清受益对象的间接费用,即应由两个以上的成本计算对象共同负担的费用,就应选用和该费用发生直接关联的项目作为分配标准,在各成本计算对象之间进行分配并计入各该成本计算对象,如上述的制造费用。然后计算各种产品的总成本和单位成本。

1. 制造费用的分配和结转

制造费用的分配标准一般有:产品的生产工时、直接生产工人工资、直接材料费用等。

制造费用分配方法:

$$制造费用分配率 = \frac{制造费用总额}{\sum 各种产品的分配标准数}$$

某产品分配的制造费用 = 该产品分配标准数 × 制造费用分配率

XYZ 公司本月共发生制造费用 78 125 元,根据 A、B 产品的生产工时比例,编制制造费用分配表如表 3.4 所示。

表 3.4　　　　　　　　　　制造费用分配表

分配对象 (产品名称)	分配标准 (生产工时)	分配率 (78 125/31 250)	分配金额 (元)
A 产品 B 产品	21 000 10 250	2.50 2.50	52 500 25 625
合　计	31 250	2.50	78 125

【例 3-24】根据上述制造费用分配表结转本月制造费用。

借:生产成本——A 产品　　　　　　　　　　　　　　　52 500
　　　　　　——B 产品　　　　　　　　　　　　　　　25 625
　　贷:制造费用　　　　　　　　　　　　　　　　　　78 125

2. 完工产品成本的计算和结转

经过制造费用的结转,为生产产品发生的直接材料费用、直接人工费用和制造费用等生产费用就完全归集于"生产成本"总分类账户和所属各明细分类账户。如果当月生产(含期初结存)的产品全部完工,也即期末没有在产品,则归集到某一产品上的生产费用合计数(该产品生产成本明细账合计数)即为该产品本月完工产品的总制造成本,该总制造成本除以完工产品产量,就是该产品的单位制造成本;如果当月生产(含期初结存)的产品全部未完工,即全部成为期末在产品(完工产品为零),则归集到某一产品上的生产费用合计数(该产品生产成本明细账合计数)即为本月在产品的制造成本;如果当月生产(含期初结存)的产品在期末部分完工、部分未完工即既有完工产品又有在产品的情况下,则需采用一定的方法将归集到某一产品上的生产费用合计数,在完工产品与在产品之间分配。

根据"生产成本"账户结构,可确定产品成本计算公式如下:

月初在产品成本＋本月生产费用－本月完工产品成本＝月末在产品成本

本月完工产品成本＝月初在产品成本＋本月生产费用－月末在产品成本

假定XYZ公司12月份A产品在月末全部完工,共计3 560件;B产品在月末完工896件、未完工404件,B产品月末在产品成本为56 000元,其中,直接材料29 422元、直接人工21 370元、制造费用5 208元。根据表3.2和本月发生的生产费用,A、B产品成本计算如表3.5和表3.6所示。

表3.5　　　　　　　　　　　　A产品成本计算表　　　　　　　　　　　　单位:元

项　　目	直接材料	直接人工	制造费用	合　　计
月初在产品成本	36 000	18 563	7 313	61 876
本月生产费用	406 104	191 520	52 500	650 124
生产费用合计	442 104	210 083	59 813	712 000
完工产品成本	442 104	210 083	59 813	712 000
产品单位成本	124.19	59.01	16.80	200.00

表3.6　　　　　　　　　　　　B产品成本计算表　　　　　　　　　　　　单位:元

项　　目	直接材料	直接人工	制造费用	合　　计
月初在产品成本	27 370	21 890	5 483	54 743
本月生产费用	106 152	93 480	25 625	225 257
生产费用合计	133 522	115 370	31 108	280 000
月末在产品成本	29 422	21 370	5 208	56 000
完工产品成本	104 100	94 000	25 900	224 000
产品单位成本	116.18	104.91	28.91	250.00

【例3-25】结转本月份完工产品成本。

产品制造完成,应予验收入库。为了反映库存产成品增加,同时反映生产过程中在产品存货减少,须将本月完工产品制造成本从"生产成本"账户的贷方转入"库存商品"账户的借方。这笔账项结转的会计分录如下:

借:库存商品——A产品　　　　　　　　　　　　　　　712 000
　　　　　　——B产品　　　　　　　　　　　　　　　224 000
　　贷:生产成本——A产品　　　　　　　　　　　　　712 000
　　　　　　　——B产品　　　　　　　　　　　　　224 000

产品生产业务的总分类核算见图3-5。

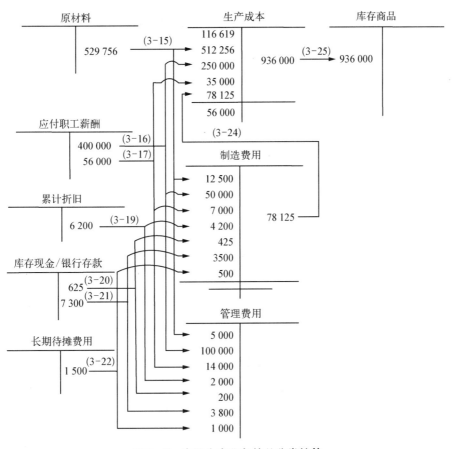

图 3-5 产品生产业务的总分类核算

探究与发现

通过上述学习,你是否对"导入"所提出的问题进行了相关思考?你认为问题(4)该如何作答?

第五节 产品销售业务核算

一、产品销售业务概述

制造业企业生产过程结束,形成产成品存货以备销售。制造业企业的销售过程就是产品价值的实现过程。在销售过程中,企业一方面按合同规定向购货单位提供产品;另一方面要与购货单位办理结算,收取货款,确认收入的实现。同时,企业已销产品的生产成本、按照国家税法规定计算缴纳的税金及附加,都应从销售收入中得到补偿。销售收入抵扣销售成本、税金及附加后的差额就是企业的销售利润(或销售亏损)。此外,在销售过程中发生的运输、包装、广告等销售费用,应作为期间费用,在营业收入中扣减。

本节从销售过程的特点出发,一方面讲述产成品发出的核算以及产品销售成本的确定和结转,另一方面讲述销售收入实现以及有关税金及附加的核算;最后,讲述产品销售费用的归集核算。

二、产品销售业务核算的账户设置

为了反映和监督制造业企业在销售过程中所发生的业务,应开设以下账户:

(1)"主营业务收入"账户。该账户是用来反映和监督企业销售产品和提供劳务所发生的收入的账户。账户贷方登记企业实现的产品销售收入,借方登记发生销售退回和销售折让时应冲减本期的产品销售收入以及期末转入"本年利润"账户的产品销售收入,结转后该账户应无余额。"主营业务收入"账户应按照产品种类设置明细账,进行明细分类核算。

(2)"应收账款"账户。该账户是用来反映和监督企业因销售产品和提供劳务应向购买单位收取款项的结算情况的账户。账户借方登记由于销售产品和提供劳务发生的应收账款,贷方登记已经收回的应收账款,期末余额一般在借方,表示尚未收回的应收账款。该账户应按不同的应收账款单位设置明细账,进行明细分类核算。

(3)"应收票据"账户。该账户是用来反映和监督企业销售产品采用商业汇票(包括商业承兑汇票和银行承兑汇票)结算货款时的结算情况的账户。账户的借方登记由于销售产品而收到的商业汇票的面值;贷方登记收回应收票据的账面价值。期末账户如有余额在借方,表示企业持有的期末尚未收回的票据应收款。为了了解每一应收票据的结算状况,企业应设置"应收票据备查簿",逐笔登记每一应收票据的详细资料,应收票据到期结清票款后,应在备查簿内逐笔注销。

(4)"预收账款"账户。该账户是用来反映和监督企业按照合同规定向购买单位预收货款的发生与偿付情况的账户。发生预收货款,应记入"预收账款"账户的贷方;企业用产品或劳务抵偿预收货款时,应记入"预收账款"账户的借方,期末余额一般在贷方,表示尚未用产品或劳务偿付的预收账款。如为借方余额,表示应由购买单位补付的款项。该账户应按购货单位设置明细账,进行明细分类核算。

(5)"主营业务成本"账户。该账户是用来核算企业已销售产品的生产成本等的账户。账户的借方登记本期已销产品的生产成本;贷方登记期末转入"本年利润"账户的已销产品的生产成本,结转后该账户期末无余额。该账户按照产品类别设置明细分类账户,进行明细分类核算。

(6)"税金及附加"账户。该账户是核算生产应税消费品的企业在销售应税消费品时应负担的消费税以及企业应缴纳的城市维护建设税和教育费附加等的账户。账户的借方登记按照规定标准计算的应交的应由营业业务负担的税金及附加;贷方登记期末转入"本年利润"账户的税金及附加,结转后该账户期末无余额。

(7)"销售费用"账户。该账户是用来核算企业在产品商品销售过程中所发生的各种费用的账户,包括企业在产品商品销售过程中所发生的各种费用,如为销售产品而发生的运输费、包装物、广告费、保险费等,以及为销售本企业产品而专设的销售机构(含销售网点、售后服务网点等)的职工薪酬等日常经费等。账户的借方登记发生的各种销售费用;贷方登记期末转入"本年利润"账户的销售费用,结转后该账户期末无余额。该账户按照费用项目设置明细分类账户,进行明细核算。

三、产品销售业务核算的账务处理

(一) 产品销售收入核算的账务处理

1. 产品销售收入的确认和计量

产品销售收入的确认和计量是指收入何时入账以及按多少金额入账的问题。根据《企业会计准则第14号——收入》准则规定,企业应当在履行了合同中的履约义务即在客户取得相关商品控制权时确认收入。取得相关商品控制权,是指能够主导该商品的使用并从中获得几乎全部的经济利益。在实务中,产品销售收入的确认与销售方式和货款的结算方式有关,一般在商品已经发出,同时收取价款或取得收取价款的凭据时确认收入的实现。

企业产品的销售收入,应按企业与购货方签订的合同或协议金额或双方接受的金额确定,如发生销售折让(企业售出的产品由于质量不合格等原因而在售价上给予的减让)和销售退回,应在发生时冲减产品销售收入。

2. 产品销售收入的核算

假定XYZ公司20××年12月发生以下销售业务:

【例3-26】销售给J公司A产品2 500件,每件售价300元,应收取增值税额97 500元;开具了增值税专用发票,款项已收讫并存入银行。产品已发出,该批产品的控制权在销售日转移给J公司。

编制的会计分录如下:

借:银行存款　　　　　　　　　　　　　　　　　　　　　　847 500
　　贷:主营业务收入——A产品　　　　　　　　　　　　　　750 000
　　　　应交税费——应交增值税(销项税额)　　　　　　　　 97 500

【例3-27】销售给M公司A产品500件,每件售价300元,B产品200件,每件售价350元,应收取增值税额28 600元,公司已开具增值税专用发票,但款项尚未收到。产品已发出,该批产品的控制权在销售日转移给M公司。

这项经济业务应作如下会计分录:

借:应收账款——M公司　　　　　　　　　　　　　　　　　248 600
　　贷:主营业务收入——A产品　　　　　　　　　　　　　　150 000
　　　　　　　　　　——B产品　　　　　　　　　　　　　　 70 000
　　　　应交税费——应交增值税(销项税额)　　　　　　　　 28 600

【例3-28】收到K公司预付购买B产品1 000件的货款300 000元存入银行。

这项经济业务应作如下会计分录:

借：银行存款 300 000
　　贷：预收账款——K公司 300 000

【例3-29】向南京L公司销售A产品1 500件，每件售价300元，B产品300件，每件售价350元，应收取增值税额72 150元；产品已发出，开具了增值税专用发票，收到L公司签发的期限为3个月、面值为627 150元的商业承兑汇票一张。

编制的会计分录如下：

借：应收票据 627 150
　　贷：主营业务收入——A产品 450 000
　　　　　　　　　　——B产品 105 000
　　　　应交税费——应交增值税（销项税额） 72 150

【例3-30】收到M公司还来前欠货款和税款248 600元，当即存入银行。

编制的会计分录如下：

借：银行存款 248 600
　　贷：应收账款——M公司 248 600

【例3-31】按合同向K公司发出B产品1 000件，每件售价350元，应收取增值税额45 500元；产品已发出，开具了增值税专用发票，扣除前预收款以外，其余款已收到并存入银行。

编制的会计分录如下：

（1）借：预收账款——K公司 395 500
　　　　贷：主营业务收入——A产品 350 000
　　　　　　应交税费——应交增值税（销项税额） 45 500
（2）借：银行存款 95 500
　　　　贷：预收账款——K公司 95 500

销售收入总分类核算如图3-6和图3-7所示。

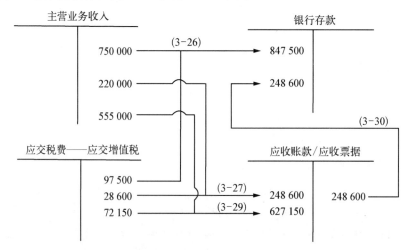

图3-6　销售过程总分类核算

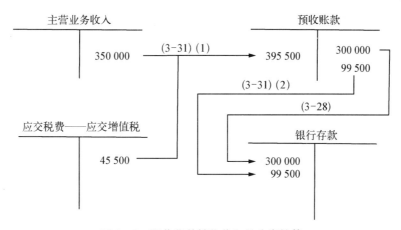

图 3-7 预收货款销售收入总分类核算

(二) 产品销售成本核算的账务处理

由于本月销售的产品可能是本月生产的,也可能是以前月份生产的,不同时期生产的产品,其单位成本可能不相同。因此,与材料发出计价一样,本月已销产品成本的确定也需要采用一定的方法确认。在会计实务中,常见的方法有个别认定法、加权平均法、先进先出法等。

假定 XYZ 公司 A 产品的单位生产成本每件 198.56 元,B 产品的单位生产成本每件 249.12 元。

根据本月的销售数量和单位生产成本计算已销产品的生产成本如表 3.7 所示。

表 3.7 已销产品生产成本计算表

产品名称	销售数量（件）	单位生产成本（元）	产品销售成本（元）
A 产品	4 500	198.56	893 520
B 产品	1 500	249.12	373 680
合 计			1 267 200

【例 3-32】月末结转已销产品的生产成本。

根据表 3.7 编制的会计分录如下:

借:主营业务成本——A 产品　　　　　　　　　　　　　　893 520
　　　　　　　　——B 产品　　　　　　　　　　　　　　373 680
　贷:库存商品——A 产品　　　　　　　　　　　　　　　893 520
　　　　　　　——B 产品　　　　　　　　　　　　　　　373 680

(三) 产品销售税金及附加核算的账务处理

制造业企业在销售环节应缴纳的税金有增值税、消费税、资源税以及按应交的增值税、消费税的一定比例计算缴纳的城市维护建设税和教育费附加等。增值税为价外税,不属于产品销售税金及附加的核算范围。

【例3-33】 XYZ公司本月购入材料应交增值税的进项税额为31 696.8元,本月销售产品应交增值税的销项税额为243 750元。根据本月应交增值税的7%和3%分别计算应交的城市维护建设税和教育费附加。

应交增值税＝本期销项税额－本期进项税额＝243 750－31 696.8＝212 053.2(元)

应交城市维护建设税＝212 053.2×7%＝14 843.72(元)

应交教育费附加＝212 053.2×3%＝6 361.60(元)

这项经济业务应作如下会计分录:

借:税金及附加　　　　　　　　　　　　　　　　　　　　　21 205.32
　　贷:应交税费——应交城市维护建设税　　　　　　　　　　14 843.72
　　　　　　　　——应交教育费附加　　　　　　　　　　　　6 361.60

(四) 产品销售费用的核算

制造业企业在产品销售过程中所发生的各种费用属于期间费用,在发生的当期直接计入当期损益。一般包括为销售产品而发生的运输费、包装物、广告费、保险费等,以及为销售本企业产品而专设的销售机构(含销售网点、售后服务网点等)的职工工资、福利费等日常经费。

【例3-34】 XYZ公司以银行存款支付广告费8 000元、销售产品的运杂费1 005元。

这项经济业务应作如下会计分录:

借:销售费用　　　　　　　　　　　　　　　　　　　　　　9 005
　　贷:银行存款　　　　　　　　　　　　　　　　　　　　　9 005

【例3-35】 XYZ公司的售后服务网点本月发生的日常经费为6 000元,其中服务人员的工资3 000元,计提的福利费420元,以银行存款支付的其他业务费2 580元。

这项经济业务应作如下会计分录:

借:销售费用　　　　　　　　　　　　　　　　　　　　　　6 000
　　贷:应付职工薪酬　　　　　　　　　　　　　　　　　　　3 420
　　　　银行存款　　　　　　　　　　　　　　　　　　　　　2 580

第六节　利润与利润分配的核算

一、利润的构成与核算

(一) 利润的构成

利润是指企业在一定会计期间的经营成果。利润包括收入减去费用后的净额、直接计入当期利润的利得和损失等[①]。利润的高低是衡量企业经济效益好坏的一项重要标

---

① 利得(损失)是指企业非日常经营活动所形成的、会导致所有者权益增加(减少)的、与所有者投入资本无关的经济利益流入(流出)。这里不作进一步的讨论,有兴趣者可以参考财务会计学有关内容。

准,借助于利润指标,可以分析利润增减变化情况,不断改进经营管理,促进企业提高经济效益;借助于利润指标,可以评价企业的盈利能力及其变化趋势,以便于投资者作出决策。所以,正确地核算利润,对提高会计信息的质量和效用具有重要作用。企业在一定期间内实现的利润分为营业利润、利润总额和净利润三个层次。

1. 营业利润的构成

营业利润是构成利润总额的主要部分,是企业从事日常经营活动而形成的利润。其计算公式如下:

$$营业利润＝营业收入－营业成本－税金及附加－销售费用－管理费用－财务费用＋投资收益(-投资损失)①$$

其中,营业收入是指企业日常经营业务所确认的收入总额,包括主营业务收入和其他业务收入。

营业成本是指企业日常经营业务所发生的实际成本总额,包括主营业务成本和其他业务成本。

从上述公式可见,营业利润是收入与费用合理配比下得到的结果。一般而言,只要收入与费用得到正确的计量,营业利润也就能得到如实的反映。

2. 利润总额的构成

利润总额也称税前利润,它是企业在确定了当期营业利润的基础上,加上营业外收入减去营业外支出后形成的。其计算公式如下:

$$利润总额＝营业利润＋营业外收入－营业外支出$$

3. 净利润的构成

净利润也称税后利润,它是企业在确定了当期利润总额的基础上扣除所得税费用之后形成的。其计算公式为:

$$净利润＝利润总额－所得税费用$$

其中,所得税对于企业来说是一项费用,称为"所得税费用"。

(二) 利润核算的账户设置

在利润构成中,有关主营业务收入和成本的核算账户以及期间费用核算的账户已在前几节中述及,这里不再重复。此处主要讲述其他业务收支、投资收益、营业外收支、所得税费用和利润结算的核算账户。

(1) "其他业务收入"账户。其他业务收入是指企业除主营业务活动以外的其他经营活动所发生的收入,比如,制造业企业销售材料的收入、出租固定资产和包装物的租金等。该账户的贷方登记本期实现的其他业务收入,借方登记期末转入"本年利润"账户的收入数,结转后该账户无余额。该账户可按其他业务收入的种类设置明细账,进行明细分类核算。

---

① 营业利润还包括其他收益、公允价值变动损益、资产减值损失、资产处置损益等,此处不作进一步的讨论。

(2)"其他业务成本"账户。其他业务成本是指企业除主营业务活动以外的其他经营活动所发生的成本,比如,销售材料的成本、出租固定资产的折旧额、出租包装物的摊销额等。该账户的借方登记本期发生的其他业务成本,贷方登记期末转入"本年利润"账户的成本数,结转后该账户无余额。该账户可按其他业务成本的种类设置明细账,进行明细分类核算。

(3)"投资收益"账户。该账户贷方登记企业对外投资取得的收益,借方登记对外投资发生的损失,期末,应将该账户余额转入"本年利润"账户,结转后该账户应无余额。该账户可按投资项目设置明细账,进行明细分类核算。

(4)"营业外收入"账户。该账户贷方登记企业确认的各项营业外收入,借方登记期末结转入本年利润的营业外收入,结转后该账户应无余额。该账户可按营业外收入项目设置明细账,进行明细分类核算。

(5)"营业外支出"账户。该账户借方登记企业发生的各项营业外支出,贷方登记期末结转入本年利润的营业外支出,结转后该账户应无余额。该账户可按支出项目设置明细账,进行明细分类核算。

(6)"所得税费用"账户。所得税作为企业一项费用支出,应在净利润前扣除。企业应设置"所得税费用"账户来核算确认的应从当期利润总额中扣除的所得税费用。该账户借方登记应计入本期损益的所得税费用,贷方登记期末转入"本年利润"账户的所得税费用,结转后该账户应无余额。

(7)"本年利润"账户。该账户是为了核算企业当年实现的净利润(或发生的净亏损)而设置的账户。该账户贷方登记期末结账时从损益类账户借方转入的本期发生的各项收入数,借方登记从损益类账户贷方转入的本期发生的各项费用数,将借贷方收支相抵后,如贷方发生额大于借方发生额,两者之差为本期实现的净利润;反之,则为本期发生的净亏损。该账户在年度中间留有余额,表示从年初开始截止到本期为止累计实现的净利润(或发生的净亏损);年度终了,应将当年收入和支出相抵后结出的当年实现的净利润,转入"利润分配"账户,结转后该账户应无余额。

(三)利润核算的账务处理

1. 其他业务收支核算的账务处理

制造业企业主要进行产品的生产和销售,但除此之外,还会发生一些其他的、附营的业务,如材料销售、包装物和固定资产的出租、无形资产转让使用权等。其他业务一般有如下特点:每笔业务发生的金额较小,业务发生不太稳定,服务对象不太固定,收入在全部营业收入中所占比重较低。

企业发生的其他业务取得的收入,借记"银行存款""应收账款"等账户,贷记"其他业务收入";其他业务产生的支出,包括其他业务成本、税金和附加等,借记"其他业务成本""税金及附加",贷记"银行存款""应交税费"等。

【例3-36】XYZ公司本月房屋出租取得租金收入,增值税发票上注明的租金为5 000元,增值税额450元,款项全部收到并存入银行。该房屋月末计提折旧1 500元。

这项经济业务应作如下会计分录：

收到租金时：

借：银行存款 5 450
　　贷：其他业务收入 5 000
　　　　应交税费——应交增值税（销项税额） 450

月末计提折旧时：

借：其他业务成本 1 500
　　贷：累计折旧 1 500

2. 投资收益核算的账务处理

投资收益是指企业以各种方式对外投资取得的收入扣除投资损失后的余额，包括股权投资分得的投资利润或现金股利、债权投资的利息收入等。企业以各种方式对外投资取得投资收益时，借记相关科目，贷记"投资收益"科目；如为投资损失时，借记"投资收益"科目，贷记相关科目。

【例3-37】XYZ公司拥有N公司70%的股权，对N公司的财务和经营决策实施控制。20××年12月N公司宣告分配利润，XYZ公司按持股比例可分得100 000元。

应编制会计分录如下：

借：应收股利 100 000
　　贷：投资收益 100 000

3. 营业外收支的账务处理

营业外收支是指与企业日常业务经营无直接关系的各项利得和损失，包括营业外收入和营业外支出两部分内容。属于营业外收入的有：不明原因现金盘盈、非流动资产毁损报废利得、罚款净收入、接受捐赠利得、无须支付的应付款项等等。属于营业外支出的有：非流动资产毁损报废损失、自然灾害造成的财产物资非常损失、罚金支出、捐赠支出等。企业确认营业外收入时，借记"银行存款""库存现金""应付账款"等科目，贷记"营业外收入"科目；企业确认营业外支出时，借记"营业外支出"科目，贷记"银行存款""库存现金"等科目。

【例3-38】经批准，XYZ公司将一笔无法支付的应付款70 000元按规定程序转作营业外收入。

应编制会计分录如下：

借：应付账款 70 000
　　贷：营业外收入 70 000

【例3-39】XYZ公司接受其他法人单位捐赠设备5台，总价值500 000元，设备已投入使用。

应编制会计分录如下：

借：固定资产 500 000
　　贷：营业外收入 500 000

【例3-40】 XYZ公司用银行存款支付公益性捐赠支出16 000元。

应编制会计分录如下：

借：营业外支出　　　　　　　　　　　　　　　　　　　16 000
　　贷：银行存款　　　　　　　　　　　　　　　　　　　　　16 000

4. 所得税费用核算的账务处理

企业应根据会计准则的规定，在计算了利润总额后，要对应从当期利润总额中扣除的所得税费用进行核算。

所得税，是指企业按照《企业所得税法》征收的一种税收。凡盈利企业，除税法规定可减免税之外，都应交纳所得税。企业所得税的计征方法是：实行按年计算，分期（按月或按季）预交，年终汇算清缴，多退少补。

根据我国《企业所得税法》的规定，企业应当按照年度应纳税所得的25%计算并交纳所得税。计算公式为：

$$应纳所得税额＝应纳税所得额×所得税税率$$

$$应纳税所得额＝税前会计利润（即利润总额）\pm 纳税调整额$$

上述公式说明，计算所得税的依据，是企业的应纳税所得额而并非是税前会计利润。两者之间是有差异的，其原因就在于：税前会计利润是遵循会计准则要求核算的结果，应纳税所得额是遵循税收法规要求核定的结果，而会计准则和税法法规的主要区别就在于对收益和费用的确认在时间上和范围上存在着不同，这就使得税前会计利润与应纳税所得额之间产生了差异。企业在上交所得税时，就有必要在计算得出利润总额的基础上，再按税法规定的条目作相应的增减调整。至于在会计核算上如何进行具体的调整，可在其他财务会计课程中学习。在基础会计学中，一般忽略会计利润与应纳税所得额的差异，不作纳税调整。

【例3-41】 XYZ公司12月实现的利润总额为1 100 589.68元，假定无纳税调整项目，企业所得税税率为25%。

$$本月应缴纳的所得税＝1\,100\,589.68 \times 25\% ＝275\,147.42（元）$$

根据计算结果，编制会计分录如下：

借：所得税费用　　　　　　　　　　　　　　　　　　　275 147.42
　　贷：应交税费——应交所得税　　　　　　　　　　　　　275 147.42

5. 利润结算核算的账务处理

企业本期发生的各项收入（如主营业务收入、其他业务收入等）、各项费用（如主营业务成本、其他业务成本、税金及附加、管理费用、销售费用、财务费用等）以及直接计入利润的利得（如营业外收入）和损失（如营业外支出），在全部记入损益类账户之后，在期末，应将本期发生的各项收入、各项费用、直接计入利润的利得和损失从损益类账户结转至"本年利润"账户。结转后，损益类账户无余额，本期发生的各项收入、费用以及直接计入利润的利得和损失都归集在"本年利润"账户中，通过对比，确定的差额即为企业本期所实现的净利润或是发生的净亏损。

【例3-42】XYZ公司20××年12月31日将本月损益类账户的金额结转至"本年利润"账户。有关各损益类账户的资料如表3.8所示。

表 3.8　　　　　　　　　　　　损益类账户发生额　　　　　　　　　　　单位：元

账 户 名 称	借方发生额	贷方发生额
主营业务收入		1 875 000.00
其他业务收入		5 000.00
投资收益		100 000.00
营业外收入		570 000.00
主营业务成本	1 267 200.00	
其他业务成本	1 500.00	
税金及附加	21 205.32	
销售费用	15 005.00	
管理费用	126 000.00	
财务费用	2 500.00	
营业外支出	16 000.00	
所得税费用	275 147.42	
合　计	1 724 557.74	2 550 000.00

根据表3.8中的资料,12月末应编制账项结转分录为：

结转本期发生的各项收入数：

借：主营业务收入　　　　　　　　　　　　　　　　　　　1 875 000
　　其他业务收入　　　　　　　　　　　　　　　　　　　　　5 000
　　投资收益　　　　　　　　　　　　　　　　　　　　　　100 000
　　营业外收入　　　　　　　　　　　　　　　　　　　　　570 000
　　贷：本年利润　　　　　　　　　　　　　　　　　　　2 550 000

结转本期发生的各项费用数：

借：本年利润　　　　　　　　　　　　　　　　　　　　1 724 557.74
　　贷：主营业务成本　　　　　　　　　　　　　　　　　1 267 200
　　　　其他业务成本　　　　　　　　　　　　　　　　　　　1 500
　　　　税金及附加　　　　　　　　　　　　　　　　　　21 205.32
　　　　销售费用　　　　　　　　　　　　　　　　　　　　15 005
　　　　管理费用　　　　　　　　　　　　　　　　　　　126 000
　　　　财务费用　　　　　　　　　　　　　　　　　　　　2 500
　　　　营业外支出　　　　　　　　　　　　　　　　　　16 000
　　　　所得税费用　　　　　　　　　　　　　　　　　275 147.42

经过上述结转后,"本年利润"账户借方汇集了12月份各项费用和直接计入利润的损失数之和为1 724 557.74元,而其贷方汇集了12月份各项收入和直接计入利润的利得之和为2 550 000元,收支相抵后,得出12月份实现的净利润为825 442.26元。若12月初"本年利润"账户有期初余额8 500 500元,则当年实现净利润为9 325 942.26元(12月初余额8 500 500+12月实现净利润825 442.26)。

将【例3-42】的分录过账后,有关总分类账的记录情况如图3-8所示。

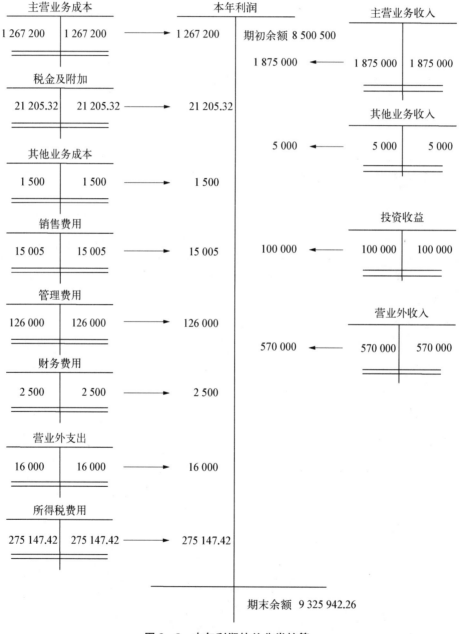

图3-8 本年利润的总分类核算

二、利润分配规定与利润分配核算

(一) 利润分配的规定

利润分配是企业根据国家有关规定和企业章程、投资者协议等,对企业当年可供分配的利润进行的分配。这里,可供分配利润主要是指当年实现的净利润和年初未分配利润之和。利润分配的顺序依次为:

(1) 弥补以前年度发生的亏损。如果企业发生亏损,按照规定可以用以后年度实现的净利润弥补,也可以用以前年度提取的盈余公积金弥补。

(2) 提取法定盈余公积金。按照《公司法》有关规定,公司制企业应当按照当年实现的净利润(减弥补以前年度亏损)的10%提取法定盈余公积金。非公司制企业法定盈余公积金的提取比例可超过净利润的10%。法定盈余公积金累计额已达到注册资本的50%时,可以不再提取。企业提取的盈余公积金,其具体用途是用于弥补亏损和转增资本。法定公积金转为资本时,所留存的该项公积金不得少于转增前公司注册资本的25%。

(3) 提取任意盈余公积金。公司制企业可根据股东大会的决议提取任意盈余公积金。非公司制企业经类似权力机构批准,也可提取任意盈余公积金。任意盈余公积金计提的依据不同于法定盈余公积金,前者依据的是企业权力机构的决定,其计提不具有强制性;而后者依据的是国家的法律法规,因而后者计提具有强制性。

(4) 向投资者分配利润或股利。企业弥补亏损、提取公积金后的剩余利润,可在投资者之间进行分配。如有限责任公司可按照股东的出资比例向股东分配利润;股份有限公司可按照股东持有股份比例分配股利。

企业可供分配利润经过当年弥补亏损、提取法定盈余公积金、提取任意盈余公积金和向投资者分配利润等利润分配之后的剩余利润,就是企业当年末的未分配利润,是企业留待以后年度进行分配的历年累积未分配利润。

(二) 利润分配核算的账户设置

为了反映和监督企业利润分配的情况,在核算中应设置"利润分配""盈余公积""应付股利"账户:

(1) "利润分配"账户。该账户核算企业利润的分配(或亏损的弥补)和历年分配(或弥补)后的余额。其借方登记实际的利润分配数额或结转的当年度亏损额,贷方登记年度终了从"本年利润"账户借方转入的当年度实现的净利润,年末余额若在贷方,表示历年结存的未分配利润;年末余额若在借方,表示历年结存的未弥补亏损。该账户应当分别按"提取法定盈余公积""提取任意盈余公积""应付现金股利或利润"和"未分配利润"等设置明细账,进行明细分类核算。

(2) "盈余公积"账户。该账户核算企业从净利润中提取的盈余公积。其贷方登记企业提取的盈余公积金,借方登记盈余公积金的支用数,期末余额在贷方,表示企业结存的盈余公积。该账户应当分别按"法定盈余公积""任意盈余公积"等设置明细账,进行明细分类核算。

(3)"应付股利"账户。该账户核算企业分配的现金股利或利润。其贷方登记企业应支付的现金股利或利润,借方登记实际支付的现金股利或利润,期末余额在贷方,表示应付未付的现金股利或利润。该账户可按投资者设置明细账,进行明细分类核算。

(三)利润分配核算的账务处理

【例3-43】沿用【例3-42】,XYZ公司按20××年实现的净利润9 325 942.26元的10%计提法定盈余公积金,股东会决定提取5%任意盈余公积金,并宣告发放投资者利润3 728 400元,假定该公司年初未分配利润为0,暂不考虑其他因素。

应编制会计分录如下:

借:利润分配——提取法定盈余公积　　　　　　　　　　932 594.23
　　　　——提取任意盈余公积　　　　　　　　　　　　466 297.11
　　　　——应付现金股利或利润　　　　　　　　　　3 728 400.00
　贷:盈余公积——法定盈余公积　　　　　　　　　　　 932 594.23
　　　　——任意盈余公积　　　　　　　　　　　　　　466 297.11
　　应付股利　　　　　　　　　　　　　　　　　　　3 728 400.00

【例3-44】年末,将20××年实现的净利润9 325 942.26元结转至"利润分配"账户。

应编制会计分录如下:

借:本年利润　　　　　　　　　　　　　　　　　　　9 325 942.26
　贷:利润分配——未分配利润　　　　　　　　　　　　9 325 942.26

【例3-45】年末,将"利润分配"账户下的其他明细账户的余额转入"未分配利润"明细账户。

应编制会计分录如下:

借:利润分配——未分配利润　　　　　　　　　　　　5 127 291.34
　贷:利润分配——提取法定盈余公积　　　　　　　　　 932 594.23
　　　　——提取任意盈余公积　　　　　　　　　　　　466 297.11
　　　　——应付现金股利或利润　　　　　　　　　　3 728 400.00

年末结转后,"利润分配——未分配利润"账户余额为4 198 650.92(本年利润9 325 942.26-提取法定盈余公积932 594.23-提取任意盈余公积466 297.11-支付现金股利或利润3 728 400),且余额在贷方,表示该公司20××年年末的累计未分配利润为4 198 650.92元。

将上述分录过账后,有关总分类账的记录情况如图3-9所示。

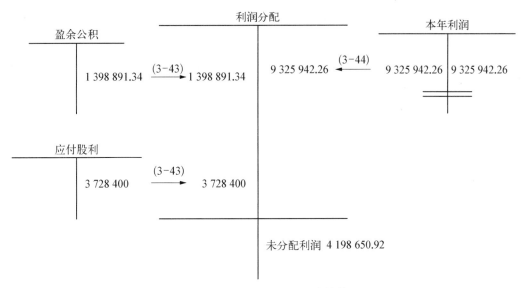

图 3-9 利润分配的总分类核算

> **探究与发现**
>
> 通过上述学习,你是否对"导入"所提出的问题进行了相关思考?你认为问题(3)和(5)该分别如何作答?

本章"探究与发现"参考答案

本 章 小 结

本章以产品制造业企业为例,阐述了产品制造业企业生产经营过程各个阶段经济业务的会计处理以及最后财务成果的形成和分配。

资金筹集业务包括投资者投入的资金和从债权人处借入的资金。企业应设置相应账户,反映投入资本增加及借款的借入、利息的计算和借款本息的偿还情况。

生产准备业务是为生产购置各种供日常营运使用的资产,包括固定资产的购置和材料的采购。固定资产是指为生产商品、提供劳务、出租或经营管理而持有的使用寿命超过一个会计年度的有形资产。本章对固定资产的增加的会计核算作了简单的介绍。材料采购是购买各种原材料,形成生产储备,以保证生产上的需要。因此,材料采购业务的核算就是要设置相应的账户,对材料采购过程中发生的买价、采购费用及税金进行货款结算的同时反映企业材料的增加;并对材料采购过程中发生的支出计算各种材料的总成本和单位成本。

产品生产业务是劳动者借助于劳动资料对劳动对象进行加工,制造出各种为社会所需要的产品。因此,产品生产业务的核算主要讲述产品在生产过程中所发生的材料费用、人工费用和其他费用的核算以及产品成本的计算。

产品销售业务是企业将产品销售给购买者,收回资金,同时使产品的价值得以实现。

产品销售业务的核算主要讲述产品销售收入的确认、销售成本的计算和结转、税金及附加的核算和销售费用的核算。

本章最后介绍了如何根据企业生产经营的结果确定利润。利润总额由营业利润和营业外收支净额组成。企业有了利润,必须根据实现的利润数,按税法规定进行调整后,按规定的税率计算并缴纳所得税。从本期实现的利润总额中减去所得税费用,其净额为净利润。净利润可供企业按有关规定进行分配。

本章思考题

1. 制造企业生产经营活动的特点是什么?与商品流通企业有何不同?
2. 投入资本和借入资本有哪些区别?
3. 何谓生产费用?何谓生产成本?两者有何区别?
4. 简述制造业企业"生产成本""库存商品"及"主营业务成本"三个账户的联系与区别。
5. 利润分配应按什么程序进行?

本章练习题

一、单项选择题

1. 有限责任公司在增资扩股时,如有新投资者介入,新介入的投资者缴纳的出资额大于其按约定比例计算的其在注册资本中所占份额部分的差额,应计入( )。
   A. 实收资本　　　　B. 股本　　　　C. 资本公积　　　　D. 盈余公积
2. 一般纳税人企业的"材料采购"账户借方记录采购过程中发生的( )。
   A. 采购材料的采购成本　　　　B. 采购人员的工资
   C. 采购材料的进项税额　　　　D. 采购人员的差旅费
3. 制造企业外购材料时支付的增值税应计入"应交税费——应交增值税( )"核算。
   A. 进项税额　　　　B. 销项税额
   C. 已交税金　　　　D. 进项税额转出
4. 各种材料采购成本的计算,主要是通过( )进行的。
   A. 材料采购总分类账户　　　　B. 原材料总分类账户
   C. 材料采购明细分类账户　　　　D. 原材料明细分类账户
5. 下列费用在制造成本法下,不应计入产品成本,而列作期间费用的是( )。
   A. 直接材料费用　　　　B. 直接人工费用
   C. 车间间接费用　　　　D. 厂部企业管理部门的费用
6. 某企业第一生产车间生产甲产品。甲产品月初在产品成本为1 000元,本月耗用材料20 000元,生产工人工资及福利费4 000元,甲车间管理人员工资及福利费2 000元,甲车间水电等费用 2 000 元,月末在产品成本为 2 200 元,厂部预付下半年报刊费 600 元(含本月)。甲车间本月完工产品生产成本总额为(　　)。

　　A. 28 100 元　　　　B. 29 100 元　　　　C. 26 800 元　　　　D. 26 900 元

7. 下列项目中,不属于产品成本项目的有(　　)。

　　A. 直接材料　　　B. 财务费用　　　C. 制造费用　　　D. 直接人工

8. "主营业务成本"账户的借方登记从(　　)账户中结转的本期已售产品的生产成本。

　　A. "生产成本"　　B. "库存商品"　　C. "管理费用"　　D. "原材料"

9. 下列项目中,属于财务费用的是(　　)。

　　A. 财务人员的工资　　　　　　　　B. 财务部门的办公费

　　C. 投资损失　　　　　　　　　　　D. 汇兑损失

10. 企业在产品销售过程中所发生的费用是(　　)。

　　A. 管理费用　　　B. 制造费用　　　C. 销售费用　　　D. 财务费用

11. 企业发生的合同违约金支出应计入(　　)科目。

　　A. 其他业务成本　B. 管理费用　　　C. 财务费用　　　D. 营业外支出

12. 下列项目中不属于营业外收入的有(　　)。

　　A. 出租固定资产的租金收入　　　　B. 无须支付的应付款项

　　C. 罚款收入　　　　　　　　　　　D. 出售固定资产净收益

13. 年末结转后,"利润分配"账户的贷方余额表示(　　)。

　　A. 未弥补亏损　B. 未分配利润　　C. 留存收益　　　D. 实现利润额

14. 下列不属于期间费用的是(　　)。

　　A. 管理费用　　　B. 财务费用　　　C. 制造费用　　　D. 销售费用

15. 购入的机器设备在达到预定可使用状态前发生的支出反映于(　　)账户。

　　A. 固定资产　　　B. 在建工程　　　C. 库存商品　　　D. 生产成本

二、多项选择题

1. 企业资金的筹集渠道有(　　)。

　　A. 所有者投入　　　　　　　　　　B. 无法支付的应付账款

　　C. 银行借款　　　　　　　　　　　D. 发行公司债

2. "财务费用"账户用来核算(　　)。

　　A. 利息支出　　　　　　　　　　　B. 利息收入

　　C. 金融机构手续费　　　　　　　　D. 银行罚款

3. 固定资产的实际成本包括为购建某项固定资产达到预定可使用状态前所发生的一切合理、必要的支出,包括(　　)。

　　A. 买价　　　　　B. 增值税　　　　C. 运输费　　　　D. 包装费

　　E. 安装费

4. 下列项目中,应计入材料采购成本的有（   ）。
   A. 买价
   B. 采购过程发生的运输费、装卸费
   C. 采购人员的差旅费
   D. 入库前的整理挑选费用
5. "应付职工薪酬"账户是核算应付给职工的（   ）。
   A. 工资总额
   B. 福利费
   C. 社会保险费
   D. 职工教育经费
6. 产品成本计算的一般程序包括（   ）。
   A. 确定成本计算对象
   B. 计算所得税
   C. 确定成本计算期
   D. 按成本项目归集和分配生产费用
7. 下列项目中属于期间费用的有（   ）。
   A. 制造费用   B. 管理费用   C. 销售费用   D. 财务费用
8. 下列（   ）项目应在"销售费用"账户中列支。
   A. 销售产品保险费
   B. 销售佣金
   C. 为销售产品专设的销售机构经费
   D. 产品展览费
9. 下列（   ）项目应在"管理费用"账户中列支。
   A. 企业行政管理人员的薪酬
   B. 业务招待费
   C. 管理部门计提的固定资产折旧
   D. 车间管理人员的薪酬
10. 下面各项中,（   ）应计入"其他业务收入"账户。
    A. 销售代制品
    B. 出租固定资产的租金
    C. 转让商标使用权的收入
    D. 出售专利权的收入
11. 下列属于营业外支出项目的有（   ）。
    A. 固定资产盘亏
    B. 处置固定资产净损失
    C. 罚款支出
    D. 非常损失
12. 下列应计入"税金及附加"科目的税金有（   ）。
    A. 增值税
    B. 消费税
    C. 营业税
    D. 城市维护建设税

三、判断题

1. 制造企业的日常经营过程包括供应过程、生产过程和销售过程,而商品流通企业只包括前后两个过程,没有生产过程。（   ）
2. 采购人员的差旅费是为采购材料而发生的,因此,我国规定,采购人员的差旅费应计入材料的采购成本。（   ）
3. 增值税一般纳税企业,采购材料时支付的进项税额应构成材料的成本。（   ）
4. 构成产品制造成本的是"直接材料"和"直接人工"两个项目,"制造费用"属于管理费用,不构成产品成本。（   ）

5. "应交税费"账户的余额必定在贷方,表示企业未交的税金。　　　　　（　）
6. 外购材料的单位成本就是供货单位开出的发票上的材料单价。　　　（　）
7. 在一定会计期间,生产费用等于产品的成本。　　　　　　　　　　（　）
8. "制造费用"账户是损益类账户,所以期末没有余额。　　　　　　　（　）
9. 企业只要将产品发出,使产品的所有权转移到买方就可确认产品销售收入实现。
　　　　　　　　　　　　　　　　　　　　　　　　　　　　　　　　（　）
10. 期间费用是指不能直接归属于某个特定对象的费用,这种费用在发生的当期就应计入当期的损益。　　　　　　　　　　　　　　　　　　　　　　（　）

四、实训题

习题 3-1

(一) 目的:练习所有者投入资本与资本公积的核算。

(二) 资料:某公司 20×× 年发生以下经济业务。

(1) 收到国家投入的设备 1 台,计 200 000 元,经验收已投入使用。

(2) 收到联营单位投入设备 1 台,原价 180 000 元,经评估确认其价值为 190 000 元,设备经验收已投入使用。

(3) 收到投资人投入现金资本 250 000 元并存入银行,按协议,其中的 200 000 元转为实收资本。

(三) 要求:根据以上经济业务,编制必要的会计分录。

习题 3-2

(一) 目的:练习短期借款的核算。

(二) 资料:某公司 20×× 年发生下列有关的经济业务。

(1) 7月1日向银行借入 6 个月的生产周转贷款 500 000 元,转入银行存款户。该贷款年利率 6%,每季付息一次,到期还本。

(2) 12月1日由于采购材料的临时需要,经批准,向银行借入为期 20 天的临时借款 360 000 元,年利率 5%,转入银行存款户。

(三) 要求:

(1) 根据资料(1)编制款项借入、每月末预提借款利息、每季末付清利息及到期归还借款的会计分录。

(2) 根据资料(2)编制款项借入及到期归还的会计分录。

习题 3-3

(一) 目的:练习材料采购业务的核算和材料采购成本的计算。

(二) 资料:某公司是一家产品制造企业,生产甲、乙两种产品,需用 A、B 两种材料。

20××年12月份发生下列与材料采购有关的经济业务：

(1) 以银行存款预付外地JH工厂购买材料货款20 000元。

(2) 向HD工厂购入A材料1 000千克，增值税专用发票注明买价8 000元，增值税额1 040元；B材料500千克，买价6 000元，增值税780元。材料已验收入库，货款及增值税尚未支付。

(3) 以现金支付上述材料的运输费780元，增值税额70.2元。(采购费用按重量比例分配)

(4) 企业开出一张3个月期限、面值为15 820元的商业承兑汇票给HD工厂，以抵付前欠的购料款。

(5) 外地JH工厂发出本企业购买的A材料1 200千克，增值税专用发票注明买价9 600元，增值税额1 248元；B材料700千克，买价8 400元，增值税1 092元。货款以前已预付20 000元，差额以银行存款付讫。材料尚未到达。

(6) 上述向JH工厂购入的A、B材料已运达企业并验收入库。以银行存款支付上述材料的运输费665元，增值税额59.85元。(采购费用按重量比例分配)

(7) 月末，结转上述入库材料的实际成本。

(三) 要求：

(1) 根据上述业务编制会计分录(要写出必要的明细科目)。

(2) 编制"材料采购成本计算表"，计算A、B材料的总成本和单位成本。

材料名称	单位	数量	单价	买价	运杂费	总成本	单位成本
合计							

习题 3-4

(一) 目的：练习产品生产业务的核算和产品成本的计算。

(二) 资料：某公司是一家产品制造企业，20××年12月份有关产品生产的资料如下：

1. 公司生产甲、乙两种产品。20××年12月初，甲产品月初在产品成本为：直接材料5 000元，直接人工2 280元，制造费用1 800元；乙产品月初在产品成本为：直接材料2 500元，直接人工1 140元，制造费用1 300元。

2. 12月份发生下列业务：

(1) 本月各种材料耗用汇总如下：制造甲产品领用A材料15 000元，制造乙产品领用B材料9 000元，车间一般消耗B材料1 200元，厂部一般消耗B材料800元，共计26 000元。

(2) 本月应付职工工资如下：制造甲产品工人工资 4 000 元；制造乙产品工人工资 3 000 元；车间管理人员工资 1 200 元；厂部管理人员工资 2 000 元。

(3) 开出银行支票 10 200 元，发放本月职工工资。

(4) 按上述职工工资 14% 分别计算提取本月职工福利费。

(5) 计提本月折旧费共 1 400 元，其中，车间厂房、设备折旧费 1 000 元，厂部固定资产折旧费 400 元。

(6) 厂部用现金 80 元购买办公用品。

(7) 预提本月短期借款利息 1 450 元。

(8) 以银行存款 652 元支付车间办公费。

(9) 职工张×报销药费 120 元，以现金付讫。

(10) 厂部职工陈×出差预借差旅费 1 000 元，以现金支付。

(11) 以银行存款支付本月电费 3 600 元，其中，车间用电 3 200 元，厂部用电 400 元。

(12) 陈×出差回单位后，凭有关单据报销差旅费 920 元，退回现金 80 元。

(三) 要求：

(1) 根据资料 2 中的 (1)—(12) 经济业务，编制会计分录。

(2) 编制"制造费用分配表"，将"制造费用分配表"的有关数字结转到"生产成本"账户中。

制造费用分配表

产品名称	分配标准 (生产工时)	制造费用	
		分配率 (元/生产工时)	分配金额 (元)
甲产品	6 000		
乙产品	4 000		
合计	10 000		

(3) 月末，甲产品本月生产 100 件全部完工；乙产品生产 200 件中完工 150 件，月末在产品成本为：直接材料 2 875 元，直接人工 1 135 元，制造费用 1 217 元。编制"产品成本计算表"并结转完工产品的成本。

甲产品成本计算表　　　　　　　　　　　　　　　　单位：元

成本项目	月初在 产品成本	本月生产 费用	生产费用 合计	完工产品 总成本	单位成本
直接材料					
直接人工					
制造费用					
合计					

基础会计

乙产品成本计算表　　　　　　　　　　　　　　　　　单位：元

成本项目	月初在产品成本	本月生产费用	生产费用合计	完工产品总成本	单位成本	月末在产品成本
直接材料						
直接人工						
制造费用						
合　计						

(4) 开设"生产成本"总账和明细账的"T"字形账户，根据上述业务登记账户并结出本期发生额和期末余额。

习题 3-5

(一) 目的：练习产品销售业务的核算。

(二) 资料：某公司是一家产品制造企业，20××年11月份发生如下有关产品销售的经济业务：

(1) 向 DF 公司发出甲产品 40 件，每件售价 420 元，价款 16 800 元，应收取的增值税销项税额 2 184 元。甲产品已发出，增值税专用发票也已开具，收到全部款项存入银行。

(2) 预收 RX 公司购买甲产品的货款 10 000 元，存入银行。

(3) 向 DM 公司销售乙产品 50 件，每件售价 200 元，价款 10 000 元，应收取的增值税销项税额 1 300 元，以银行存款代垫运费 500 元。产品已发出，增值税专用发票也已开具，但款项尚未收到。

(4) 向 TX 公司发出甲产品 45 件，每件售价 420 元，价款 18 900 元，乙产品 100 件，每件售价 200 元，价款 20 000 元，应收取的增值税销项税额 5 057 元，已收到 TX 公司签发的 3 个月期限的商业承兑汇票一张，面值 43 957 元。

(5) 向 RX 公司发出甲产品 25 件，每件售价 420 元，价款 10 500 元，应收取的增值税销项税额 1 365 元，除冲销原预收货款外，所差款项已收到 RX 公司开来的转账支票。

(6) 收到 DM 公司开出的转账支票支付前欠 11 800 元。支票已解入银行。

(7) 用银行存款支付销售产品的运输费 3 500 元，增值税额 315 元，支付产品广告费 5 000 元，增值税额 300 元。

(8) 本月销售产品应收取的增值税销项税额为 12 954 元，购进材料应支付的增值税进项税额为 6 954 元，按照应交增值税的 7% 和 3% 分别计算出本月应由销售产品负担的城市维护建设税和教育费附加。

(9) 月末，结转本月已销售产品的生产成本。本月已销售产品的生产成本：甲产品

110件,单位生产成本320元;乙产品150件,单位生产成本110元。

(三) 要求:根据上述经济业务编制会计分录。

习题 3-6

(一) 目的:练习利润及利润分配的核算。

(二) 资料:

1. 某公司12月初"本年利润"账户的贷方余额为700 000元,"利润分配——未分配利润"账户的贷方余额为28 000元。

2. 该公司是一家产品制造企业,20××年12月有关账户的发生额如下表:

某公司20××年12月有关账户发生额　　　　　单位:元

账 户 名 称	本月累计数
主营业务收入	720 000
其他业务收入	11 700
营业外收入	7 000
主营业务成本	530 000
销售费用	24 000
税金及附加	36 000
其他业务成本	11 000
管理费用	50 000
财务费用	12 000
投资收益	300
营业外支出	9 700

(三) 要求:

1. 计算出12月份以下项目的金额:

　(1) 营业利润;

　(2) 利润总额;

　(3) 应交所得税(假定无纳税调整项目,所得税税率为25%);

　(4) 净利润。

2. 计提本月应交所得税。

3. 将本期的各项收入、费用结转至"本年利润"账户。

4. 按全年净利润的10%计算提取法定盈余公积金。

5. 公司决定向投资者分配利润200 000元。

6. 年末,结转全年实现的净利润。

7. 年末，将已分配利润结转至未分配利润，并确定年末未分配利润的金额。
8. 用银行存款支付本年应付投资者利润 200 000 元。

拓 展 学 习

访问上海证券交易所网站(https：//www.sse.com.cn/)或深圳证券交易所网站(https：//www.szse.cn/)取得同属于制造业企业的上市公司的资料，了解制造业企业的资产负债表中的资产构成，找出该类公司最大的资产项目有哪些，并分析为何这类公司对这些资产进行大量投资。

第四章

会计凭证

 本章教学目标

通过本章的学习,学生应了解填制和审核会计凭证的意义;熟悉原始凭证的分类及编制要求、会计凭证的传递与保管;掌握会计凭证的种类、原始凭证的概念、记账凭证的概念、原始凭证的审核、记账凭证的分类及其编制要求。

 本章核心概念

会计凭证;原始凭证;记账凭证;专用记账凭证;通用记账凭证

 导入

小张是Y培训公司的会计。一天,招生部的小于来财务部报销20××年3月12—14日赴苏州参加招生推广会的差旅费,并提供了许多张原始发票,有飞机票、住宿发票、餐饮发票、出租车发票、网络平台打车票、交通卡充值票等。这些发票有如下情况:出租车发票中有2张发票号码连续、1张是由无锡市某出租汽车公司开具的;住宿费发票上面没有盖酒店的发票专用章;餐饮费发票中有1张发票的日期是20××年2月13日;网络平台打车票没有行程单。小张审核后告诉小于,里面有一些发票是不能报销的,有的必须补充完善后才能报销。

请带着以下问题进入本章的学习:

(1) 原始凭证的审核应包括哪些方面?小于提供的这些发票存在什么问题?

(2) 小张对小于拿来的这些发票应该怎么处理?如何根据这些发票办理报销差旅费这项经济业务?

第一节 会计凭证的意义和种类

会计凭证是记录经济业务、明确经济责任的书面证明,是登记账簿的重要依据。填制和审核会计凭证是会计核算工作的起点,是会计核算的基础,是会计核算的专门方法之一,也是对经济业务进行核算和监督的基本环节。

一、填制和审核会计凭证的意义

为了保证会计信息符合真实性质量要求,任何单位每发生一项经济业务,如货币资金的收付、债权债务的结算、财产物资的增减等,经办业务的有关人员都必须按照规定的程序和要求填制或取得会计凭证,记录经济业务发生或完成的日期及经济业务内容,并在会计凭证上签名盖章,明确经济责任。会计凭证必须经过会计机构、会计人员严格地审核,经确认无误后,才能作为登记账簿的依据。填制和审核会计凭证对保证账簿记录的真实、完整、正确,对有效监督经济业务的合法性、合理性,对生成客观、真实和可稽核的会计信息具有重要意义。其意义具体归纳为四个方面:

(一)保证会计信息资料的客观性和真实性

会计凭证是会计信息的载体之一,经济业务的内容首先反映在会计凭证上。通过及时取得或填制会计凭证,可以客观、真实、详细地记录经济业务的发生和完成情况,可以全面接收并记录企业日常发生的经济业务信息。同时,通过认真填制和严格审核,保证经济业务如实地记录在会计凭证上,可以为登记账簿提供基础性的会计信息资料,使账簿记录与实际情况相符,这在一定程度上保证了账簿记录的客观性、真实性和正确性,为经营管理获取和利用客观、可靠的会计信息资料提供了基本保证。

(二)促使经济管理工作有条不紊地进行

企业对外或对内每一项交易或事项的发生,都会涉及企业内外部不同的部门,通过会计凭证的传递,能使各部门分工协作,使企业整体的经济管理工作能够有序进行。

(三)加强经济责任制和内部牵制

会计凭证在填制和传递过程中,需要相关部门和经办人员在会计凭证上签名或盖章,以明确每一环节的责任和责任人,这是要求相关部门和有关人员对经济活动的真实性、准确性、合法性负责,一旦发生问题,便于检查和分清相关部门和人员的责任,还可以及时发现经济管理上存在的问题,提出改进措施,增强管理上的责任制。同时,由于会计凭证在传递过程中需经过多人之手,因此起到了内部牵制作用,一定程度上防止了违法乱纪行为的发生,内部牵制也是企业进行内部控制的重要一环。

(四)有效发挥会计监督作用

通过对会计凭证的审核,可以检查经济业务的合理性、合法性和合规性,也为会计机构检查凭证所记录的经济业务是否符合国家的有关法规制度、有无违法乱纪行为提供了条件,对发挥会计的监督作用、制止和纠正经济管理工作中的问题和制度上的漏洞提供了依据。

二、会计凭证的分类

会计凭证按其填制程序和用途的不同可分为原始凭证和记账凭证两大类。

原始凭证亦称单据,是指在经济业务发生时取得或填制的,用来记载经济业务发生、执行和完成情况,明确经济责任,并具有法律效力的会计凭证。原始凭证是填制记账凭证和登记账簿的原始根据,是会计核算的原始资料。

记账凭证亦称记账凭单或传票,是指由会计人员根据审核无误的原始凭证或汇总原始凭证编制的,用来确定会计分录的会计凭证。记账凭证是根据审核无误的原始凭证编制的,是登记账簿的直接依据,是重要的会计核算资料。

第二节 原 始 凭 证

填制原始凭证是会计核算工作的开始。原始凭证填制的正确性和有效性在一定意义上决定了后续的分类核算和会计报表的质量。

一、原始凭证的基本内容

由于经济业务的内容是多种多样的,记录经济业务的原始凭证包含的具体内容也就各不相同。但每一种原始凭证在客观反映经济业务的发生、执行和完成情况、明确相关部门及人员责任方面都具有共同的要求,这就使得每种原始凭证都必须具备以下基本内容,这些基本内容也可视作原始凭证的基本要素:① 原始凭证的名称;② 填制凭证的日期;③ 填制凭证单位名称或者填制人姓名;④ 经办人员的签名或盖章;⑤ 接受凭证单位的名称(俗称"抬头");⑥ 经济业务内容、数量、单价和金额;⑦ 原始凭证的附件(如与业务有关的经济合同、费用预算等)。

上述基本内容,除第七条外,一般不得缺少。否则,就不能成为具有法律效力的书面证明。

二、原始凭证的分类

原始凭证可以按不同标准来分类。

(一) 按来源分类

原始凭证按其取得来源的不同,可分为外来原始凭证和自制原始凭证。

1. 外来原始凭证

外来原始凭证是指本单位在同其他单位发生经济业务往来时从其他单位取得的凭证。如销售用的增值税专用发票(样式如图4-1所示)、普通发票(样式如图4-2所示)、银行盖章的结算凭证(样式如图4-3所示)等。增值税专用发票基本联次分为三联,它们是发票联、抵扣联和记账联,其中发票联作为购买方核算采购成本和增值税进项税额的记账依据;抵扣联作为购买方报送主管税务机关认证和留存备查的凭证;记账联作为销售方核算销售收入和增值税销项税额的记账依据。

基础会计

外来原始凭证一般由税务局等部门统一印刷，或经税务部门批准由经济单位印制，在填制时加盖出具凭证单位公章方有效。

图 4-1 增值税专用发票样式

图 4-2 普通发票样式

××银行××市（　　）进账单（回　单）　①

科目：				年　月　日			对方科目：
收款单位	全称			款项来源			
	账号			款项种类	票据（分页填写）		
人民币：（大写）					千百十万千百十元角分		
托收票据目录第1页 共 页			款项性质	金　额		他行票据·收妥入账	
付款行交换号码	付款单位账号	凭证号码		百十万千百十元角分			
						（收款银行盖章）	

此联由银行盖章后退回单位　A14-1　2×25　1.75×8 cm

注意：①本联于款项收妥后代收账通知　②解入票据须俟收妥后方可用款

图 4-3　银行结算凭证样式

2. 自制原始凭证

自制原始凭证是指本单位有关经办人员在通知或执行完成某项经济业务时所填制的原始凭证，如收料单、领料单等。收料单是企业购进材料验收入库时，由仓库保管人员根据供货单位开来的发票账单和购入材料的实际验收情况填制的。收料单一般为一式三联，一联留仓库，据以登记材料明细账或材料卡片；一联随发票账单到会计部门报账；一联交采购人员存查。领料单是车间或部门从仓库中领用各种材料时，由领料经办人根据需要材料的情况填写的一次性原始凭证，并经该单位主管领导批准到仓库领用材料。仓库保管员根据领料单，要审核材料的用途，认真计量和发放材料，并在领料单上签章。领料单一般是一式三联，一联留领料单位备查；一联留仓库据以登记材料明细账；一联转交财会部门作为材料总分类核算的依据。表 4.1 和表 4.2 分别为收料单和领料单的样式。

表 4.1　　　　　　　　　　　收　料　单

供货单位：　　　　　　　　　　　　　　　　　　　凭证编号：
发票号码：　　　　　　　　　年　月　日　　　　　收料仓库：

材料编号	材料规格及名称	计量单位	数　量		价　格		
			应收	实收	单价	金额	
							第联

仓库负责人：　　　记账：　　　仓库保管：　　　检验：　　　收料：

表 4.2　　　　　　　　　　　　　　　收　料　单

领料单位：　　　　　　　　　　　　　　　　　　　　　　　凭证编号：
材料用途：　　　　　　　　　　年　　月　　日　　　　　　发料仓库：

材料编号	材料规格及名称	计量单位	数量		价格		备注
			请领	实领	单价	金额	

第 联

领用部门负责人：　　　　　记账：　　　　　领料人：　　　　　发料人：

（二）按填制手续和内容分类

原始凭证按其填制手续和内容的不同，可以分为一次凭证、累计凭证、汇总原始凭证和记账编制凭证。

1. 一次凭证

一次凭证是指经济业务发生后一次性填写完成的原始凭证。此类凭证在日常经济活动中出现较多，外来原始凭证一般都是一次性的凭证，如发货票、银行结算单据等；大部分自制原始凭证也都是一次凭证，如收料单、领料单、借款单等。

2. 累计凭证

累计凭证是指在一定时期内连续记载若干项同类重复发生的经济业务，并在一张凭证中多次填制完成的原始凭证。限额领料单是最常见也是最典型的累计凭证，其样式如表 4.3 所示。限额领料单的有效时间一般为一个月，只要领用数量不超过限额就可以连续使用。限额领料单由生产计划部门根据下达的生产任务和材料消耗定额按每种材料用途分别开出，一料一单，一式两联，一联交仓库据以发料，一联交领料部门据以领料。领料单位领料时，在该单内注明请领数量，经负责人签章批准后，持单到仓库领料。仓库人员发料时，应根据材料的品种和规格在限额内发料，同时在限额领料单上填写实发数量和限额余额，且领料和发料双方均需在单内签字。

与一次凭证相比，累计凭证平时随时登记发生的经济业务，并计算累计数，期末计算总数后作为记账依据。因此，使用累计凭证不仅可以减少会计凭证的数量，简化核算手续，而且可以控制材料消耗，加强成本管理，起到事前控制的作用。

3. 汇总原始凭证

汇总原始凭证又称原始凭证汇总表，是指将一定时期内若干张同类经济业务的原始凭证汇总成一份凭证，用于集中反映某项经济业务总括发生情况的原始凭证。使用汇总原始凭证，是为了简化核算手续，减少记账凭证的编制和记账的工作。常见的汇总原始凭证有发料凭证汇总表、收料凭证汇总表、工资结算汇总表、差旅费报销单等。表 4.4 为发料凭证汇总表的样式。

表 4.3　　　　　　　　　　　限 额 领 料 单

领料单位：　　　　　　　　　　　　　　　　　　　　　　　　领料编号：
材料用途：　　　　　　　　　年　　月　　日　　　　　　　　发料仓库：

材料类别	材料编号	材料名称及规格	计量单位	单位价格	全月领用数量限额	全月实际领用	
						数量	金额

供应部分负责人：　　　　　　　　生产计划部门负责人：

年		请　　领			实　　　发			退　库	
月	日	数量	累计	领料单位负责人	数量	发料人	领料人	限额结余	数量	退料单金额

第　联

仓库负责人：　　　　　　　记账：　　　　　　　　发料：

表 4.4　　　　　　　　　　　发料凭证汇总表

　　　　　　　　　　　　　　　　　　　　　　　　　第　号
　　　　　　　　　　　　　　年　　月　　日　　　附领料单　　张

会计科目	领用部门	A 材料		B 材料		合　计
		数量	金额	数量	金额	
生产成本——基本生产成本	制剂车间					
	提取车间					
	小　计					
生产成本——辅助生产成本	供电车间					
	供气车间					
	小　计					
制造费用	制剂车间					
	提取车间					
	小　计					
合　计						

主管：　　　　　　审核：　　　　　　制表：　　　　　　保管：

4. 记账编制凭证

记账编制凭证是指在某项经济业务完成后，因会计处理需要，根据账簿记录，按一定方法计算分配填制的原始凭证，如产品成本计算表、辅助生产成本分配表和制造费用分配表等。表 4.5 为制造费用分配表样式。

表 4.5　　　　　　　　　　　　制造费用分配表
车间名称：　　　　　　　　　　年　月　日　　　　　　　　　单位：

产品名称	分配标准(生产工人工资)	分配率	分配金额
合　计			

主管：　　　　　　　　　审核：　　　　　　　　　制表：

(三) 按格式分类

原始凭证按其格式不同,分为通用原始凭证和专用原始凭证。

1. 通用原始凭证

通用原始凭证是指由有关部门统一印刷、在一定范围内使用的具有统一格式和使用方法的原始凭证。通用原始凭证的使用范围因制作部门不同而异,可以是某一地区、某一行业通用,也可以是全国通用。如江苏省印制的发货票等,在该省通用。由税务部门统一制定的增值税发票、中国人民银行统一制定的支票、商业汇票等结算凭证,在全国通用。印制统一的原始凭证,既可以加强对凭证的管理,又可以节约印刷费用。

2. 专用原始凭证

专用原始凭证是指由单位自行印制、仅在本单位内部使用的原始凭证。如"领料单""差旅费报销单""工资费用分配表"等。这种凭证一般在凭证名称之前写上单位名称,如××单位领料单等。

原始凭证的分类如图 4-4 所示。

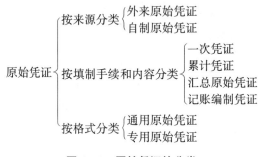

图 4-4　原始凭证的分类

三、原始凭证的填制要求

一个单位的会计工作是从取得或填制原始凭证开始的,原始凭证填制得正确与否,直接影响会计核算的质量,为正确、及时、清晰地反映各项经济业务的真实情况,必须按要求填制或取得原始凭证。

(一) 真实可靠

原始凭证所填列的经济业务内容必须真实可靠,符合实际情况,不得弄虚作假,不得随意填写。原始凭证所反映的经济业务必须合法、合理、合规。经办人员应对所取得或填制的原始凭证的真实性负责。

(二) 内容完整

原始凭证上的各个项目如日期、经济业务内容、数量、单价、金额、相关人员签章等各项内容都必须如实填写，并填列齐全，不可缺漏。原始凭证上的日期按实际日期填写；名称要写完整，不能简化；品名或用途要填写明确，不能含糊不清。

(三) 手续完备

从外单位取得的原始凭证，必须盖有填制单位的公章；从个人取得的原始凭证，必须有填制人员的签名或者盖章；自制的原始凭证，必须有经办部门的负责人或者指定人员的签名或者盖章；对外开出的原始凭证，必须加盖本单位的公章；购买实物的原始凭证，必须有验收证明；经有关部门批准的经济业务，应当将批准文件作为原始凭证的附件等。

(四) 书写规范

1. 基本要求

各种原始凭证字迹要清楚、易于辨认。书写凭证要用蓝黑墨水或是碳素墨水，文字要简要，不得使用未经国务院公布的简化字。

2. 金额书写

对阿拉伯数字要逐个填写，不得连笔书写；小写金额数字前应当书写货币币种符号或者货币名称简写，如在数字前应填写人民币符号"￥"；币种符号与阿拉伯金额数字之间不得留有空白；凡阿拉伯数字前写有币种符号的，数字后面不再写货币单位；以元为单位的金额一律填写到角分，无角分的应写"00"或符号"—"，有角无分的，分位应当写"0"，不得用符号"—"替代。

汉字大写金额数字一律用正楷或行书书写零、壹、贰、叁、肆、伍、陆、柒、捌、玖、拾、佰、仟、万、亿、元、角、分、整(正)等，不得填写〇、一、二、三、四、五、六、七、八、九、十等数字；大写金额前未印有货币名称的，应当加填货币名称；货币名称与金额数字之间不得留有空白；大写金额到元或者角为止的，在"元"或者"角"字之后要加"整"字或"正"字；小写金额数字中间有"0"时，汉字大写金额要写"零"字，如￥30607，应写成"人民币叁万零陆佰零柒元整"，小写金额中间有连续几个"0"时，汉字大写金额可以用一个"零"字表示；阿拉伯金额数字元位是"0"，或者数字中间有几个"0"且元位也是"0"，但角位不是"0"时，汉字大写金额可以只写一个"零"字，也可以不写"零"字，如￥20000.89，应写成"人民币贰万元零捌角玖分"或是写成"人民币贰万元捌角玖分"；还有，金额数字表示数位的前面要有数字加以限制，如￥12.45，应写成"人民币壹拾贰元肆角伍分"。

(五) 填制及时

每一项经济业务发生或完成都要即时填制原始凭证，做到不积压、不误时、不事后补制，并将生成的原始凭证及时送交会计部门，以便会计部门审核后及时记账，提供相应会计信息。

（六）连续编号

各种凭证必须连续编号，以便查考。各种凭证如果已预先印定编号，如发票、支票等，在写坏作废时，应当加盖"作废"戳记，全部保存，不得撕毁。

（七）不得涂改、刮擦、挖补

原始凭证上的记录，是反映经济业务事项情况的最重要的原始数据，为防止舞弊，保证原始凭证的质量，凭证记录不允许随意更改，更不可涂改、刮擦或是挖补。原始凭证记载的内容有错误的，应当由开具单位重开或更正，更正工作必须由原始凭证出具单位进行，并在更正处加盖出具单位印章；原始凭证金额出现错误的不得更正，只能由原始凭证开具单位重新开具。

四、原始凭证的审核

对原始凭证进行审核，是确保会计信息质量、充分发挥会计监督作用的重要环节，也是会计机构、会计人员的法定职责。审核原始凭证的主要内容有以下几个方面：

（一）合法性、合理性审核

合法性和合理性，是指原始凭证上所记录的经济业务是否符合国家的政策、法令、制度的规定，是否符合企业生产经营活动的需要及计划和预算的规定。对于违反财经纪律等违法乱纪行为、弄虚作假、营私舞弊、伪造涂改凭证等违法行为必须及时揭露，并向领导汇报，严肃处理。

（二）真实性、完整性审核

真实性，是指原始凭证上反映的应当是经济业务的本来面目，不得掩盖、歪曲和颠倒真实情况。真实性审核包括对经济业务双方是否真实存在、经济业务发生的时间和地点及填制凭证的日期是否真实、经济业务的内容是否真实、经济业务的"量"是否真实等内容的审查。

完整性，是指原始凭证应具备的要素要完整、手续要齐全。如项目填写是否齐全，应有的手续是否完备，外来原始凭证的填制单位公章、填制人员签字以及自制原始凭证的经办部门和经办人员的签名或盖章是否齐全等。

（三）正确性、及时性审核

正确性，是指审核原始凭证中摘要的填写是否符合要求，数量、单价、金额、合计数的计算和填写是否正确，大小写金额是否相符，书写是否清楚等。

及时性，是指原始凭证是否在经济业务发生或完成时及时填制并及时传递，以保证会计信息能及时提供。及时性审核应关注审查凭证的填制日期，对于时效性较强的如支票等银行结算票据更应仔细验证其签发日期。

原始凭证的审核是一项十分细致而又严肃的工作，会计人员必须坚持制度，坚持原则，履行会计人员的职责。在审核过程中，对于不真实、不合法的原始凭证，会计机构、会计人员不予接收，并向单位负责人报告，请求查明原因，追究有关当事人的责任；对于真实、合法、合理但内容不够完整、填写有错误的原始凭证，应退回给有关经办人员，由其负责将有关凭证补充完整、更正错误或重开后,再办理正式会计手续。

> **探究与发现**
>
> 通过上述学习,你是否对"导入"所提出的问题进行了相关思考?你认为问题(1)和(2)该分别如何作答?

本章"探究与发现"参考答案

第三节 记 账 凭 证

在会计核算中,由于原始凭证所记录的内容并不直接反映为相应的会计要素,更没有表明应借、应贷会计科目的名称和方向,因而难以直接据以登记会计账簿。为便于记账、防止差错,必须在审核原始凭证无误的基础上,对原始凭证进行归类、整理,按借贷记账法的方法和要求,确定每项经济业务发生后所涉及的会计科目、借贷方向和金额,编制记账凭证,将原始凭证作为记账凭证的重要附件和依据。

一、记账凭证的基本内容

记账凭证的主要作用,在于对原始凭证进行分类、整理,按照借贷记账法的要求,运用会计科目,编制会计分录,据以登记账簿。因此,记账凭证必须具有下列基本内容,这些基本内容也称为记账凭证要素:① 记账凭证的名称;② 填制凭证的日期;③ 记账凭证的编号;④ 经济业务内容的摘要;⑤ 会计科目(包括一级科目、二级科目和明细科目)、应记方向及金额;⑥ 所附原始凭证的张数;⑦ 填制人员、稽核人员、记账人员和会计主管人员(收款凭证和付款凭证还应增加出纳人员)的签章。

二、记账凭证的分类

记账凭证可以按不同标准来分类。

(一) 按适用的经济业务分类

记账凭证按其适用的经济业务,可分为专用记账凭证和通用记账凭证。

1. 专用记账凭证

专用记账凭证是指专门用来记录某一类经济业务的记账凭证。专用记账凭证按其所记录的经济业务是否与现金和银行存款收付业务有关,可进一步分为收款凭证、付款凭证和转账凭证三种。

(1) 收款凭证。收款凭证是指专门用于记录现金和银行存款收入业务的记账凭证,它是由会计人员根据审核无误的有关现金、银行存款收款业务原始凭证填制的。其样式如表 4.6 所示。在借贷记账法下收款凭证的设证科目是借方科目,可以填列的科目为"库存现金"科目或是"银行存款"科目。在凭证内所反映的贷方科目,应填列与"库存现金"或"银行存款"相对应的科目。金额栏填列实际收入的数额,在凭证的右侧填写所附原始凭证张数,有关人员应签名或盖章。收款凭证分为现金收款凭证和银行存款收款凭证。

表 4.6   收 款 凭 证
                              年   月   日

借方科目: 收字第   号

摘 要	应贷科目		√	金 额									附件
	总账科目	二级和明细科目		千	百	十	万	千	百	十	元	角	分	
														张
合 计														

财务主管   记账   出纳   审核   制单

(2)付款凭证。付款凭证是指专门用于记录现金和银行存款付出业务的记账凭证,是由会计人员根据审核无误的有关现金、银行存款付款业务的原始凭证填制的。其样式如表4.7所示。在借贷记账法下付款凭证的设证科目是贷方科目,可以填列的科目为"库存现金"科目或是"银行存款"科目。在凭证内所反映的借方科目,应填列与"库存现金"或"银行存款"相对应的科目。金额栏填列实际支出的数额,在凭证的右侧填写所附原始凭证张数,有关人员应签名或盖章。付款凭证分为现金付款凭证和银行存款付款凭证。

收款凭证和付款凭证是登记现金日记账、银行存款日记账、有关明细分类账及总分类账的依据,也是出纳人员收付款项的依据。当涉及现金与银行存款之间相互划转的业务时,如从银行提取现金或将现金存入银行,为了避免重复记账,规定只编制付款凭证,而不编制收款凭证。

表 4.7   付 款 凭 证
                              年   月   日

贷方科目: 付字第   号

摘 要	应借科目		√	金 额									附件
	总账科目	二级和明细科目		千	百	十	万	千	百	十	元	角	分	
														张
合 计														

财务主管   记账   出纳   审核   制单

(3) 转账凭证。转账凭证是指专门用于记录与现金和银行存款收付业务无关的转账业务的记账凭证,它是由会计人员根据审核无误的转账业务原始凭证填制的。其样式如表 4.8 所示。在借贷记账法下,将经济业务所涉及的会计科目全部填列在凭证内,借方科目为先,贷方科目为后,将各会计科目所记应借应贷的金额填列在"借方金额"或"贷方金额"栏内。借、贷方金额合计数应该相等。有关人员应签名或盖章,并在凭证的右侧填写所附原始凭证的张数。转账凭证是登记有关总分类账及明细分类账的依据。

表 4.8   转 账 凭 证
                                 年   月   日
                                                        转字第   号

摘要	总账科目	二级和明细科目	√	借 方 金 额									贷 方 金 额									附件
				千	百	十	万	千	百	十	元	角	分	千	百	十	万	千	百	十	元	角	分	
																								张
合计																								

财务主管   记账   审核   制单

2. 通用记账凭证

通用记账凭证是指适用于各类经济业务、具有统一格式的记账凭证,也称标准凭证。通用记账凭证的格式,不再分为收款凭证、付款凭证和转账凭证,而是以一种格式记录全部经济业务。其样式如表 4.9 所示。采用通用记账凭证,将经济业务所涉及的会计科目全部填列在一张凭证内,借方在先,贷方在后,将各会计科目所记应借应贷的金额填列在"借方金额"或"贷方金额"栏内。借、贷方金额合计数应该相等。有关人员应签名或盖章,并在凭证的右侧填写所附原始凭证的张数。通用记账凭证一般在业务量少、凭证不多的单位中应用。

表 4.9   通用记账凭证
                                年   月   日
                                                        转字第   号

摘要	总账科目	二级和明细科目	√	借 方 金 额									贷 方 金 额									附件
				千	百	十	万	千	百	十	元	角	分	千	百	十	万	千	百	十	元	角	分	
																								张
合计																								

财务主管   记账   出纳   审核   制单

(二) 按编制方式分类

记账凭证按其编制方式的不同,分为复式记账凭证和单式记账凭证。

1. 复式记账凭证

复式记账凭证又称多科目记账凭证,是指将某项经济业务所涉及的会计科目集中填列在一张凭证上的记账凭证。上述收款凭证、付款凭证和转账凭证的格式都是复式记账凭证的格式。

复式记账凭证由于所列账户对应关系清楚,因而便于了解经济业务的全貌,方便查账,也减少了相应凭证的数量。但复式记账凭证不便于汇总计算每一个会计科目的发生额,不便于分工记账。

2. 单式记账凭证

单式记账凭证又称单科目记账凭证,是指将某项经济业务所涉及的各个会计科目分别填制的记账凭证。其特点是每张记账凭证中只填列一个会计科目,其对方科目只供参考,不作为登记账簿的依据。填列借方科目的称为借项记账凭证,填列贷方科目的称为贷项记账凭证,其样式分别如表4.10、表4.11所示。

单式记账凭证由于反映的会计科目单一,因而便于分工记账和按会计科目进行汇总,但一张凭证一个会计科目,不能反映每一项经济业务的全貌,填制记账凭证的工作量也大,且出现差错不易查找。

(三) 按是否经过汇总分类

记账凭证按其是否经过汇总,可分为汇总记账凭证和非汇总记账凭证。

1. 汇总记账凭证

汇总记账凭证是根据非汇总记账凭证按一定的方法汇总填制的记账凭证。如将一定期间内的全部现金或银行存款收款凭证,分别按与设证科目相对应的贷方科目加以归类,按一定的时间间隔期(3 天、5 天或 10 天等)分别汇总,编制汇总收款凭证。其样式如表 4.12 所示。相应地,可以编制汇总付款凭证和汇总转账凭证。

表 4.12　　　　　　　　　　　　汇总收款凭证
借方科目：　　　　　　　　　　　年　　月　　　　　　　　汇收　　号

贷方科目	金　额				总账页数(略)	
	（1）	（2）	（3）	合计	借方	贷方

附注	(1) 自___日至___日　　凭证自___号至___号共___张
	(2) 自___日至___日　　凭证自___号至___号共___张
	(3) 自___日至___日　　凭证自___号至___号共___张

财务主管　　　　　　记账　　　　　　审核　　　　　　制单

汇总记账凭证按汇总方法不同,可分为分类汇总凭证和全部汇总凭证。

(1) 分类汇总凭证。分类汇总凭证是根据一定期间的记账凭证按其种类分别汇总填制的记账凭证。如上述的汇总收款凭证、汇总付款凭证和汇总转账凭证都是分类汇总凭证。分类汇总记账凭证可以反映账户间的对应关系,便于了解经济业务的来龙去脉,但汇总工作量大。

(2) 全部汇总凭证。全部汇总凭证是根据一定期间的记账凭证全部汇总填制而成的记账凭证,如科目汇总表就是全部汇总凭证。其样式如表 4.13 所示。

表 4.13　　　　　　　　　　　　科 目 汇 总 表
　　　　　　　　　　　　　　　　年　　月　　　　　　　　　　　单位：

会计科目	总账页数	1—10 号 凭证　号至　号止		11—20 号 凭证　号至　号止		21—31 号 凭证　号至　号止	
		借方	贷方	借方	贷方	借方	贷方
合　计							

财务主管　　　　　　记账　　　　　　审核　　　　　　制单

2. 非汇总记账凭证

非汇总记账凭证是没有经过汇总的记账凭证,如上述的收款凭证、付款凭证、转账凭证和通用记账凭证都是非汇总记账凭证。

记账凭证的分类如图4-5所示。

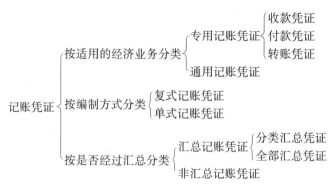

图4-5 记账凭证的分类

三、记账凭证的填制要求

记账凭证填制得正确与否,直接关系到账簿记录的真实性和正确性,因此,填制记账凭证,除了要遵守填制原始凭证的要求外,还必须符合以下的一些要求:

（一）记账凭证必须根据审核无误的原始凭证填列

记账凭证可以根据每一张原始凭证填制,也可以根据汇总原始凭证填制,但不同内容和类别的原始凭证不能汇总填列在一张记账凭证上。

（二）摘要栏内填写的经济业务内容应简洁、确切

记账凭证的摘要栏是对经济业务的简要说明,也是登记账簿的重要依据,必须针对不同性质的经济业务的特点,考虑到登记账簿的需要,正确地填写,不可漏填或错填。如对于收付款业务要写明收付款对象的名称、款项内容;如使用银行支票的,还应填写支票号码;对于购买材料、商品业务的,要写明供货单位名称和主要品名、规格、数量、单价;对于经济往来业务,应写明对方单位、业务经手人、发生业务时间等内容。

（三）正确填制记账凭证的日期

填制记账凭证的日期,一般为编制记账凭证当天的日期,如填制收、付款凭证的日期应按货币资金的实际收付日期填写;如为转账凭证,一般与填制凭证日期相同,如权责发生制下月末账项调整编制的记账凭证应填写当月月末的日期。

（四）记账凭证在一个月内应当连续编号,以便查核

记账凭证在一个月内应当连续编号,即每月都从1号开始,顺序编至月末。记账凭证的编号有利于分清经济业务处理的先后顺序,便于账证核对,确保账证记录的正确性。具体编号方法有以下三种:一是"顺序编号法",该方法是将全部记账凭证作为一类统一编号,如在使用通用记账凭证时,可按经济业务发生的顺序依次编号。二是"分类编号法",该方法是按经济业务的内容分类,如在采用收款凭证、付款凭证和转账凭证时,可按凭证

类别顺序编号,采用收字、付字、转字三类或现收字、现付字、银收字、银付字、转字五类编号,或是将按总字顺序编号与按类别顺序编号相结合进行编号,如某付款凭证编号为"总字第×号,付字第×号"。若一项经济业务同时涉及编制收款凭证和转账凭证或是付款凭证和转账凭证,则应分别在两张凭证各自所属系列连续编号,同时在两张凭证的"摘要"栏注明两者之间的关系。如王某报销差旅费1 600元,原借款2 000元,余额交回现金,对于该项业务,应根据收款收据的记账联编制现金收款凭证,同时根据差旅费报销单填制转账凭证,这里现金收款凭证和转账凭证在其基本类型当期凭证中编号分别为"现收字第2号"和"转字第8号",则应分别在现金收款凭证和转账凭证摘要栏内注明"与转字第8号凭证为同笔业务"和"与现收字第2号凭证为同笔业务"字样。三是"分数编号法",若一笔经济业务需要编制多张记账凭证,可采用此编号方法,如第10号经济业务需要编制两张转账凭证,可编号为转字$10\frac{1}{2}$和转字$10\frac{2}{2}$号,整数表示业务顺序,分母表示该业务涉及两张转账凭证,分子分别表示两张转账凭证中的第一张和第二张。在使用单式记账凭证时,可采用"分数编号法"。

为加强对凭证的管理,月末应在所有凭证的最后一张记账凭证的编号旁加注"全"字,以免凭证散失。

(五)正确设置会计科目编制会计分录

记账凭证上填写的一级会计科目必须符合会计准则的要求,不得随意更改、杜撰一级会计科目的名称。一级会计科目的填写要使用全称,不得简化。会计科目的运用要与核算内容相一致,应借、应贷对应关系必须清楚。编制会计分录要先借后贷,可以填制一借多贷或一贷多借的会计分录。如果某项经济业务需要编制一笔多借多贷的会计分录,只要借贷科目之间对应关系清晰,为反映该项经济业务的全貌,可以填写在一张记账凭证上。

(六)记账凭证后附的附件管理

除期末结账和更正错账的记账凭证后面可以不附有原始凭证外,其他记账凭证的后面都必须附有经审核过的原始凭证,并要用阿拉伯数字注明附件的张数。记账凭证附件张数的计算有三种情形:一是按构成记账凭证金额的原始凭证(或原始凭证汇总表)计算张数,凡属转账业务的原始凭证张数的计算以构成记账凭证金额的张数为准,其他说明性质的资料均作附件的附件处理。二是按构成记账凭证金额的原始凭证的自然张数为准,属收付款业务的原始凭证张数的计算,均以自然张数为准。三是如果记账凭证附件是原始凭证汇总表,属转账业务的,其附件张数的计算以原始凭证汇总表的张数为准;属收付款业务的,其附件张数的计算,应把汇总表及所附的原始凭证或说明性质的资料均计入,但对差旅费、市内交通费、医药费等报销单据除外。

如果依据一张原始凭证编制了两张或两张以上的记账凭证,则应将该原始凭证附于主要记账凭证后面,同时在其余未附有原始凭证的记账凭证的"摘要"栏内填写"原始凭证×张,附于××字第×号凭证之后"的字样,加以说明。

一张原始凭证所列支出需要几个单位共同负担的,应当由保存该原始凭证的单位开给其他应负单位原始凭证分割单。原始凭证分割单必须具备原始凭证的基本内容:凭证名称、填制凭证日期、填制凭证单位名称或者填制人姓名、经办人的签名或者盖章、接受凭证单位名称、经济业务内容、数量、单价、金额和费用分摊情况等。目前,原始凭证分割单已经很少使用,一般直接要求费用收取方针对不同单位开具发票或收费收据即可。

(七)金额栏应规范填写

记账凭证的金额必须要与原始凭证的金额相符。在填写金额数字时,阿拉伯数字书写要规范,应平行对准借贷栏次和科目栏次,防止错栏、串行,金额的数字要填写到分位。合计数前面填写货币符号,不是合计数不用填写货币符号。记账凭证填制完经济业务后,如有空行,应当在金额栏内自最后一笔金额数字下的空行处至合计数上的空行处画线注销。

(八)记账凭证填制错误应及时更正

未登记入账的记账凭证如果填写错误,应当重新填制。已登记入账的记账凭证在当年内发现错误的,可以用红字更正法进行更正,若是在会计科目设置正确、单纯金额错误的情况下,可以按正确金额与错误金额之间的差额,编制一张红字金额凭证,以冲销原错误金额的记录。若发现以前年度的记账凭证有错误时,应当用蓝字填制一张更正的记账凭证。

(九)记账凭证的签章要齐全

记账凭证填制完成后,需要由有关会计人员签名或盖章,对于收付款记账凭证,还需有出纳人员的签名或盖章。出纳人员在办理收款或付款业务后,应在记账凭证上加盖"收讫"或"付讫"的戳记,以避免重复收付。

(十)实行会计电算化的单位,机制记账凭证应当符合记账凭证的一般要求

对于机制记账凭证应加以认真审核,做到会计科目使用正确,数字准确无误。打印出来的机制记账凭证要加盖制单人员、审核人员、记账人员及会计主管人员印章或者签字,以明确责任。

四、记账凭证的审核

为了保证账簿记录和会计信息的质量,记账凭证必须经过有关稽核人员的审核,才能登记账簿。记账凭证的审核是对所办理的经济业务的原始凭证的审核和记账凭证的填制是否符合规定进行的审查。审核要点包括以下三个方面:

(1)记账凭证后是否附有原始凭证,所附原始凭证是否齐全,记账凭证所反映的经济业务与所附原始凭证反映的经济业务内容是否一致,所记金额是否一致等。

(2)记账凭证中所使用的会计科目是否符合会计准则的要求,应借、应贷的方向和金额是否正确,账户的对应关系是否清晰,核算内容是否符合准则制度的要求。

(3) 记账凭证中各项目是否填列齐全,有关人员是否都已签章等。

在记账凭证审核中,如发现有错误,应查明原因并及时更正。只有经审核确认无误后的记账凭证才能作为登记账簿的依据。

第四节 会计凭证的传递和保管

为使会计核算工作有序、有效、及时地进行,需要科学、合理地组织会计凭证的传递工作。对于生成的会计凭证,要将其作为企业单位的重要经济档案资料,必须做好会计凭证的保管工作。

一、会计凭证的传递

会计凭证的传递是指会计凭证从填制到归档保管整个过程中,在单位内部部门和有关人员之间的传递程序和传递时间。各种会计凭证所记录的经济业务不尽相同,所要据以办理的业务手续和所需时间也不一样,因此,应当为每种会计凭证的传递规定合理的传递程序和在各个环节停留的时间。一般有如下几个方面的考虑:

(一) 规定会计凭证的传递程序

从单位经济业务的特点、内部机构的设置和人员分工的情况、经营管理的需要等这些方面考虑,恰当地规定各种会计凭证的联数和所流经的必要环节,既要让有关部门和人员能利用凭证了解经济活动情况,又能按照规定手续及时处理经济业务,避免凭证传递流程中的不必要的环节,以提高传递效率。

(二) 规定会计凭证在各个环节的停留时间

根据有关部门和人员对经济业务办理手续的繁简程度,由会计部门会同有关部门和经办人员共同协商确定会计凭证在各个环节停留的时间,既要保证办理业务手续的时间,又要防止不必要的耽搁,从而使会计凭证缩短传递的时间,充分发挥其及时传递会计信息的作用。

(三) 建立会计凭证在传递过程中的交接签收制度

为了确保会计凭证的安全和完整,凭证在传递前后环节中要紧密衔接,在各个环节中都应指定专人办理交接手续,手续齐备,做到责任到人。

正确地组织会计凭证的传递,对于及时地反映和监督经济业务的发生和完成情况、合理地组织经济活动、加强经济管理责任制,具有重要意义。

二、会计凭证的保管

会计凭证的保管是指会计凭证记账后的整理、装订、归档和存查工作。会计凭证是重要的会计档案和经济资料,会计凭证还是依法处理不法行为的有效证据。因此,会计凭证登记入账后,单位必须按规定的立卷归档制度,将会计凭证妥善保管,不得丢失或任意销毁。

(一) 会计凭证的日常保管

对会计凭证的保管,既要强调保证会计凭证的安全和完整,又要考虑事后凭证调阅和查找的便利,为此,可以按以下主要方法和要求进行会计凭证的归档保管工作:

1. 定期装订

每月记账完毕,应将本月各种记账凭证加以整理,检查有无缺号和附件是否齐全(粘贴所附的原始凭证按记账凭证的长度和宽度折叠整齐),然后按编号顺序排列整齐,装订成册。为便于日后查阅,应加具封面,封面上应注明单位名称、凭证种类、凭证起止号数、总计册数等,并由有关人员签章。为了防止任意拆装,在装订线上加贴封签,由装订人员在装订线封签处签章。会计凭证封面样式如表4.14所示。

表4.14 会计凭证封面

年月份第册	(企业名称)				
	年	月份	共 册	第	册
	收款				
	付款	凭证 第	号至第	号共	张
	转账				
		附原始凭证共		张	
	会计主管(签章)		保管(签章)		

如果一个月内的凭证数量过多,可分装若干册,在封面上加注"共×册"字样。对于数量过多的原始凭证,也可以单独装订保管,但应在封面及有关记账凭证上加注说明,在记账凭证上注明"附件另订"和原始凭证名称及编号。对重要原始凭证,如各种经济合同、存出保证金收据以及涉外文件等,在需要单独保管时,应编制目录,并在原始凭证上注明日期和编号,以便查核。

2. 专人保管

会计凭证在装订成册之后、归档移交之前,应由会计部门指派专人保管,年终登记归档。

(二) 会计凭证的归档和查阅

会计凭证存档之后,保管责任随之转移到档案保管人员身上。保管人员应按照《会计档案管理办法》的规定,对会计凭证进行分类、存档和保管。查阅会计凭证应有一定的手续制度。原始凭证不得外借,其他单位如因特殊原因需要使用原始凭证时,经本单位会计机构负责人、会计主管人员批准,可以复印,但不得取走原件。向外单位提供的原始凭证复印件,应当在专设的登记簿上登记,并有提供人员和收取人员共同签名或盖章。

(三) 会计凭证的保管期限和销毁手续

会计凭证的保管期限和销毁手续,应严格按照《会计档案管理办法》的规定执行。一般会计凭证保管期限为15年,国家规定永久保管的会计凭证不得销毁。为此,对于未满保管期限的会计凭证不得提前销毁;保管期限满的需要销毁的会计凭证,应按规定审批程序,报经批准后才能销毁,但销毁前,要填制"会计档案销毁目录",交档案部门编入会计档案销毁清册,在销毁清册中应注明拟销毁的会计档案的名称、卷号、册数、起止年度、应保管期限、已保管期限等;批准销毁后要进行监销,并取得销毁过程中有关人员的签字盖章。企业会计档案保管期限如表4.15所示。

表4.15 企业和其他组织会计档案保管期限表

序号	档案名称	保管期限	备注
一	会计凭证类		
1	原始凭证	15年	
2	记账凭证	15年	
3	汇总凭证	15年	
二	会计账簿类		
4	总账	15年	包括日记总账
5	明细账	15年	
6	日记账	15年	现金和银行存款日记账保管25年
7	固定资产卡片		固定资产报废清理后保管5年
8	辅助账簿	15年	
三	财务报告类		包括各级主管部门汇总财务报告
9	月、季度财务报告	3年	包括文字分析
10	年度财务报告(决算)	永久	包括文字分析
四	其他类		
11	会计移交清册	15年	
12	会计档案保管清册	永久	
13	会计档案销毁清册	永久	
14	银行余额调节表	5年	
15	银行对账单	5年	

本 章 小 结

会计凭证是用来记录经济业务、明确经济责任并据以登记账簿的书面证明。会计凭证按填制程序和用途的不同可以分为原始凭证和记账凭证两大类。

原始凭证是在经济业务发生时直接取得或填制的,用以表明某项经济业务已经发生、执行或完成情况,并作为记账原始依据的书面证明。原始凭证具有法律效力。原始凭证的填制必须符合规定的要求并经过审核。

记账凭证是由会计人员根据审核无误的原始凭证或汇总原始凭证编制的,用来确定会计分录,作为登记账簿直接依据的会计凭证。只有经过审核无误的记账凭证才能作为登记账簿的依据。

会计凭证的传递是指会计凭证从填制到归档保管整个过程中,在单位内部部门和有关人员之间的传递程序和传递时间。正确组织会计凭证的传递,对于及时利用会计凭证反映各项经济业务的情况、合理组织经济活动、加强会计监督等具有重要意义。

会计凭证的保管是指会计凭证记账后的整理、装订、归档和存查工作。会计凭证是重要的会计档案资料和历史资料,因此,必须按规定的立卷归档制度,将会计凭证妥善保管,不得丢失或任意销毁。

本章思考题

1. 什么是会计凭证?填制和审核会计凭证有何意义?
2. 简述会计凭证的种类,并举例说明。
3. 原始凭证应具备哪些基本内容?在填制过程中须注意哪些问题?
4. 原始凭证的审核工作应从哪些方面展开?
5. 记账凭证应具备哪些基本内容?在填制过程中须注意哪些问题?
6. 记账凭证的审核工作主要包括哪些方面?
7. 正确组织会计凭证的传递的意义是什么?在传递程序设计上有什么要求?
8. 保管会计凭证的主要方法和要求是什么?

本章练习题

一、单项选择题

1. 会计凭证按( )的不同可分为原始凭证和记账凭证两大类。
   A. 取得来源 B. 填制程序和用途
   C. 编制方式 D. 使用次数
2. 下列属于外来原始凭证的是( )。
   A. 领料单 B. 购货发票
   C. 累计凭证 D. 工资结算汇总表
3. 将一定时期内若干份记录同类经济业务的原始凭证汇总编制的会计凭证称( )。
   A. 汇总原始凭证 B. 汇总凭证
   C. 累计凭证 D. 记账编制凭证

4. 下列( )可能是付款凭证的贷方科目。
   A. 应付账款 B. 应收账款 C. 固定资产 D. 库存现金

5. 会计人员在审核原始凭证时,对于不清楚、不完整的原始凭证应采取( )的做法。
   A. 退回重填 B. 拒绝办理
   C. 暂停登记 D. 向会计主管报告

6. 企业外购材料,价款 120 006.80 元以银行存款支付,在发票上填写的汉字大写金额应为( )。
   A. 壹拾贰万零陆元捌角整 B. 拾贰万元零陆元捌角正
   C. 壹拾贰万元零陆元捌角 D. 壹拾贰万元零陆元捌角整

7. 原始凭证金额出现填写错误,可以采取的措施是( )。
   A. 红字更正法 B. 划线更正法
   C. 由凭证开具单位重新开具 D. 补充登记法

8. 企业从银行提取现金应编制( )。
   A. 现金收款凭证 B. 银行存款收款凭证
   C. 现金付款凭证 D. 银行存款付款凭证

9. 企业对外销售产品,实现收入 11 700 元(含增值税),其中 4 680 元收到后存入银行,余款暂欠,对于这笔经济业务应编制( )。
   A. 1 张银行存款收款凭证 B. 1 张转账凭证
   C. 2 张转账凭证 D. 1 张收款凭证和 1 张转账凭证

10. 根据《会计档案管理办法》的规定,会计凭证的保管期限为( )。
    A. 10 年 B. 25 年 C. 15 年 D. 5 年

二、多选题

1. 下列属于一次凭证的原始凭证有( )。
   A. 限额领料单 B. 领料单 C. 支票 D. 发料汇总表

2. 下列属于外来原始凭证的有( )。
   A. 支票 B. 购货发票 C. 进账单 D. 收料单

3. 自制原始凭证按其使用次数的不同,可分为( )。
   A. 汇总原始凭证 B. 一次凭证
   C. 累计凭证 D. 记账编制凭证

4. 限额领料单是( )。
   A. 一次凭证 B. 累计凭证
   C. 外来原始凭证 D. 自制原始凭证

5. 作为原始凭证应具备的基本内容有( )。
   A. 经济业务内容

B. 凭证的名称、填制日期及有关责任人的签章

C. 接受凭证单位名称

D. 会计分录

6. 原始凭证和记账凭证的共同点是（　　）。
   A. 编制依据相同　　　　　　　　B. 编制人员相同
   C. 同属于会计凭证　　　　　　　D. 反映经济业务内容相同

7. 收款凭证上除了会计主管需签字或盖章外，还需（　　）签章。
   A. 记账人员　　B. 出纳人员　　C. 制单人员　　D. 复核人员

8. 记账凭证按编制方式的不同可分为（　　）。
   A. 专用记账凭证　　　　　　　　B. 复式记账凭证
   C. 单式记账凭证　　　　　　　　D. 通用记账凭证

9. 记账凭证的编号方法可采用（　　）。
   A. 顺序编号法　　B. 自然编号法　　C. 分类编号法　　D. 分数编号法

10. 记账凭证按经济业务是否涉及货币资金来分类，可分为（　　）。
    A. 收款凭证　　B. 付款凭证　　C. 记账编制凭证　　D. 转账凭证

三、判断题

1. 只有经过审核无误的原始凭证，才能作为登记账簿的依据。（　　）
2. 无论外来原始凭证还是自制原始凭证，一般都是在经济业务发生时取得或填制的。（　　）
3. 记账凭证是依据原始凭证或原始凭证汇总表填制的，它具有法律效力。（　　）
4. 在采用收款凭证、付款凭证和转账凭证的情况下，涉及现金、银行存款之间的划转业务，按规定只填制付款凭证。（　　）
5. 对于经济业务简单尤其是收付款业务不多的单位，可以不分收款、付款及转账凭证，而采用统一格式的通用记账凭证记录所有经济业务。（　　）
6. 所有记账凭证后均要附有相关的原始凭证。（　　）
7. 收款凭证的借方科目可能是现金，也可能是银行存款。（　　）
8. 转账凭证是用于不涉及货币资金收付业务的记账凭证。（　　）
9. 在设置单式记账凭证记录经济业务时，如果一笔会计分录同时运用到几个会计科目，那就需要填制同样张数的记账凭证。（　　）
10. 会计凭证是重要的经济档案资料，必须妥善保管，不得随意丢失或销毁。（　　）

四、实训题

习题 4-1

（一）目的：了解会计凭证的分类内容。

(二) 资料:会计凭证的分类如习题表 4.1 所示。

(三) 要求:在习题表 4.1 中以打勾的方式列出会计凭证所属的类别。

习题表 4.1　　　　　　　　　　会计凭证分类表

会计凭证 \ 分类	一次凭证	记账凭证	外来原始凭证	记账编制凭证	累计凭证	汇总原始凭证
发料凭证汇总表						
购料发票						
现金付出汇总表						
限额领料单						
转账凭证						
收款凭证						
制造费用分配表						
收料单						

习题 4-2

(一) 目的:了解原始凭证的填制。

(二) 资料:假定 20××年 1 月 25 日,公司供应科采购员曹磊出差到天津采购材料,预借差旅费 2 000 元。

(三) 要求:请填制习题表 4.2 的借款单。

习题表 4.2　　　　　　　　　　借　款　单

　　　　　　　　　　　　　　　　年　　月　　日

借款单位		借款人	
借款事由			
金　　额	人民币(大写)		￥_____

借款部门负责人:　　　　会计主管:　　　　出纳:　　　　领款人:

习题 4-3

(一) 目的:了解记账凭证的填制。

(二) 资料:SD 企业 12 月份发生下列经济业务:

(1) 收到国家投入资金 400 000 元,存入银行。

(2) 向银行借入临时借款 50 000 元,存入银行,借款期为 3 个月。

(3) 购入材料一批,计 200 000 元,增值税进项税额 26 000 元,运输费 1 000 元,增值税进项税额 90 元,以银行存款支付,材料尚未入库。

(4) 从银行提取现金 120 000 元。

(5) 以现金支付工资 120 000 元。

(6) 结算本月份应付职工工资 120 000 元，其中，生产工人工资 60 000 元，车间管理人员工资 20 000 元，管理部门人员工资 40 000 元。

(7) 按工资总额的 10% 计提职工福利费。

(8) 销售产品一批，计 1 000 000 元，增值税销项税额 130 000 元，货款已收，存入银行。

(9) 收到应收款项 80 000 元，存入银行。

(10) 职工出差借支差旅费 5 000 元，以现金支付。

(11) 以银行存款支付管理费用 25 500 元，销售费用 50 000 元。

(12) 结转制造费用 22 800 元。

(13) 结转完工产品成本 91 200 元。

(14) 以银行存款支付本季借款利息 652 560 元。

(15) 以银行存款支付厂部办公费 300 元。

(16) 结转本月产品销售成本 84 040 元。

(17) 计算并缴纳产品消费税 9 000 元。

(18) 计提应交所得税 33 000 元。

(19) 将本月各项收支账户余额转入"本年利润"账户。

(20) 将税后净利润转入"利润分配"账户。

(21) 按本月利润净额 10% 提取法定盈余公积金。

(三) 要求：根据上述经济业务分别编制相应会计分录，并指明所属收款凭证、付款凭证和转账凭证的种类及编号。

拓 展 学 习

访问国家税务总局网站(http://www.chinatax.gov.cn/)，了解各类票据的相关规定，比如国家税务总局发布的《国家档案局办公室等四部门关于进一步扩大增值税电子发票电子化报销、入账、归档试点工作的通知》(档办发〔2021〕1号)的内容。

第五章

会计账簿

 本章教学目标

通过本章的学习,学生应了解会计账簿的概念、种类;熟悉各种会计账簿的设置和登记方法、结账和对账的方法;掌握现金日记账和银行存款日记账的登记、总分类账和明细分类账的平行登记、错账更正法的正确运用。

 本章核心概念

会计账簿;日记账;分类账;备查账簿;平行登记;红字更正法;补充登记法;结账;对账

 导入

小李是 X 有限公司销售部的业务员,负责公司产品的销售工作。本年度产品的销售有部分采用赊销方式,销售款未全部收回。到年底了,销售部部长吩咐小李整理一下应收款情况,与客户沟通,催讨账款。小李到财务部找会计,会计将登记应收款的账页复印给小李,让小李根据账上记录去催讨,小李拿到账后看了半天,只看到应收款账上借方、贷方有很多记录,还有余额,但不明白其代表的含义,也不知向谁去催讨、催讨多少。

请带着以下问题进入本章的学习:

(1) X 公司应设置哪些账簿?有什么作用?

(2) X 公司应收账款应设置哪些账簿?用什么账页格式?登记的内容代表什么业务内容?(即借方和贷方登记的什么内容?余额代表什么含义?)

(3) 如果要知道 X 公司应收款总共有多少,应看什么账簿?如果要知道向谁催讨、催讨多少,应看什么账簿?这两类账簿有何关系?

第一节　会计账簿的意义和种类

一、会计账簿的意义

会计凭证的填制,可以做到连续不断地反映经济业务。但是,每项原始凭证所能反映的仅仅是个别的经济业务,所能提供的也只是包含会计信息的个别经济数据。即使记账凭证已把数据转化为会计信息,但它仍然属于单个或不连贯的信息,有待进一步处理和加工。因此,为了把分散在会计凭证中的大量的核算资料加以集中、归类、整理,取得完整、连续、系统的会计核算资料,并为编制会计报表提供依据,就必须设置和登记账簿。设置和登记账簿是会计核算的一种专门方法。

会计账簿,简称账簿,是由具有一定格式的账页组成,按照一定顺序排列或装订在一起,用以序时和分类地登记企业经济业务的发生和完成情况的簿籍。会计账簿是会计凭证与会计报表联系的纽带。账簿本身是对大量的凭证汇总的结果,而财务报表又是对账簿的总结,这是一个从庞杂到精炼的过程。可见,账簿设置的成功与否对会计信息质量的高低和会计成本的影响是相当大的。设置和登记会计账簿,其意义可概括如下:

(1) 会计账簿可以全面、系统、综合地归纳和积累会计核算资料。通过登账,把分散的核算资料系统化,全面、完整地反映会计要素增减变动情况,为经营管理提供总括和明细的核算资料,监督财产物资的妥善保存,促进资金的合理使用。

(2) 会计账簿可以提供进行成本计算和编制会计报表所需的信息。企业成本计算需要反映企业生产产品料、工、费方面的会计资料;企业编制会计报表则需要全面反映会计各要素详细情况的信息资料。成本计算、会计报表编制是否正确、及时,都与账簿设置和登记质量有密切的关系。

(3) 会计账簿是开展会计分析、进行会计检查的依据。利用会计资料,可以对企业经济活动开展会计分析,考核企业生产经营计划完成情况,反映企业财务状况和经营成果,评价企业经营成果的高低、财务状况的好坏,改善经营管理。会计账簿还是开展会计检查和审计工作的基础性资料,没有会计账簿,注册会计师将无法审查会计报表的公允性。

二、会计账簿的种类

企业在日常核算工作中对于账簿的设置,应根据企业规模的大小、业务的繁简和会计核算的需要而确定。为了认识账簿的特点,更好地掌握运用会计账簿,账簿可以按其用途、外表形式和账页格式等不同标准进行分类。

(一) 按用途分类

会计账簿按照其用途可以分为日记账簿、分类账簿、备查账簿三类。

1. 日记账簿

日记账簿是指按照经济业务发生的时间先后顺序,逐日逐笔登记经济业务的账簿,亦称"序时账簿"。这种账簿还可进一步分为用来记录全部经济业务完成情况的普通日记账和用以记录某一类经济业务完成情况的特种日记账。企业实务中经常使用的特种日记账有现金日记账和银行存款日记账。

2. 分类账簿

分类账簿是指对各项经济业务按照总分类账户和明细分类账户进行分类登记的账簿。分类账簿按其反映指标的详细程度划分,又分为总分类账簿和明细分类账簿两种。

(1) 总分类账簿(简称总账),是根据总分类会计科目(一级会计科目)开设的账户。该账簿用来分类登记全部经济业务,提供资产、负债和所有者权益以及成本、费用、收入、利润等总括核算资料的分类账簿。

(2) 明细分类账簿(简称明细账),是按照明细分类账户(二级会计科目、明细科目或户名)设置的账簿。该账簿用于分类登记某一类经济业务,提供明细核算资料的分类账簿。

3. 备查账簿

备查账簿,是用以对某些序时账簿和分类账簿等主要账簿中不能登记的事项或记载不够全面的经济事项进行补充登记以备查考的账簿,也称"辅助账簿"。它可以对某些经济业务的内容提供必要的参考资料。如,租入固定资产登记簿、代管商品物资登记簿、受托加工材料登记簿等。

(二) 按外表形式分类

在手工记账情况下,账簿还可按外表形式分为订本式账簿、活页式账簿和卡片式账簿三类。

1. 订本式账簿

订本式账簿又称订本账,是把一定数量具有专门格式的账页预先编好顺序号数,固定地装订在一起的账簿。这类账簿的优点是:便于保管,并可避免账页散失,防止随便抽换账页。它的缺点是:同一时间内,只能由一人登记,不便分工;再者,由于账页固定而无法增减账页,在预留账页不足时,影响正常登记,如果预留过多,又会造成浪费。一般情况下,订本式账簿适用于日记账、总分类账。

2. 活页式账簿

活页式账簿又称活页账,是把若干具有专门格式的账页装放在账夹里,启用时不作固定装订,于年终时才把它装订成册。其优点是使用灵活,避免浪费。缺点是容易遗失或被任意抽换。为了防止这种情况的出现,可以预先在空白账页上编号,并由有关人员(会计主管人员)盖章,防止流失作弊。活页式账簿适用于各种明细分类账。

3. 卡片式账簿

卡片式账簿又称卡片账,是由若干具有专门格式的硬纸卡片组成的账簿。采用卡片账登记账簿时,必须顺序编号并装置在卡片箱里,由专人保管。它的最大优点是可以跟随所记的资产内部转移。卡片式账簿主要适用于财产明细账,如固定资产明细账、低值易耗品明细账等。

(三) 按账页格式分类

账簿按照账页格式可以分为:三栏式账簿、数量金额式账簿、多栏式账簿。

1. 三栏式账簿

三栏式账簿是指设有借方、贷方和余额三个基本栏目的账簿。此账页格式只能反映货币金额,不能反映实物数量,适用于只需要货币量度的日记账和总分类账,也适用于资本、债权、债务结算账户的明细账。

2. 数量金额式账簿

数量金额式账簿是指由反映数量金额的账页所构成的账簿。数量金额式账页一般分别设有收入、发出、结存三大栏。在三大栏下又分别设数量、单价、金额三小栏。其特点是,该格式既能反映货币金额,又能反映实物数量。该格式主要适用于既要进行金额核算,又要进行实物数量核算的各种财产物资账户,如"原材料""库存商品"等账户的明细分类核算。

3. 多栏式账簿

多栏式账簿是指在账簿的两个基本栏目借方和贷方按需要分别设若干专栏的账簿,如多栏式日记账、多栏式明细账。但是,专栏设置在借方还是设在贷方,或是两方同时设专栏,设多少专栏,则根据需要确定。多栏式账簿一般适用于费用成本和收入成果明细分类账户。

> **探究与发现**
>
> 通过上述学习,你是否对"导入"所提出的问题进行了相关思考?你认为问题(1)该如何作答?

第二节 会计账簿的设置和登记

一、日记账簿的设置和登记

(一) 普通日记账簿的设置和登记

普通日记账簿是按照经济业务发生的时间先后顺序,逐日、逐笔地登记全部业务的账簿。在复式记账产生以后,由于经济业务日益复杂,数量相应增多,为了防止记账的差错,把每笔经济业务涉及的借、贷两方科目也列入日记账内,因此普通日记账簿也称"分录日记账"。它能全面地记录经济业务,但因工作量大,又不便于分工记账,所以较少使用。

两栏式日记账的格式一般设有借方和贷方两个金额栏目,如表5.1所示。

表5.1　　　　　　　　　　　　　　普通日记账

年		摘　要	账户名称	借方金额	贷方金额	过　账
月	日					

在两栏式日记账中登记经济业务的步骤如下:

(1) 将发生经济业务的日期记入日期栏,年度记入该栏的上端,月、日分两小栏登记。

(2) 在摘要栏内简要说明经济业务的内容。

(3) 将应借账户记入"账户名称"栏第一行,并将金额登入借方金额栏;将应贷账户登在"账户名称"栏第二行,并将金额记入贷方金额栏。

(4) 每天根据日记账中应借、应贷账户及其金额过入分类账后,应将分类账中该账户的账页号数记入"过账"栏,或在"过账"栏内注明"√"符号,以示已经过账。

(二) 特种日记账簿的设置和登记

特种日记账簿是用来序时、逐日、逐笔记录某一类经济业务发生情况的账簿。最常见的特种日记账簿有现金日记账、银行存款日记账、购货日记账、销货日记账等。目前,我国企业、事业单位设置的特种日记账账簿主要有现金日记账和银行存款日记账,以达到加强对现金、银行存款监管的目的。

1. 现金日记账的格式和登记方法

现金日记账是用来核算和监督库存现金每天的收入、支出和结存情况的账簿。现金日记账的格式有三栏式和多栏式两种。

三栏式现金日记账通常在账内设置借方(收入)、贷方(付出)、结余三个金额栏,在手工记账下其外表形式采用订本式账簿。三栏式现金日记账格式如表5.2所示。

表5.2　　　　　　　　　　　　　三栏式现金日记账

年		凭证		摘　要	对方科目	收　入	付　出	结　余
月	日	种类	号数					

多栏式现金日记账是在三栏式现金日记账基础上发展起来的。这种日记账的借方（收入）和贷方（支出）金额栏都按照对方科目设专栏，也就是按收入的来源和支出的用途设专栏。多栏式现金日记账的格式如表5.3所示。

表5.3 多栏式现金日记账

年		凭证		摘要	借方		贷方		余额
月	日	种类	号数		应贷科目	合计	应借科目	合计	

采用多栏式现金日记账，可以对有关账户的内容进行分类汇总，因而能够大大降低分别过账的工作量，提高核算工作效率。但是，这一格式也有一个缺点：内容过于繁杂，项目过多，使账页显得庞杂。

现金日记账的登记方法是：

(1) 现金日记账一般由出纳人员根据审核后的现金收、付款凭证以及有关的银行付款凭证(仅限于提现)逐日、逐笔、序时登记。登账时，应按账页格式要求，将各栏目填列齐全。

(2) 每日终了，要加总当日收入、付出合计数，并结算出当日结存金额。

(3) 结算出当日结存金额后，要同库存现金实有数核对，检查当日收入、支出现金情况。

2. 银行存款日记账的格式和登记方法

银行存款日记账的账页格式与现金日记账基本相同，通常也是采用三栏式，在手工记账下其外表形式采用订本式账簿。在三栏格式中，除了和现金日记账一样，将借方、贷方和余额各栏的栏目改为收入、付出和结存，并增加"对方科目"一栏外，还增加"结算凭证种类、号数"一栏。由于银行存款的收付有着各种不同的结算方式，使用着各种不同的结算凭证，为了便于查考，特设这些专栏，使日记账同时起着明细账的作用。银行存款日记账的格式如表5.4所示。

表5.4 三栏式银行存款日记账

年		凭证		摘要	结算方式		对方科目	收入	付出	结余
月	日	种类	号数		种类	号码				

银行存款日记账通常也由出纳经管,登记方法基本同现金日记账的登记方法:即要求按时间先后顺序,根据凭证或会计分录逐日、逐笔登记。所依据的凭证有银行存款收、付款凭证及现金付款凭证(仅限于把现金存入银行)。同时,也要求每日结出余额,定期与开户银行转来的对账单逐笔核对检查,编制银行存款余额调节表,查找未达账项。

二、分类账簿的设置和登记

(一) 总分类账簿的格式和登记方法

总分类账簿是总括地反映经济业务的账簿,它按照一级会计科目分设账户,用以全面、总括地反映全部经济业务情况。由于总分类账簿能全面、系统地反映经济活动情况,并为编制会计报表提供资料,因此任何单位都要设置总分类账簿。

因为总分类账簿只要提供价值指标,所以,总分类账簿通常采用借方、贷方、余额三栏式,在手工记账下其外表形式采用订本式账簿。在总分类账簿的借与贷两栏内,可以根据实际需要,设置"对方科目"栏。设有"对方科目"栏和不设"对方科目"栏的总分类账簿格式分别如表 5.5、表 5.6 所示。

表 5.5　　　　　　　　　　　　总 分 类 账

账户名称:

年		凭证		摘　要	对方科目	借　方	贷　方	借或贷	余　额
月	日	种类	号数						

表 5.6　　　　　　　　　　　　总 分 类 账

账户名称:

年		凭证		摘　要	借　方	贷　方	借或贷	余　额
月	日	种类	号数					

总分类账簿可以直接根据各种记账凭证逐笔进行登记,也可以把各种记账凭证先汇总编制成汇总记账凭证或科目汇总表,再据以登记。总分类账簿以什么作为登记的依据,取决于会计核算组织程序。但不管具体方式如何,每月应将当月已完成的经济业务全部登记入

账,并于月终结出总账各账户的本期发生额和期末余额,作为编制会计报表的主要依据。

(二)明细分类账簿的格式和登记方法

明细分类账簿是根据某个总账科目所属的二级科目或明细科目开设的账簿。明细分类账簿能够提供资产、负债及所有者权益、收入与费用的具体和详细的数据资料,对于加强财产物资管理、债权债务的结算、收入及费用开支的监督等起着重要的作用。因此,任何单位都应根据实际情况及管理要求,设置必要的明细分类账簿。

在手工记账下,明细分类账簿的外表形式主要采用活页式,有的也采用卡片式账簿。其账页格式根据明细分类核算对象的不同可分别选择三栏式、数量金额式和多栏式。

1. 三栏式明细分类账簿

三栏式明细分类账簿的格式和三栏式总分类账簿相同,只设有借方、贷方和余额三个金额栏,不设数量栏。这种账页格式适用于只需要进行金额核算、不需要进行数量核算的账户,如"应收账款""应付账款"账户的明细分类核算。三栏式明细分类账簿的格式如表5.7所示。

表5.7　　　　　　　　　　　应付账款明细账
单位名称:

年		凭证		摘要	借方	贷方	借或贷	余额
月	日	种类	号数					

2. 数量金额式明细分类账簿

数量金额式明细分类账簿的格式,在借方、贷方和余额三个金额栏内,分别设有数量、单价、金额三个栏次。这种账页格式适用于既需要进行金额核算又需要进行数量核算的账户,如"原材料""库存商品"等账户的明细分类核算。数量金额式明细分类账簿的格式如表5.8所示。

表5.8　　　　　　　　　　　原材料明细分类账
材料名称:

年		凭证		摘要	收入			发出			结存		
月	日	种类	号数		数量	单价	金额	数量	单价	金额	数量	单价	金额

3. 多栏式明细分类账簿

多栏式明细分类账簿是根据经济业务的特点和经营管理的需要,在一张账页内按照有关明细科目或明细项目分设若干专栏,用以在一张账页上集中反映各有关明细科目或明细项目的金额,如"生产成本""管理费用"等账户的明细分类核算。多栏式明细分类账簿的格式如表5.9所示。

表5.9　　　　　　　　　　　　　　　生产成本明细账
产品名称：

年		凭证		摘要	借方				贷方	余额
月	日	字	号		直接材料	直接人工	制造费用	合计		

明细分类账簿的登记必须以记账凭证或原始凭证汇总表为依据,可根据经营管理的实际需要分别采用逐笔登记、逐日登记和定期汇总登记等方法进行登记。在一般情况下,有关财产物资和债权债务结算的明细分类账,应逐笔登记;有关品种繁多、收发频繁的原材料和产成品的明细分类账,可以按日汇总登记;有关业务收入和费用开支等的明细分类账,则可以根据具体情况,或者逐日汇总登记,或者定期汇总登记。在对于只设有借方专栏的多栏式明细分类账进行登记时,如果出现贷方发生额,则以红字记入有关专栏内,表示冲减借方发生额;期末结账时,应将各专栏中的蓝字和红字发生额分别予以计算。

(三) 总分类账簿和明细分类账簿的平行登记

总分类账簿和明细分类账簿都是分类账簿。总分类账簿和明细分类账簿之间,既存在明显的区别,又存在紧密的联系。总分类账簿是根据总分类科目开设,用以提供综合资料的账簿;明细分类账簿是对某总账科目按其所属的明细科目开设,用以提供明细核算资料的账簿。因此,总分类账和明细分类账所记录的经济业务的内容是相同的,只是提供的数据资料的详细程度有所不同,为了使总分类账簿与其所属明细分类账簿之间能起到统驭与补充的作用,便于账户核对,并确保核算资料的正确、完整,总分类账簿与明细分类账簿之间采用了"平行登记法"。所谓平行登记,是指经济业务发生后,根据同一会计凭证,一方面登记有关总分类账簿,另一方面登记该总分类账簿所属各有关明细分类账簿。平行登记的要点主要包括以下四个方面：

(1) 依据相同。对发生的经济业务,都要以相关的会计凭证为依据,既登记有关总分类账簿,又登记其所属明细分类账簿。

(2) 期间相同。对每项经济业务在记入总分类账簿和明细分类账簿过程中,可以有先有后,但必须在同一会计期间全部登记入账。

(3) 方向相同。将经济业务记入总分类账簿和明细分类账簿时,记账方向必须相同。即总分类账簿记入借方,明细分类账簿也记入借方;总分类账簿记入贷方,明细分类账簿也记入贷方。

(4) 金额相等。记入总分类账簿的金额,与应记入其所属明细分类账簿的金额合计相等。这里包含以下含义:总分类账簿本期发生额与其所属明细分类账簿本期发生额之合计相等;总分类账簿期末余额与其所属明细分类账簿期末余额之合计相等。

现举例说明总分类账簿和明细分类账簿平行登记的方法。

【例5-1】S公司20××年6月初"应收账款"总分类账簿和明细分类账簿期初余额如下:应收账款总分类账簿为87 750元,其所属的明细分类账簿——B厂35 100元、H公司52 650元。本月发生下列经济业务:

(1) 向B厂销售产品20件,每件售价3 000元,应收取增值税额7 800元,但货款及税金尚未收到。会计分录如下:

借:应收账款——B厂	67 800
贷:主营业务收入	60 000
应交税费——应交增值税(销项税额)	7 800

(2) 收到H公司还来前欠货款和税款52 650元,当即存入银行。会计分录如下:

借:银行存款	52 650
贷:应收账款——H公司	52 650

(3) 销售给H公司产品15件,每件售价3 000元,应收取增值税额5 850元,产品已发出,另以银行存款代垫运杂费2 000元,但货款尚未收到。会计分录如下:

借:应收账款——H公司	52 850
贷:主营业务收入	45 000
应交税费——应交增值税(销项税额)	5 850
银行存款	2 000

(4) 收到B厂还来的部分欠款50 000元存入银行。会计分录如下:

借:银行存款	50 000
贷:应收账款——B厂	50 000

根据上列会计分录(记账凭证),以"应收账款"核算为例,对总分类账簿及其所属明细分类账簿的平行登记加以说明。登账结果见表5.10、表5.11、表5.12。

总分类账簿与明细分类账簿之间平行登记,体现了总分类账簿与明细分类账簿之间的紧密联系。这种联系也被用来对会计核算工作进行检查与监督,以便及时地发现和更正记账过程中可能发生的各种错误。具体做法是对总分类账簿和明细分类账簿登记的结果进行相互核对,包括核对总分类账簿有关账户与其所属明细分类账簿账户的发生额和余额。实际工作中,可编制明细分类账簿本期发生额及余额表来进行核对。

【例5-1】结果见表5.13。

表 5.10   总 分 类 账
账户名称：应收账款

20××年		凭证编号	摘要	借方	贷方	借或贷	余额
月	日						
6	1		期初余额			借	87 750
		(1)	销售产品	67 800		借	155 550
		(2)	收到欠款		52 650	借	102 900
		(3)	销售产品	52 850		借	155 750
		(4)	收到欠款		50 000	借	105 750
6	30		本月合计	120 650	102 650	借	105 750

表 5.11   应收账款明细分类账
单位名称：B厂

20××年		凭证编号	摘要	借方	贷方	借或贷	余额
月	日						
6	1		期初余额			借	35 100
		(1)	销售产品	67 800		借	102 900
		(4)	收到欠款		50 000	借	52 900
6	30		本月合计	67 800	50 000	借	52 900

表 5.12   应收账款明细分类账
单位名称：H公司

20××年		凭证编号	摘要	借方	贷方	借或贷	余额
月	日						
6	1		期初余额			借	52 650
		(2)	收到欠款		52 650	平	0
		(3)	销售产品	52 850		借	52 850
6	30		本月合计	52 850	52 650	借	52 850

表 5.13   应收账款明细分类账发生额及余额

账户名称	期初余额		本期发生额		期末余额	
	借方	贷方	借方	贷方	借方	贷方
B厂	35 100		67 800	50 000	52 900	
H公司	52 650		52 850	52 650	52 850	
合 计	87 750		120 650	102 650	105 750	

本章"探究与发现"参考答案

> **探究与发现**
>
> 通过上述学习,你是否对"导入"所提出的问题进行了相关思考?你认为问题(2)和(3)该分别如何作答?

第三节 账簿登记基本规则

登记账簿也是会计核算中的一个重要环节,为了保证会计核算质量,务必切实做到登记及时、内容完整、数字准确。为了做好记账工作、保证记账的质量,必须遵守以下记账规则(本节中账簿登记规则大部分适用于手工记账)。

一、账簿启用规则

为了保证会计账簿记录的合法性和资料的完整性,明确记账责任,会计账簿应当由专人负责登记。会计人员在启用会计账簿时,应当在账簿封面上写明单位名称和账簿名称。在账簿扉页上应当填写"账簿启用和经管人员一览表",详细载明单位名称、账簿编号、启用日期,并加盖单位公章及会计主管和记账人员私章。如果记账人员或者会计机构负责人、会计主管人员调动工作时,应当注明交接日期、接办人员或者监交人员姓名,并由交接双方人员签名或者盖章等。这样做,既是明确有关人员责任的需要,也是提高有关人员的责任感和维护会计记录严肃性的需要。"账簿启用及经管人员一览表"的格式参见表 5.14 所示。

表 5.14 账簿启用和经管人员一览表

单位名称							公 章			
账簿名称										
账簿编号										
账簿页数										
启用日期		本账簿共 页								
经管人员	负责人		主办会计		复 核			记 账		
	姓名	盖章	姓名	盖章	姓名	盖章		姓名		盖章
接交记录	经管人员		接 管				交 出			
	职别	姓名	年	月	日	盖章	年	月	日	盖章
备 注										

二、账簿的日常登记规则

（1）登记账簿必须以审核无误的记账凭证以及所附的原始凭证或原始凭证汇总表进行登记。

（2）登记账簿时，每一笔业务，都要记明日期、编号、经济业务内容摘要和金额。记账后，同时要在记账凭证上注明所记账簿的页次，或划"√"符号，以免重记、漏记。

（3）账簿中书写的文字和数字上面要留有适当空格，不要写满格，一般应占格距的1/2。

（4）各种账簿都应按页次顺序逐行逐页连续登记，不得跳行、隔页。如果发生跳行、隔页，应将空行、空页划对角红线注销，并注明"此行空白"或"此页空白"字样，并由记账人员签章。不得任意撕毁和抽换账页。

（5）登记账簿要用蓝、黑墨水书写，不得使用圆珠笔（银行的复写账簿除外）或者铅笔书写。在下列情况下可以用红色墨水记账：① 按照红字冲账的记账凭证，冲销错误记录；② 在不设借、贷栏的多栏式账页中登记减少数；③ 在三栏式账户的余额栏前，如未印明余额方向的（如借、贷），在余额栏内登记负数余额；④ 有关制度中规定用红字登记的其他记录。

（6）凡需要结出余额的账户，在结出余额后，应在"借或贷"栏内注明"借"或"贷"字样；没有余额的账户，应在该栏内填写"平"字以表示该账户已经结平，同时在余额栏内用"0"表示。

（7）每一账页登记完毕结转下页时，应加计本页发生额总计，结出余额，写在本页最末一行和下页第一行有关栏内，并在摘要栏内注明"转次页"和"承前页"字样。

（8）记账如发生错误，应按规定方法更正，严禁刮、擦、挖补、涂改或用褪色液更改字迹。

三、错账更正方法

记账是会计核算工作中的一个重要环节，会计人员应按照账簿登记规则，尽最大努力保证记账工作的正确可靠。但是由于各种原因，无论是手工记账还是计算机记账，均不可避免地有可能产生错账。账簿记录发生错误时，不得随意改账，而必须采用适当的错账更正方法。具体的错账更正方法有以下三种：

（一）划线更正法

在结账前发现账簿记录中有文字或数字错误，而记账凭证没有错误，可采用划线更正法。按照划线更正法更正时，可先在错误的文字或数字上划一红线，以示注销。然后在红线上面空白处填写正确的文字或数字，并由更正的人员在更正处盖章以示负责。需要注意的是：更正时不能只划销其中的个别数字，错误的数字必须全部划销，并保证原有数字清晰可辨，以便审查。例如，记账人员把 618.80 元误记为 168.80 元，应先在 168.80 上划一条红线以示注销，然后在其上方空白处填写正确的数字 618.80，而不能只将前两位数字更正为"61"。

(二) 红字更正法

红字更正法又叫"赤字冲账法",一般适用于记账凭证应借、应贷科目错误,或所记金额大于应记金额造成的错误。更正方法可以分为以下两种情况:

(1) 登记账簿以后,发现记账凭证中应借、应贷的会计科目或记账方向有错误,应采用全部冲销法予以更正。这种更正方法分两个步骤进行:第一步先填制一张内容与错误凭证完全相同而金额是红字的记账凭证,并用红字据以登记入账,以冲销原有的记录;第二步,用蓝字填制另一张符合经济业务内容的正确的记账凭证,再据以登记入账。

【例5-2】某企业开出转账支票20 000元,归还所欠购料款,填制记账凭证时,误作如下会计分录并登记入账:

借:应收账款　　　　　　　　　　　　　　　　　　　　　20 000
　　贷:银行存款　　　　　　　　　　　　　　　　　　　　20 000

更正时,先填制红字记账凭证,冲销原先记录,并据以用红字登记入账。冲账的会计分录为:

借:应收账款　　　　　　　　　　　　　　　　　　　　(20 000)①
　　贷:银行存款　　　　　　　　　　　　　　　　　　(20 000)

然后,用蓝字填制正确的记账凭证,并据以用蓝字登记入账。会计分录为:

借:应付账款　　　　　　　　　　　　　　　　　　　　　20 000
　　贷:银行存款　　　　　　　　　　　　　　　　　　　　20 000

(2) 记账后或结账以后,如发现记账凭证和账簿记录的金额有错误,所记金额大于应记的正确金额,而记账凭证中应借、应贷的会计科目并无错误,则可采用部分冲销法予以更正。将多记的金额用红字编制一张与原来科目相同的记账凭证,用以冲减多记金额。

【例5-3】某企业开出现金支票6 000元,支付企业管理部门日常零星开支。编制记账凭证时,误将6 000元错记为60 000元,并已记入有关账户。错误凭证为:

借:管理费用　　　　　　　　　　　　　　　　　　　　　60 000
　　贷:银行存款　　　　　　　　　　　　　　　　　　　　60 000

为了更正账簿中多记54 000元的错误,将多记的金额用红字编制一张与原错误记账凭证相同的记账凭证,并据以用红字登记,以冲销多记的金额。更正的会计分录为:

借:管理费用　　　　　　　　　　　　　　　　　　　　(54 000)
　　贷:银行存款　　　　　　　　　　　　　　　　　　(54 000)

(三) 补充登记法

登记账簿以后,虽然记账凭证中应借、应贷科目没有错误,但所列金额小于应列金额时,可以用此方法更正。按照补充登记法更正时,依据正确数字与错误数字之间的差额,用蓝字填制一张记账凭证,并据以登记入账,这样就把少记的金额补充登记于账簿了。

---

① ( )代表红字金额。

【例 5-4】把现金 22 000 元存入银行,误记为 2 200 元,并已登记入账。错误会计分录如下:

  借:银行存款   2 200
    贷:库存现金   2 200

为了更正上述错误,可再填制一张与原记账凭证的分录相同,但金额为 19 800 元的记账凭证,并据以补充登账。其会计分录如下:

  借:银行存款   19 800
    贷:库存现金   19 800

第四节 结 账 和 对 账

一、结账

结账,是指把一定时期内所发生的经济业务,在全部登记入账的基础上,结算出本期发生额和期末余额的一种方法。在会计期末,即月末、季末或年末,为了编制会计报表等的需要,必须进行结账。

(一)结账的步骤

(1)将会计报告期内发生的全部经济业务登记入账,并确保其正确性。

(2)根据权责发生制的要求,对有关应计的收入和费用进行账项调整。

(3)将损益类账户余额转入"本年利润"科目,结平所有损益类账户。

(4)结算出资产、负债和所有者权益账户的本期发生额和余额,并将余额结转下期。

(二)结账的方法

1. 月结

在月末的最后一笔业务下面通栏划单红线,在该红线下的栏内注明"本月合计"字样,并在相应栏次内计入本月合计数及余额,然后在其下面再划一条通栏单红线表示本月的结账工作结束。

2. 季结

季结是在季末进行,通常在月结后进行季结。季结记录在月结记录的下方,在季结的记录下,再划一条通栏单红线表示季结工作的完成。

3. 年结

年结在年底进行,通常在月结和季结的基础上进行。结账的具体方法同上,所不同的是在年结完成后,在最后一行下面划通栏双红线表示年度结账完成。

年度终了结账时,有余额的账户,要将其余额结转下年,并在摘要栏注明"结转下年"字样;在下一会计年度新建有关会计账户的第一行余额栏内填写上年结转的余额,并在摘要栏内注明"上年结转"字样。有关总账账户的结转如表 5.15 所示。

表 5.15 总 分 类 账

账户名称：应收账款

年 月	日	凭证	摘要	借方	贷方	借或贷	余额
9	1	略	承前页	435 000 50 000	359 000 45 000	借	76 000
9	30		本月合计	50 000	45 000	借	81 000
9	30		本季合计	150 000	135 000	借	81 000
10	10			20 000 10 000 25 000	10 000 35 000	借	
10	31		本月合计	55 000	45 000	借	91 000
11	20 30			30 000 30 000	50 000	借	
11	30		本月合计	60 000	50 000	借	101 000
12	10 20 31			20 000 15 000 15 000	21 000 30 000	借	
	31		本月合计	50 000	51 000	借	100 000
	31		本季合计	120 000	130 000	借	100 000
12	31		本年合计	650 000	550 000	借	100 000
12	31		结转下年			借	100 000

二、对账

所谓对账，是在将相关经济业务登记入账后，对会计记录进行核对的工作。

对账，是会计工作中的一个重要环节，只有核对账证、账账进而检查账实是否相符后，才能据以编制出真实可靠的会计报表，如实地反映企业财务状况和经营成果，提供符合会计信息使用者所需的会计信息。对账主要包括以下内容：

（一）账证核对

账证核对，是指对各种账簿记录与记账凭证及其所附的原始凭证进行核对。这种核对，主要是在日常记账工作中进行。月末，如果发现账账不符，还应追本溯源地进行账簿记录与会计凭证的检查、核对，以保证账证相符。

（二）账账核对

账账核对，是指各种账簿之间的有关记录的核对，包括：

（1）核对总分类账簿的记录：所有总分类账户本期借方发生额合计数与所有总分类

账户本期贷方发生额合计数是否相等;所有总分类账户期末借方余额合计数与所有总分类账户期末贷方余额合计数是否相等。

(2) 总分类账簿与所属明细分类账簿核对:总分类账各账户的期末余额与其统驭的各明细分类账户的期末余额之和是否相等。

(3) 总分类账簿与日记账簿核对,如:总分类账中现金、银行存款账户的期末余额与现金日记账、银行存款日记账的期末余额是否相等。

(4) 明细分类账簿之间的核对,如:会计部门财产物资明细分类账的余额(数量和金额)与财产物资保管或使用部门的保管账卡或使用登记簿所记载的内容是否相符。

在账账核对时,如果发现错账,应立即查明错账的原因,并按照规定的错账更正方法加以更正。

(三) 账实核对

账实核对,是指对各项财产物资的账面余额与实物结存数额进行核对。账实核对是保证账实相符的必要措施,也是保证会计信息真实性的重要程序。账实核对有的必须每日进行,有的按月进行,有的则在年终决算前进行。主要包括四个方面:

(1) 现金日记账账面余额与库存现金实有数进行核对。

(2) 银行存款日记账账面余额与银行对账单进行核对。

(3) 实物资产明细账余额与实际结存量进行核对。

(4) 债权债务明细账余额与结算单位的账面余额进行核对。

本 章 小 结

会计账簿,简称账簿,是由具有一定格式的账页组成,按照一定顺序排列或装订在一起,用以序时和分类地登记企业经济业务的发生和完成情况的簿籍。为了连续、系统、完整地反映和监督一个经济单位一定时期内的经济活动和财务收支情况,就必须设置和登记账簿。设置和登记账簿是会计核算的一种专门方法。会计账簿是会计凭证与会计报表联系的纽带。账簿设计得成功与否对会计信息质量的高低和会计成本具有重大影响。

登记账簿是会计核算中的一个重要环节,为了保证会计核算质量,会计人员必须按照会计账簿的基本登记要求,认真做好记账工作,务必切实做到登记及时、内容完整、数字准确。

在记账过程中,可能发生各种各样的差错,从而影响会计信息的正确性,会计人员应及时找出差错,并予以更正。常用的错账更正法有划线更正法、红字更正法和补充登记法。

结账,是指把一定时期内所发生的经济业务,在全部登记入账的基础上,在会计期末,结算出本期发生额和期末余额的一种方法。结账的内容通常包括两个方面:一是结清各种损益类账户,并据以计算确定本期利润;二是结清各资产、负债和所有者权益账户,分别结出本期发生额合计和余额。

对账,是在将相关经济业务登记入账后,对会计记录进行核对的工作。对账的内容包括账证核对、账账核对、账实核对。

本章思考题

1. 会计账簿按用途分类可分为哪几种？各类账簿的作用是什么？
2. 总账和明细账有什么关系？它们分别应采用什么登记方法？
3. 错账有哪些更正方法？各种更正方法分别适用怎样的情况？如何进行更正？
4. 什么叫结账？它包括哪些内容？
5. 为什么要进行对账工作？简述对账的内容。

本章练习题

一、单项选择题

1. 用于分类记录单位的全部交易或事项,提供总括核算资料的账簿是(   )。
   A. 总分类账　　　B. 明细分类账　　　C. 日记账　　　D. 备查账
2. 下列账簿中,按规定不准使用活页账簿的是(   )。
   A. 生产成本明细账　　　　　　B. 长期股权投资明细账
   C. 现金日记账　　　　　　　　D. 其他应收款明细账
3. "生产成本"明细分类账使用的账簿格式是(   )。
   A. 数量金额式账簿　　　　　　B. 多栏式账簿
   C. 卡片式账簿　　　　　　　　D. 三栏式账簿
4. "原材料"明细分类账的格式一般采用(   )。
   A. 三栏式　　　B. 多栏式　　　C. 数量金额式　　　D. 两栏式
5. 应付账款明细账的格式一般采用(   )。
   A. 数量金额式　　　B. 两栏式　　　C. 三栏式　　　D. 多栏式
6. 下列各项中,应设置备查账簿进行登记的是(   )。
   A. 经营性租出的固定资产　　　B. 经营性租入固定资产
   C. 无形资产　　　　　　　　　D. 资本公积
7. 记账后,发现记账凭证中应借应贷科目写反了,这时应采用(   )加以更正。
   A. 划线更正法　　　　　　　　B. 重编一张蓝字记账凭证的方法
   C. 红字更正法　　　　　　　　D. 涂改法
8. 记账凭证填制正确,记账时文字或数字发生笔误引起的错误应采用(   )进行更正。
   A. 划线更正法　　　　　　　　B. 重新登记法
   C. 红字更正法　　　　　　　　D. 补充登记法

9. 下列事项中,属于账实核对的是( )。
   A. 原始凭证和记账凭证的核对　　　　B. 总分类账和明细分类账的核对
   C. 会计报表和会计账簿的核对　　　　D. 银行存款日记账与银行对账单的核对
10. 总账"原材料"账户月初余额为7 000元,本月借方发生额为5 000元,甲材料明细账户月末借方余额为2 000元,乙材料明细账户月末借方余额为1 000元,则"原材料"总账账户的月末余额及本月贷方发生额为( )。
    A. 3 000元和14 000元　　　　B. 3 000元和9 000元
    C. 1 000元和9 000元　　　　D. 2 000元和10 000元

二、多项选择题

1. 账簿按其用途可以分为( )。
   A. 序时账簿　　B. 分类账簿　　C. 多栏式账簿　　D. 备查账簿
2. 会计账簿按外表形式分,可分为( )。
   A. 序时账簿　　B. 订本式账簿　　C. 卡片式账簿　　D. 活页式账簿
3. 在会计实务中,下列账簿通常采用订本账的有( )。
   A. 应收账款明细账　　　　B. 固定资产总账
   C. 银行存款日记账　　　　D. 现金日记账
4. 下列账簿中可采用多栏式账页格式的有( )。
   A. 生产成本明细账　　　　B. 原材料明细账
   C. 管理费用明细账　　　　D. 主营业务收入明细账
5. 若出现记账错误,正确的更正方法是( )。
   A. 划线更正法　　　　B. 平行登记法
   C. 红字更正法　　　　D. 补充登记法
6. 下列账簿中,应采用数量金额式账簿的有( )。
   A. 应收账款明细账　　　　B. 原材料明细账
   C. 库存商品明细账　　　　D. 固定资产明细账
7. 下列符合登记账簿要求的有( )。
   A. 可以用圆珠笔记账　　　　B. 应按页逐行登记,不得隔页跳行
   C. 日记账要逐笔、逐日登记　　　　D. 所有账簿都应逐笔、逐日登记
8. 在总账和明细账进行平行登记时,应遵循( )要点。
   A. 同时期登记　　B. 同依据登记　　C. 同方向登记　　D. 同金额登记
9. 下列错账更正方法中,可用于更正因记账凭证错误而导致账簿记录错误的方法有( )。
   A. 划线更正法　　B. 差数核对法　　C. 红字更正法　　D. 补充登记法
10. 对账的内容主要包括( )几方面的内容。
    A. 账证核对　　B. 账账核对　　C. 账表核对　　D. 账实核对

三、判断题

1. 账簿记录是编制会计报表的主要依据。（　　）
2. 活页式账簿便于账页的灵活使用和记账人员的分工，但账页容易散失和被随意抽换。（　　）
3. 卡片式账簿的优点是可以跟随所记的资产进行内部转移，可以跨年度使用。（　　）
4. 登记现金日记账的依据是现金收付款凭证和银行收付款凭证。（　　）
5. 三栏式明细分类账主要适用于收入类、费用类和成本类账户的明细分类核算。（　　）
6. 记账凭证正确，登记账簿时发生错误，更正的方法可以采用划线更正法。（　　）
7. 平行登记法是指在将某一笔经济业务登入总账的时候，在同一时点上也应登记有关明细账。（　　）
8. 简单地说，对账就是各种账簿之间的核对工作。（　　）
9. 企业银行存款日记账与银行对账单的核对属于账账核对。（　　）
10. 在账簿的账页格式中，"借或贷"这一栏填写时应根据各项业务发生后应登记在此账户的借方还是贷方而定。（　　）

四、实训题

习题 5-1

（一）目的：练习现金日记账、银行存款日记账的登记。

（二）资料：

1. 某公司 20×× 年 6 月 1 日现金日记账的期初余额为 800 元，银行存款日记账的期初余额为 6 000 元。
2. 该公司 6 月份发生的经济业务如下：

    （1）2 日，向银行借入短期借款 20 000 元，存入银行。

    （2）5 日，从银行提取现金 500 元备用。

    （3）6 日，以银行存款支付上月所购材料的欠款 8 000 元。

    （4）10 日，销售商品 100 件，每件售价 200 元，增值税率 13%，货款及税款收到并存入银行。

    （5）11 日，采购员张三出差，用现金预支差旅费 1 000 元。

    （6）15 日，用现金 200 元支付行政办公室的修理费用。

    （7）20 日，以银行存款支付广告费 10 000 元。

    （8）25 日，收到上月销售欠款 8 000 元，存入银行。

    （9）28 日，采购员张三报销差旅费 800 元，退回剩余现金 200 元。

    （10）30 日，以银行存款支付二季度短期借款利息 800 元（4、5 月份已预提 480 元）。

（三）要求：

1. 设置三栏式现金日记账和银行存款日记账，将 6 月 1 日期初余额记入现金日记账和银行存款日记账。
2. 根据资料编制会计分录，登记现金日记账和银行存款日记账并结出余额。

习题 5-2

（一）目的：练习总分类账和明细分类账的平行登记。

（二）资料：

1. 某公司 20×× 年 11 月 1 日"原材料"总分类账户的期初余额为 17 000 元。其中：甲材料 1 000 千克，每千克 2 元，计 2 000 元；乙材料 500 千克，每千克 30 元，计 15 000 元。

2. 该公司 11 月份发生如下有关材料收发业务：

   (1) 5 日，购入甲材料 1 000 千克，每千克 2 元，计 2 000 元，增值税额 260 元，材料已验收入库，全部款项以银行存款支付。

   (2) 10 日，生产领用乙材料 200 千克，计 6 000 元。

   (3) 12 日，生产领用甲材料 1 500 千克，计 3 000 元。

   (4) 17 日，行政部门领用甲材料 50 千克，计 100 元，用于设备修理。

   (5) 22 日，购入乙材料 1 000 千克，每千克 30 元，计 30 000 元，增值税额 3 900 元，材料已验收入库，款项尚未支付。

   (6) 28 日，购入甲材料 2 000 千克，每千克 2 元，计 4 000 元，增值税额 520 元，材料已验收入库，货款以银行存款支付。

（三）要求：

1. 根据上述经济业务编制会计分录。
2. 根据会计分录登记"原材料"总分类账及其所属明细分类账。

习题 5-3

（一）目的：识别和更正错账。

（二）资料：某企业会计人员在结账前进行对账时，查找出以下错账：

1. 用银行存款预付购买固定资产的价款 86 000 元，编制的会计分录为：

   借：预付账款　　　　　　　　　　　　　　　　　　　　　　86 000
   　　贷：银行存款　　　　　　　　　　　　　　　　　　　　　　86 000

   在过账时，"预付账款"账户记录为 88 000 元。

2. 用现金支付职工生活困难补助 1 000 元，编制的会计分录为：

   借：管理费用　　　　　　　　　　　　　　　　　　　　　　 1 000
   　　贷：库存现金　　　　　　　　　　　　　　　　　　　　　　 1 000

3. 计提车间生产用固定资产折旧 3 500 元,编制的会计分录为:
  借:制造费用　　　　　　　　　　　　　　　　　35 000
    贷:累计折旧　　　　　　　　　　　　　　　　　35 000
4. 用现金支付工人工资 45 000 元,编制的会计分录为:
  借:应付职工薪酬　　　　　　　　　　　　　　　4 500
    贷:库存现金　　　　　　　　　　　　　　　　　4 500

(三)要求:
  1. 指出对上述错账应采用何种更正方法。
  2. 编制错账更正的会计分录。

拓 展 学 习

访问用友(https://www.yonyou.com/)或金蝶(https://www.kingdee.com/)的网站,了解会计电算化环境下的会计账簿格式和登记方法。

第六章

财产清查

 本章教学目标

通过本章的学习,学生应了解财产清查的意义、种类、财产清查的组织工作;熟悉实物资产的盘存制度及其特点、各类资产及往来款项的清查方法;掌握银行存款余额调节表的编制、财产清查结果的账务处理。

 本章核心概念

财产清查;实地盘存制;永续盘存制;未达账项

 导入

20×5年4月19日,某农业科技股份有限公司公告被证监局立案调查,该公司上市后连续两年财务造假的黑幕曝光。公司20×1年年报显示,实现净利润2 722万元,20×2年年报显示,实现净利润1 938万元。调整后,上述两年实际亏损3 467万元和4 826万元。经调查发现:存货有假,预付账款不实,银行存款和土地使用权可能有假。例如在审计报告中对没有取得购货发票的存货有这样的描述:"某农业控股子公司X杂交玉米种子有限公司20×4年12月份购入的部分玉米种子尚未取得供种单位开具的发票;其中截至审计抽盘日有646万元(61.5万千克)种子已发运给客户,我们已取得了收货单位关于收到种子的传真件回函,但由于收货单位的原因我们对发出存货未能进行实地询证以取得充分的审计证据。"

请带着以下问题进入本章的学习:

(1) 为何要进行财产清查?

(2) 通过什么方法检查该农业科技有限公司存货不实的问题?

(3) 银行存款与预付款项的核查和存货核查有何不同?

第一节　财产清查的意义、种类和组织

一、财产清查的概念

企业的日常会计工作,是在经济业务发生后,取得和填制会计凭证,经过审核后及时地在账簿中进行连续登记以反映企业各项财产物资的增减变动和结存情况。应该说,这一过程能保证账簿记录的正确性,也能真实地反映企业各项财产物资的实有数,各项财产物资的账实应该是相一致的。但是,在实际工作中,由于种种原因,账簿记录会发生差错,各项财产物资的实际结存数也会发生差错,从而造成账实不符。如有些财产物资在保管和加工过程中由于客观的原因而造成自然损耗、毁损;有些财产物资由于经管人员和会计人员工作中的失误,如收发计量差错、保管不善和记账错误等而造成账实不符;有些财产物资由于不法分子的贪污盗窃、营私舞弊等原因引起短缺等。因此企业应该定期或不定期地对企业的财产进行全面清查,使会计资料能够账实相符,如实地反映财产物资的结存数。

财产清查,就是通过对各项财产物资进行实地盘点和核对,查明财产物资、货币资金和结算款项的实有数额,确定其账面结存数额和实际结存数额是否相符的一种专门方法。财产清查不仅是保证会计核算资料的真实与正确的有效方法,而且是保护企业财产安全、加强财产物资管理的重要手段。

二、财产清查的意义

加强财产清查工作,对于加强企业管理、充分发挥会计的监督作用具有重要意义:

(一) 保证会计核算资料真实可靠

企业的各项财产物资的增减变动和结存数,通过填制会计凭证和记账、结账在账簿中作了详细的记录。但在实际工作中,由于各种人为因素或自然的原因,会造成财产物资的溢缺。通过财产清查,可以确定各项财产物资的实有数,并通过实存数和账存数的相互核对,及时调整账簿记录,做到账实相符,为编制会计报表奠定基础。

(二) 保护各项财产物资的安全完整

通过财产清查,可以查明财产物资数量是否准确、结存是否合理、保管是否安全,有无管理不善而发生毁损、短缺、霉变、贪污、盗窃、挪用等情况。如果发生上述情况,要及时查明原因,采取相应的措施,堵塞漏洞,建立和健全财产物资的管理制度,明确各种责任制,保护企业各项财产物资的安全与完整。

(三) 挖掘财产物资的潜力,提高经济效益

财产清查,可以检查企业资产的结存情况和利用状况,既可以检查企业物资的供应情况,也可以挖掘企业资产的潜力。如:对于短缺的物资,应及时补充;对于超储积压的物

资,应加紧处理;对于账外物资,应及时入账。同时,财产清查还可以检查机器、设备、厂房等财产的利用情况,不断采取措施,提高资产的使用效率,提高企业经济效益。

（四）监督财经法规和财经纪律的执行

通过对企业财产物资、货币资金及往来账款的清查,可以查明有关人员是否遵守有关的会计法规和财经纪律。如对货币资金和往来款项的清查,可以发现有无违反现金管理条例、是否遵守了各项结算纪律等等。通过这些具体的检查能及时发现问题,及早堵塞漏洞,监督企业严格遵守法律法规和财经纪律。

三、财产清查的种类

财产清查是内部控制的一个部分,它的功能在于定期确定内部控制执行是否有效。在企业的日常经营中,财产清查的对象和范围有时是不同的,在时间上也有区别,因此财产清查可以作如下分类:

（一）按照清查范围分

财产清查按照清查的范围不同可分为全面清查和局部清查。

1. 全面清查

全面清查是对企业的所有财产进行全面清查与核对。清查范围包括：各种货币资金、债权债务和各种实物资产。全面清查涉及的面广、内容多、工作量大,参与的部门和人员也较多,因此,一般在年终结算前进行全面清查或在企业关、停、并、转时进行全面清查。

2. 局部清查

局部清查是对企业的部分资产进行清查与核对。清查对象主要是流动性大的资产,如贵重物资要经常进行清查,一般物资可以轮流进行清查;现金要每天进行清点;银行存款每月要与银行核对等。局部清查涉及范围小,内容少,但专业性较强。

（二）按照清查时间分

财产清查按照进行的时间不同可分为定期清查和不定期清查。

1. 定期清查

定期清查是根据管理制度的规定或预先计划安排的时间对财产所进行的清查。定期清查一般安排在年末、季末、月末结账时进行,目的是保证会计核算资料的真实、正确、可靠。

2. 不定期清查

不定期清查是根据实际需要对财产所进行的临时清查。如遭受自然灾害或意外事故时,应对该部分财产进行清查,查明受灾的程度和损失的大小等;再如更换实物保管人员和现金保管人员时也应立即进行财产清查,以便保管人员的交接。

四、财产清查工作的组织

财产清查是一项复杂细致的工作,特别是年终的全面清查,由于范围广,工作量大,时间紧，必须由领导干部、会计、物资等部门的有关各方人员共同参与、协调配合。财产清查工作的组织程序可归纳如下：

（一）成立财产清查领导小组

为了有组织、有计划地进行财产清查，在财产清查前应建立清查领导小组。领导小组由单位的负责人、会计、业务、保管等有关部门的人员组成。其任务是：制定财产清查计划，确定清查对象、清查范围和进度，配备必要的工作人员及明确清查任务；提出清查结果的处理意见，出具财产清查报告。

（二）做好清查前的准备工作

财产清查开始前，会计部门和会计人员应做好财产清查的业务准备，将截至清查日的全部有关业务登记入账，核对正确，结出余额，保证账证相符和账账相符。在此基础上，进行账簿记录与实物结存的核对。

财产物资保管部门的工作人员应将其所保管的实物分类整理清楚，特别应对委托加工的、代保管的、残损变质资产另行堆放，挂上标签，标明实物的名称、规格和数量，以备清点时的处理。

财产清查人员应准备清查需要的度量衡器，还须对度量衡器进行详细检查和校对，以备使用，同时准备各种表册以备登记清查的结果。

（三）做好清查过程中的组织工作

在盘存过程中，既要查核财产的数量，也要查核财产的质量，即查核储备资产结构是否合理、库存是否受损变质、机械设备是否长期闲置；清查过程中要检查、监督盘点的原始记录，还要及时反映和处理盘存中出现的问题。

（四）财产清查的后期工作

整理好盘点记录，对盘点结果进行认真的分析，并提出处理意见，以书面形式报告上级和有关部门审批；对盘存结果的账面差异，财会部门应及时进行调整账面记录的会计处理，以确保账实相符。

> **探究与发现**
>
> 通过上述学习，你是否对"导入"所提出的问题进行了相关思考？你认为问题（1）该如何作答？

第二节　实物资产的盘存制度和方法

一、实物资产的盘存制度

实物资产的盘存制度，是指企业确定实物资产期末结存数量的方法。企业确定实物资产结存数量通常有"永续盘存制"和"实地盘存制"两种。在不同的盘存制度下,各种实物资产在账簿中的记录方法和盘存要求是不同的。

(一) 实地盘存制

实地盘存制也称"定期盘存制"。采用这种方法,平时只根据会计凭证在账簿中登记财产物资的增加数,不登记减少数,期末,对各项财产物资进行实地盘点,根据实地盘点所确定的实存数倒推出本期各项财产物资的减少数,再据以登记有关账簿。即:

期末结存成本＝结存数量(实地盘存数)×单价

本期发出数＝账面期初数＋本期增加数－期末实际结存数

本期销售或耗用成本＝期初结存成本＋本期购进或收入成本－期末结存成本

【例6-1】某企业20××年5月份有关甲商品的资料如下:
(1) 1日,期初结存数100件,单价20元;
(2) 3日,购入甲商品20件,单价20元;
(3) 10日,出售甲商品40件。
(4) 18日,购入甲商品30件,单价20元;
(5) 25日,出售甲商品15件。
(6) 31日,期末实地盘存数量93件。

在实地盘存制下,甲商品的账簿记录如表6.1所示。其中5月10日、25日的出售不作账簿登记,而是在月末通过计算得到发出数量和金额,并据此登记入账。

表6.1 甲商品明细账

20××年		凭证号数	摘要	收入			发出			结存		
月	日			数量	单价	金额	数量	单价	金额	数量	单价	金额
5	1	(略)	期初结存							100	20	2 000
	3		购 入	20	20	400						
	18		购 入	30	20	600						
5	31		本月合计	50	20	1 000	57	20	1 140	93	20	1 860

采用实地盘存制,平时对发出和结存的财产物资可不作明细记录,核算工作简便。但是,由于各项财产物资的减少数没有严密的核算,倒推出的各项财产物资的减少数中成分复杂,除了正常耗用的之外,诸如浪费、盗窃、自然损耗等引起的短缺数,也都包括在发出数量之中,从而影响发出金额计算的正确性,削弱了对财产物资的控制和监督作用。因此,实地盘存制的适用范围是一些单价低、品种杂、进出频繁的材料物资和鲜活商品。

(二) 永续盘存制

永续盘存制也称"账面盘存制"。采用这种方法,平时对各项财产物资的增加数和减少数,根据各种有关会计凭证在账簿中进行连续登记,并随时结算出各项财产物资账面结存数额。永续盘存制下,实物资产要按具体品名和规格设置明细账,实物资产的结存数须通过账面计算得出。其计算公式如下:

$$本期销售或耗用成本＝本期销售或耗用数量×单价$$

$$期末结存数量＝期初结存数量＋本期购进或收入数量－本期销售或耗用数量$$

$$期末结存成本＝期初结存成本＋本期购进或收入成本－本期销售或耗用成本$$

【例6-2】某企业20××年5月份有关甲商品的资料同【例6-1】。

在永续盘存制下,甲商品的账簿记录如表6.2所示。

表6.2 甲商品明细账

20××年		凭证号数	摘要	收入			发出			结存		
月	日			数量	单价	金额	数量	单价	金额	数量	单价	金额
5	1	(略)	期初结存							100	20	2 000
	3		购 入	20	20	400				120	20	2 400
	10		售 出				40	20	800	80	20	1 600
	18		购 入	30	20	600				110	20	2 200
	25		售 出				15	20	300	95	20	1 900
8	31		本月合计	50	20	1 000	55	20	1 100	95	20	1 900

采用这种盘存制度,要按各项财产物资的具体项目或品名设置数量金额式明细账,对各项财产物资的收发结存数额予以记载,可以随时掌握各种财产物资的变动情况,做到从数量和金额两方面进行控制和管理。另外,还可以将明细账上的结存数与核定的限额数(如最低、最高库存限额)进行比较,及时进行购入或促销工作,加速资金的周转。总之,永续盘存制对财产物资的完整、合理使用和控制存量方面的优势是显而易见的,因此实际工作中广泛应用这种方法。但采用这种方法,也可能会发生账实不符的情况,如变质、损坏、丢失等,所以仍需对各种财产物资进行清查盘点,以查明账实是否相符以及账实不符的原因。

综上所述,在实地盘存制和永续盘存制下,虽然都要进行实物盘存,但它们的盘存目的是不同的。在实地盘存制下,盘存数量的目的是确定期末结存数,据以倒计出本期发出的成本,由于是将实际盘存数作为期末结存数入账,就不存在账实不符的可能,即不存在账实核对的意义。而在永续盘制下,盘存的目的是与账面结存数进行核对,以查明账实是否相符,所以,在永续盘存制下进行账实核对,具有积极意义。

二、实物资产的清查方法

由于各种实物资产的形态、体积质量、堆放方式各有不同,所以采用的清查方法也有不同。企业确定实物资产结存数量一般有实地盘点和技术推算两种方法。

实地盘点法是在实物资产存放现场对清查对象逐一进行实际的清点或用计量器具来确定其实存数的一种方法。此方法数字准确可靠，但工作量较大。多数实物清查采用此法。技术推算法是通过一定的技术方法推算财产物资实存数的方法。此方法比较适用于大量堆放、难以逐一清点且单价较低、较为笨重的物资。

无论采用哪一种清查方法都应该按计划有步骤地进行，在清查过程中，实物资产保管人员与盘点人员须同时在场进行盘存以明确经济责任。清查盘点的结果，应及时登记在"盘存单"上，由盘点人员与实物保管人员签字、盖章。盘存单是记录实物盘点结果的书面文件，也是反映资产实有数的原始凭证。盘存单的格式如表6.3所示。

表6.3　　　　　　　　　　　　　　盘　存　单
单位名称：　　　　　　　　　　盘点时间：　　　　　　　　　　编号：
财产类别：　　　　　　　　　　存放地点：

编号	名称	规格型号	计量单位	数量	单价	金额	备注

盘点人签章：　　　　　　　　　　实物保管人签章：

为了进一步查明盘点结果与账户余额是否一致，反映盘盈和盘亏数额，还应根据盘存单和账簿记录编制"账存实存对比表"。在实际工作中，为简化工作，账存实存对比表可只列示账实不符的那部分实物资产，这样的对比表也可称为"盘存盈亏报告表"。账存实存对比表如表6.4所示。

表6.4　　　　　　　　　　　　　账存实存对比表
单位名称：　　　　　　　　　　　年　　月　　日

编号	名称	规格型号	计量单位	单价	实存		账存		盘盈		盘亏		备注
					数量	金额	数量	金额	数量	金额	数量	金额	

盘点人签章：　　　　　　　　　　会计签章：

> **探究与发现**
>
> 通过上述学习,你是否对"导入"所提出的问题进行了相关思考?你认为问题(2)该如何作答?

第三节 货币资金的清查

一、库存现金的清查

库存现金的清查一般采用实地盘点的方法,确定库存现金的实存数,再与现金日记账的账面余额进行核对,以查明盈亏情况。由于企业的现金收付业务非常频繁,容易出现差错,因此,出纳人员应该每天结出余额,自行检查库存现金;会计主管应不定期进行突击检查,督促出纳做好现金收付和检查工作;年度审计时注册会计师也要进行现金检查,测试现金内部控制的有效性。

库存现金的清查一般由清查人员会同现金出纳人员共同负责。在盘点前,出纳人员应先将现金收、付款凭证全部登记入账,并结出余额;盘点时,出纳人员必须在场,现金应逐张清点,如发现盘盈、盘亏,必须会同出纳人员核实清楚;除查明账实是否相符外,还要查明有无违反现金管理制度规定,有无"白条"抵库,现金库存有否超过银行核定的限额,有无坐支现金等。清查过程中要填写"现金盘点报告表";对清查的结果,如果发生溢余或短缺,均应及时入库,待查明原因后处理。现金盘点报告表如表 6.5 所示。

表 6.5 库存现金盘点报告表
单位名称: 年 月 日 单位:元

实存金额	账存金额	对比结果		备注
		盘盈金额	盘亏金额	

会计主管: 盘点人: 出纳员:

二、银行存款的清查

银行存款的清查一般采用核对法,也就是将单位银行存款日记账的记录同银行的对账单逐笔进行核对,以确定双方银行存款收入、付出及其余额记录是否正确的一种方法。一般有两种原因会造成双方账面记录不一致:一是双方记账可能有差错,如漏记、错记等,对此,应进一步查找原因,并按错账更正法进行更正;二是存在未达账项,对此,应编制银行存款余额调节表进行调节。

所谓未达账项,是指企业和银行之间一方已经入账,另一方因凭证传递的时间差而尚未入账的款项。主要有以下四种情况：

(1) 企业已收，银行未收。企业存入银行的款项，企业已登记入账，增加了企业的存款，但银行没有收到凭证，还没有登记入账增加企业的存款。

(2) 企业已付，银行未付。企业开出付款的票据，企业已登记入账，减少了企业的存款，但银行没有收到凭证，因此还没有登记入账减少企业的存款。

(3) 银行已收，企业未收。银行代企业收款，银行已登记入账，增加了企业的存款，但企业还没收到收款凭证而没有登记入账。

(4) 银行已付，企业未付。银行代企业付款，银行已登记入账，减少了企业的存款，但企业还没收到付款凭证而没有登记入账。

以上四种情况中，任何一种情况发生，都会使企业与银行账面余额不一致，但这不是错误。因此，为了查明企业和银行双方账目记录的正确性，在清查银行存款时，如出现未达账项，应编制"银行存款余额调节表"进行核对。调节表的编制方法一般是在企业与银行双方的账面余额的基础上各自补记对方已入账而本单位尚未入账的款项，使调节后双方的余额相等。

现举例说明银行存款余额调节表的具体编制方法。

【例 6-3】 某企业 20××年 5 月 31 日的银行存款日记账的账面余额为 165 400 元，收到银行转来的对账单的余额为 170 420 元，经逐笔核对，发现以下未达账项：

(1) 企业将收到的其他单位的转账支票 3 800 元送存银行，企业已记银行存款增加，但银行尚未入账。

(2) 企业已开出的购料款转账支票 3 000 元，持票人尚未到银行办理转账，银行尚未入账。

(3) 银行代企业收到销货款 6 000 元，银行已入账，企业尚未入账。

(4) 银行代企业支付的电话费 180 元，银行已入账，企业尚未入账。

根据以上资料编制银行存款余额调节表，如表 6.6 所示。

表 6.6　　　　　　　　　　　　　　　银行存款余额调节表
20××年 5 月 31 日　　　　　　　　　　　　　　　　　单位：元

项　　目	金　额	项　　目	金　额
企业银行存款日记账余额	165 400	银行对账单余额	170 420
加：银行已收，企业未收款项	6 000	加：企业已收，银行未收款项	3 800
减：银行已付，企业未付款项	180	减：企业已付，银行未付款项	3 000
调节后余额	171 220	调节后余额	171 220

经过调节后，如果双方余额相等，一般可以认为双方记账没有差错。调节后双方余额仍然不相等时，原因还是两个，要么是未达账项未全部查出，要么是一方或双方账簿记录还有差错。无论是什么原因，都要进一步查出问题并加以更正，直至调节表中双方余额相

等为止。调节后的余额是企业银行存款的实有数。但需要注意的是,银行存款余额调节表只起到对账的作用,不能作为调整账面余额的凭证,银行日记账的登记,还应待收到有关原始凭证后进行。

第四节 往来账项的清查

往来账项是指本单位与其他单位或个人之间因发生债权、债务关系而形成的结算款项,主要有应收账款、应付账款、其他应收款、其他应付款等。

往来账项清查所采用的方法是查询法或核对法,两种方法也可同时采用。在清查过程中,不仅要查明债权债务的余额,还要查明形成的原因,以便加强管理。对于在清查中发现的坏账损失,要按有关规定进行处理,不得擅自冲销账簿记录。

一般情况下,往来账项的清查程序是:首先,检查和核对往来账项账簿记录。其次,根据确认无误的数据编制债权债务款项对账单。再次,对外寄送列明债权、债务金额的对账单。对账单一般一式二联,其中一联为回单联,要求对方单位核对后盖章退回。最后,根据对方核对后退回的回单联编制债权债务清查结果表(如表6.7所示)。

表6.7 债权债务清查结果表

总分类账:

明细分类账户		清查结果		差异的原因		备注
名 称	账面余额	相符金额	不符金额	未达账项	有争议的金额	

会计主管: 会计人员: 检查人员:

本章"探究与发现"参考答案

探究与发现

通过上述学习,你是否对"导入"所提出的问题进行了相关思考?你认为问题(3)该如何作答?

第五节 财产清查结果的核算

一、财产清查结果处理的程序

财产清查是保证账实相符、加强财产管理的一项重要工作。在清查中发现的财产管理和核算方面存在的问题,必须认真分析研究,并按有关法规、制度的规定进行处理。

首先,查明财产物资盘盈、盘亏的原因。盘盈一般是由于保管过程中发生自然增量所致,如计量不准确,发生错记、漏记或记录错误等。导致盘亏的原因较多,如保管过程中的自然损耗,记录中发生的错记和重记,管理不善或工作人员失职造成的财产变质、霉烂或短缺,不法分子贪污盗窃、营私舞弊,自然灾害等。

其次,调整账簿,达到账实相符。在查明盘盈、盘亏后,根据有关原始凭证编制记账凭证,并据以登记有关账簿,以保证账实相符。同时,应按规定把清查结果及原因报送有关部门。

最后,经批准,进行账务处理。当有关部门对所呈报的财产清查结果提出处理意见后,应严格按批复意见进行账务处理,编制记账凭证,登记有关账簿,并及时监督和收回由责任者赔偿的财产物资。

二、财产清查结果处理应设置的账户

为了反映和监督财产清查结果的账务处理情况,需要设置"待处理财产损溢"账户。该账户是用来核算企业在财产清查过程中的各项财产物资的盘盈、盘亏或毁损的价值及其报请批准后的转销数额的账户。其借方登记已经发现的尚待处理的财产物资的盘亏、毁损数和已经批准转销的盘盈数,贷方登记财产物资的盘盈数和已经批准转销的盘亏、毁损数。该账户的余额如果在借方,表示企业尚未处理的各种财产的净损失;反之,余额在贷方,表示企业尚未处理的各种财产的净溢余。待处理财产损溢账户下可设"待处理流动资产损溢"和"待处理固定资产损溢"两个明细账户,用以分类明细核算处理。

三、财产清查结果的账务处理

(一) 流动资产清查结果的账务处理

1. 库存现金清查的账务处理

在财产清查时发现的现金短缺或溢余,查实是由于多收或少付造成的,应分别退还或补付;若短缺的现金属于应由责任人赔偿的部分,计入"其他应收款",属于确实无法查明的其他原因,报经批准后,记入当期的"管理费用";若溢余的现金无法查明原因,报经批准后,计入"营业外收入"。

【例6-4】财产清查中发现库存现金较账面余额短缺1 200元,经查实其中200元是由于出纳人员小李失误造成的,其余的无法查明原因,报经批准作为管理费用处理。

账务处理如下:

批准处理前:

借:待处理财产损溢——待处理流动资产损溢　　　　　　　1 200
　　贷:库存现金　　　　　　　　　　　　　　　　　　　　　1 200

批准处理后:

```
借：其他应收款——小李                                        200
    管理费用                                              1 000
    贷：待处理财产损溢——待处理流动资产损溢                    1 200
```

【例6-5】财产清查中发现库存现金较账面余额多出80元，经反复核查，原因不明，报经批准作为营业外收入处理。

账务处理如下：

批准处理前：

```
借：库存现金                                                  80
    贷：待处理财产损溢——待处理流动资产损溢                       80
```

批准处理后：

```
借：待处理财产损溢——待处理流动资产损溢                         80
    贷：营业外收入                                              80
```

2. 存货清查的账务处理

在财产清查中发现的原材料、产成品等的账实不符，应先记入"待处理财产损溢——待处理流动资产损溢"账户。报经批准后再作出适当的处理：盘盈的存货，应当冲减当期的"管理费用"。盘亏的存货，对于入库的残料价值，记入"原材料"账户；若应由保险公司或过失人赔偿的，记入"其他应收款"账户；属于一般经营性损失的部分，记入当期的"管理费用"账户；属于非常损失的部分，记入"营业外支出"账户。关于增值税进项税额转出的问题，这里暂不考虑。

【例6-6】根据"账存实存对比表"所列，盘亏A原材料12 500元，经查盘亏的原因是：定额内损耗为2 000元，材料保管员过失造成的损失500元，非常损失10 000元；根据保险合同，保险公司同意赔偿5 000元；残料作价100元已入库。假定不考虑相关税费。

账务处理如下：

批准处理前：

```
借：待处理财产损溢——待处理流动资产损溢                     12 500
    贷：原材料——A材料                                      12 500
```

批准处理后：

```
借：管理费用                                              2 000
    其他应收款——材料保管员                                  500
           ——保险公司                                    5 000
    原材料                                                 100
    营业外支出——非常损失                                  4 900
    贷：待处理财产损溢——待处理流动资产损溢                  12 500
```

【例6-7】根据账存实存对比表所列，盘盈B原材料1 000元，经查属于材料收发计量方面的错误。

账务处理如下：

批准处理前：
借：原材料——B材料　　　　　　　　　　　　　　　　　　　1 000
　　贷：待处理财产损溢——待处理流动资产损溢　　　　　　　　　　1 000
批准处理后：
借：待处理财产损溢——待处理流动资产损溢　　　　　　　　　　1 000
　　贷：管理费用　　　　　　　　　　　　　　　　　　　　　　　1 000

3. 往来款项清查结果的账务处理

在财产清查过程中，如出现长期应收而收不回的款项，如债务单位已经破产，债务确实无法收回，就应作为坏账损失处理。坏账损失在批准前不作账务处理，批准后转销时，借记"坏账准备"账户，贷记"应收账款"账户。

由于债权单位撤销或不存在等原因造成的长期应付而无法支付的款项，经批准后转销。无法支付的款项在批准前不作账务处理。按规定的程序批准后，将应付款项转作营业外收入处理，即借记"应付账款"账户，贷记"营业外收入"账户。

(二) 固定资产清查结果的账务处理

在固定资产清查过程中，如果发现有盘盈、盘亏的固定资产，应填制固定资产盘盈、盘亏报告表，并及时查明原因，按照规定程序报批处理。

企业在财产清查中盘盈的固定资产，作为前期差错处理。企业在财产清查中盘盈的固定资产，在按管理权限报经批准处理前应先通过"以前年度损益调整"账户核算。盘盈的固定资产，应按以下规定确定其入账价值：如果同类或类似固定资产存在活跃市场的，按同类或类似固定资产的市场价格，减去按该项资产的新旧程度估计的价值损耗后的余额，作为入账价值；如果同类或类似固定资产不存在活跃市场的，按该项固定资产的预计未来现金流量的现值，作为入账价值。

【例6-8】某企业在财产清查中，发现账外设备一台，按同类固定资产的市场价格，减去按该项资产的新旧程度估计的价值损耗后的余额为50 000元。

账务处理如下：
借：固定资产　　　　　　　　　　　　　　　　　　　　　　　50 000
　　贷：以前年度损益调整　　　　　　　　　　　　　　　　　　　50 000

对于盘亏或毁损的固定资产，企业应按盘亏或毁损的固定资产账面净值借记"待处理财产损溢——待处理固定资产损溢"账户，按累计已提折旧额，借记"累计折旧"账户，按固定资产原值贷记"固定资产"账户。按规定程序批准后，对于可收回的材料价值部分，借记"原材料"账户；对于应由责任人或保险公司赔偿的部分，借记"其他应收款"账户；按盘亏或毁损固定资产的净值扣除残料价值和获得赔偿部分的金额的差额，借记"营业外支出"账户，贷记"待处理财产损溢——待处理固定资产损溢"账户。

【例6-9】某企业在财产清查中，发现盘亏设备一台，其原价为100 000元，已提累计折旧为60 000元。

账务处理如下：

盘亏固定资产时：

借：待处理财产损溢——待处理固定资产损溢　　　40 000
　　　累计折旧　　　　　　　　　　　　　　　　60 000
　　　　贷：固定资产　　　　　　　　　　　　　　　　100 000

报经批准转销时：

借：营业外支出　　　　　　　　　　　　　　　　40 000
　　　贷：待处理财产损溢——待处理固定资产损溢　　　40 000

本章小结

财产清查，就是通过对各项财产物资进行实地盘点和核对，查明财产物资、货币资金和结算款项的实有数额，确定其账面结存数额和实际结存数额是否相符的一种专门方法。财产清查不仅是保证会计核算资料的真实与正确的有效方法，而且是保护企业财产安全、加强财产物资管理的重要手段。

在企业的日常经营中，财产清查的对象和范围有时是不同的，在时间上也有区别，因此财产清查可以按清查实施的范围、时间适当进行分类。

企业确定实物资产结存数量通常有永续盘存制和实地盘存制两种不同的方法。永续盘存制下，平时对各项财产物资的增加数和减少数，根据各种有关会计凭证在账簿中进行连续登记，并随时结算出各项财产物资账面结存数额；实地盘存制下，平时只根据会计凭证在账簿中登记财产物资的增加数，不登记减少数，期末，对各项财产物资进行盘点，根据实地盘点所确定的实存数，倒推出本期各项财产物资的减少数，再据以登记有关账簿。

财产清查常用的方法有：实地盘点法、技术推算法、查询法和核对法。

为了反映和监督财产清查结果的账务处理情况，需要设置"待处理财产损溢"账户。"待处理财产损溢"账户下可设"待处理流动资产损溢"和"待处理固定资产损溢"两个明细账户，用以分类明细核算处理。

本章思考题

1. 财产清查有何重要意义？
2. 永续盘存制和实地盘存制有何优缺点？分别适用什么情况？
3. 什么是实物资产的盘存？该如何进行？
4. 怎样进行现金的清查？
5. 进行银行存款核对有什么意义？怎样进行银行存款的核对？
6. 往来款项的核对可以采用什么方法？

本章练习题

一、单项选择题

1. 在日常管理中,对各项财产的增减变化,依据会计凭证连续记载并随时结出余额的盘存制度是( )。
    A. 实地盘存制　　　B. 应收应付制　　　C. 永续盘存制　　　D. 实收实付制

2. 在财产清查中发现财产短缺是由工作中的收发差错造成的,应将其计入的会计科目为( )。
    A. 管理费用　　　B. 其他应收款　　　C. 营业外支出　　　D. 生产成本

3. 以下单据中应该由会计编制且可作为调账的原始凭证的是( )。
    A. 银行存款余额调节表　　　　　　B. 银行对账单
    C. 账存实存对比表　　　　　　　　D. 往来账项清查表

4. 在财产清查中发现财产盘亏是由自然灾害所造成的,应将其计入的会计科目为( )。
    A. 管理费用　　　B. 其他应收款　　　C. 营业外支出　　　D. 生产成本

5. 在财产清查中对原材料、产成品盘点后应编制( )。
    A. 实存账存对比表　　　　　　　　B. 盘点表
    C. 余额调节表　　　　　　　　　　D. 对账单

6. 会计核算中的"坏账损失"是指( )。
    A. 营业外支出　　　　　　　　　　B. 其他业务支出
    C. 无法支付的应付款项　　　　　　D. 无法收回的应收款项

7. 在财产清查中发现库存材料实有数小于账面数,经核对是由于管理不善造成的,应列作( )处理。
    A. 坏账损失　　　B. 管理费用　　　C. 原材料　　　D. 营业外支出

8. 企业在撤销或合并时,对企业的财产物资应进行( )。
    A. 全面清查　　　B. 定期清查　　　C. 局部清查　　　D. 重点清查

9. 在财产清查中发现账外固定资产,账务处理上应作为( )入账。
    A. 营业外收入　　　　　　　　　　B. 管理费用
    C. 营业外支出　　　　　　　　　　D. 以前年度损益调整

10. 在财产清查中对现金清查应采取( )的方法。
    A. 与银行核对账目　　　　　　　　B. 实地盘点
    C. 抽查现金　　　　　　　　　　　D. 抽查现金日记账

二、多项选择题

1. 在财产清查中,下列属于全面清查范围的是( )。

A. 在产品 B. 应收账款
C. 银行存款 D. 出租的固定资产

2. 永续盘存制与实地盘存制的不同之处在于(　　)。

   A. 实物资产的账簿记录方法 B. 实物资产增加的登记
   C. 实物资产减少的登记 D. 实物资产结余的登记

3. 财产清查中往来账项清查的内容有(　　)。

   A. 本企业与其他企业因债权债务关系形成的结算款项
   B. 本企业与其他个人因债权债务关系形成的结算款项
   C. 本企业与本企业职工之间因债权债务形成的结算关系
   D. 其他企业与本企业职工之间因债权债务形成的结算关系

4. 企业的银行存款余额与银行账单上的余额不一致,可能是(　　)。

   A. 银行记账有错
   B. 企业记账有错
   C. 企业和银行记账都有错
   D. 企业和银行记账都正确,但存在未达账项

5. 银行存款余额调节表的作用有(　　)。

   A. 查实银行和企业之间的未达账项 B. 调整企业银行日记账簿记录的依据
   C. 银行调整有关账项的依据 D. 查实企业银行存款的实有数

6. 财产清查具有确保会计信息的真实性,(　　)的作用。

   A. 明确单位财产物资的实际结存额
   B. 健全单位管理制度看,保护财产物资的安全与完整
   C. 挖掘企业财产物资潜力
   D. 监督财经纪律和结算制度的执行

7. (　　)在财产清查时应采取实地盘点法。

   A. 实物财产 B. 库存现金 C. 银行存款 D. 有价证券

8. 当财产物资发生的盘亏和损失在报经批准后,应转入的账户有(　　)。

   A. 管理费用 B. 营业外支出 C. 其他应收款 D. 应收账款

9. 待处理财产损溢账户的贷方可以登记(　　)。

   A. 各项财产的盘盈数
   B. 报经批准后予以转销的盘亏或毁损数
   C. 尚待批准处理的财产物资盘亏和毁损数
   D. 各项财产的盘亏数

10. 有以下(　　)情况的企业应该对财产进行不定期的清查。

    A. 财务人员工作变动 B. 财产保管人员工作变动
    C. 年终结账 D. 人为、自然原因造成财产损失

三、判断题

1. 在企业撤销或兼并时,要对企业的部分财产进行重点清查。（ ）
2. 永续盘存制是对企业各项财产物资的增减变动,平时只登记增加数,不登记减少数。（ ）
3. 定期清查财产一般是在结账以后进行。（ ）
4. 银行存款的清查应采取与开户银行核对账目的方法进行。（ ）
5. 财会部门对清查财产中发现的差异,应及时进行账簿记录的调整。（ ）
6. 清查库存现金应采用实地盘点方法。（ ）
7. 造成账实不符的原因主要是登账错误。（ ）
8. 采用永续盘存制的企业,对财产物资不需要进行实地盘点。（ ）
9. 未达账项是由企业财会人员没有及时登账造成的。（ ）
10. 盘点实物时,发现账面数大于实存数,即为盘盈。（ ）

四、实训题

习题 6-1

（一）目的：了解永续盘存制和实地盘存制的特点。

（二）资料：某汽车零件销售企业 20×× 年 2 月份期初结存甲零件 2 800 件,单位成本 60 元。本月发生的购销业务如下：

(1) 2 日,购入 4 000 件,每件 60 元。

(2) 8 日,销售 5 000 件,每件售价 100 元。

(3) 13 日,购入 9 000 件,每件 60 元。

(4) 23 日,销售 5 000 件,每件售价 100 元。

(5) 28 日,销售 4 000 件,每件售价 100 元。

月末盘点,结存甲零件 1 798 件。

（三）要求：分别按永续盘存制和实地盘存制计算 2 月份甲零件的销售成本。

习题 6-2

（一）目的：练习银行存款余额调节表的编制。

（二）资料：某企业 20×× 年 6 月 30 日银行存款的余额为 703 652 元,从银行取来的对账单余额显示为 770 974 元。经核对,企业银行存款账面记录如下：

(1) 6 月 26 日,开出支票♯968,支付电话费用 3 000 元。

(2) 6 月 27 日,开出支票♯973,支付购买材料价款 79 800 元。

(3) 6 月 27 日,存入转账支票♯876 系销货款收入 65 000 元。

(4) 6 月 29 日,开出支票♯982,提取现金支付奖金 14 620 元。

(5) 6 月 30 日,收到销货款转账支票金额 36 000 元。

(6) 6月30日,开出支票♯983,支付设备修理费2 700元。

银行对账单记录如下:

(1) 6月26日,支付电费5 210元。

(2) 6月27日,支票♯968,付出3 000元。

(3) 6月28日,转账支票♯876,销货款收入65 000元。

(4) 6月29日,存款利息收入732元。

(5) 6月29日,支票♯982,付出14 620元。

(6) 6月30日,支票♯983,付出修理费2 700元。

(7) 6月30日,收到转账支票♯984,销货款收入28 000元。

(三) 要求:查找未达账项,并编制银行存款余额调节表。

习题6-3

(一) 目的:练习财产清查结果的会计处理。

(二) 资料:某企业年终进行财产清查,发现以下问题:

(1) 盘亏手提切割机1台,原价3 500元,已提折旧1 790元。经查明,切割机遗失,应由保管人赔偿。

(2) 甲材料账面结存量为230千克,每千克15元,计3 450元。实地盘存量为235千克,经查,属日常收发计量上的误差。

(3) 由于仓库火灾,使乙材料损失了500千克,每千克20元,其中应由保险公司赔偿70%,其余作为企业的非常损失处理。

(4) 盘亏丙材料30 000元,经查明定额内损耗10 000元,仓库保管员过失造成的损失569元,非常事故造成的损失19 431元,其中保险公司同意赔偿10 000元,有作价1 780元的材料入库,假定不考虑相关税费。

(三) 要求:根据上述资料,编制批准处理前和批准处理后的会计分录。

拓 展 学 习

访问上海证券交易所网站(https://www.sse.com.cn/)"监管信息公开—公司监管"或深圳证券交易所网站(https://www.szse.cn/)的"上市公司信息—上市公司诚信档案",了解上市公司会计信息存在的问题;或找出上市公司公布的年报中审计报告为除"无保留审计意见"外其他审计意见的公司,了解其会计处理方面存在什么问题。

第七章

会计报表

 本章教学目标

通过本章的学习,学生应了解会计报表的意义、种类和报表编制的基本要求;熟悉现金流量表和所有者权益变动表的内容与结构;掌握资产负债表和利润表的内容、格式与编制方法。

 本章核心概念

会计报表;内部报表;资产负债表;利润表;现金流量表;所有者权益变动表

 导入

Y 有限公司是培训公司,主要提供各类培训业务,公司在收取培训款后,开票时作为收入,有些个人受训者不开发票,公司就作为预收款入账并计入资产负债表,年末报表上预收款有 200 多万元。在公司会计进行年末税务申报时,税务系统风险提示公司利润表上的主营业务成本超过主营业务收入。会计与公司领导汇报后作了如下调整:将原来付给联合培训单位的 117 000 元由主营业务成本转入管理费用,经过调整后,利润表上的主营业务收入超过主营业务成本,随后会计作了纳税申报。

请带着以下问题进入本章的学习:

(1) 公司年度报告包括哪些内容? 纳税申报时应附报哪些会计资料?

(2) 公司会计对资产负债表上的预收培训款和利润表上的主营业务成本处理是否正确? 若不正确,违反了哪些原则?

第一节 会计报表的意义、种类和编制要求

一、会计报表的意义

会计报表是将日常会计核算资料,予以汇总、整理成一定的指标体系,以总括反映企

业、单位在某一日期财务状况及在某一经营期间的经营成果和现金流动信息的综合性书面报告文件。编制会计报表是会计核算的一种专门方法,也是会计循环的一个重要环节。会计报表提供的资料与其他核算资料相比,具有更集中、更概括、更系统和更有条理性的特点。因此,会计报表所揭示的财务信息,无论对于国家宏观经济管理部门,还是企业的投资者、债权人和企业管理者自身,都具有十分重要的意义。

(1) 向投资人、债权人等利益相关者提供决策有用的信息。企业投资者、债权人及潜在投资者和潜在债权人根据会计报表提供的信息,及时了解企业的财务状况、经营成果及经营趋势,掌握企业的获利能力和偿债能力,从而作出合理的投资决策和授信决策。

(2) 向企业管理者提供企业经营管理所需的信息。编制会计报表可以使企业、单位的管理当局及时考核财务计划、预算的执行结果,分析经营管理的业绩,从而寻找差距、挖掘潜力、提高管理水平。同时,会计报表又为预测和编制下期计划、预算提供参考的资料。

(3) 向国家有关部门提供行政管理、宏观调控所需的信息。编制会计报表,可以使财政、税务、审计、统计和各主管部门等有关政府机关及时检查、监督企业和单位财税计划的执行情况,以及经济法规、结算纪律的遵守情况。通过会计报表的逐级汇总,又为宏观经济管理部门进行综合管理和制定社会发展规划提供重要的经济信息。

二、会计报表的种类

会计报表有内部报表和外部报表两种。内部报表是为企业、单位内部各职能部门管理需要提供会计信息而编制的会计报表。它可根据各自的经营特点和管理需要自行设计,国家一般不作硬性规定,而且这类报表一般都涉及企业的经营秘密,如成本、费用报表,因而不宜公开,编制时间可以是定期的,也可以是不定期的。对外报送的会计报表则要根据国家统一规定的格式、内容和口径等要求进行编制而且是定期报出的。目前国家规定的对外会计报表主要有以下几种:

(一) 按会计报表反映的内容分

按会计报表反映的内容分,会计报表主要有资产负债表、利润表、现金流量表、所有者权益变动表。资产负债表,反映某一会计期末企业的财务状况;利润表反映企业某一会计期间的经营成果;现金流量表反映企业某一会计期间的现金流入、流出以及净结存情况;所有者权益变动表反映构成所有者权益的各组成部分当期增减变动的情况。

(二) 按会计报表编报时期分

按会计报表编报时期分,对外报表可分成月报、季报和年报三种,即分别在月末、季末和年末编制的报表。年度报表又称决算报表。我国上市公司的主要会计年报,需经中国政府批准的注册会计师查证后才具有法律效力。我国上市公司一般要求公布季度报告、半年度报告、年度报告。

(三) 按会计报表编制单位分

按会计报表编制单位分,对外会计报表有基层报表和汇总报表两种。基层报表是指各基层独立核算企业编制的会计报表。汇总报表则是指上级主管部门、国民经济综合部门根据基层企业的会计报表逐级加以汇总编制的会计报表。

(四) 按会计报表编制的会计主体分

按会计报表编制的会计主体分,可以分为个别会计报表和合并会计报表。个别会计报表是指企业在自身会计核算基础上对账簿记录进行加工而编制的会计报表,它主要用以反映企业自身的财务状况、经营成果和现金流量情况。当企业对其他企业的投资占该企业的注册资本总额50%以上,或虽然占该企业注册资本总额不足半数但有实质控制权,形成母子公司关系时,应当编制合并会计报表。合并报表是以母公司和子公司组成的企业集团为会计主体,根据母公司和所属子公司的会计报表,由母公司编制的综合反映企业集团财务状况、经营成果及现金流量的会计报表。

三、会计报表的编制要求

为了充分发挥会计报表的作用,保证会计报表的质量,以满足各有关方面的需要,企业编制会计报表应做到数字真实、相关可比、内容完整、报送及时、便于理解。

(一) 数字真实

会计报表各项目填列的数字必须真实可靠,使企业会计报表能如实准确地反映企业的财务状况、经营成果和现金流量情况,不得以匡算估计数字填列会计报表,更不得以任何方式弄虚作假。因此,在编制报表前,首先,必须将本期发生的所有经济业务登记入账,不得提前结账;其次,必须对账簿记录进行核对,做到账证相符、账账相符、账实相符。如发现不符,应查明原因,按规定方法予以更正或调整,再据以编制会计报表,做到表从账出,账表相符。

(二) 内容完整

会计报表应当全面地披露企业的财务状况、经营成果和现金流量情况,完整地反映企业财务活动的过程和结果,以满足各有关方面对财务会计信息资料的需要。对外会计报表必须按照国家有关会计准则的规定格式和内容编报,填列齐全、完整。不论主表、报表附注等,都不得漏填、漏报,更不能任意改变报送的内容。

(三) 相关可比

会计报表所提供的财务会计信息要具有相关性和可靠性,也即与报表使用者的决策相关,以准确、有效地满足使用者的需要;在编制报表时,会计计量和填报方法应保持前后会计期的一致性,以保证各期会计报表的可比性。各个会计年度的会计报表中各项目的内容和核算方法如有变动,应在报表中辅助说明。只有提供相关可比的信息,才能使报表使用者分析企业在整个社会尤其是同行业中的地位,了解、判断企业的过去、现在的情况,预测企业的未来发展趋势,进而为报表使用者的决策服务。

(四) 编制及时

会计报表所提供的财务会计信息时效性强,应在保证质量的前提下,在规定期限内编制完毕并如期报送,才能满足报表使用者对会计报表资料的需要,及时了解单位报告期内财务状况和经营成果,采取措施,作出决策。否则,即使会计报表的编制非常真实可靠、内容完整且具有可比性,但由于未及时提供,也可能失去其应有的价值,成为相关性较低甚至不相关的信息。

(五) 在编报结束后,必须核对报表资料

要注意会计报表内容与账簿记录之间、各会计报表之间、本期报表与上期报表之间有关项目数字的相互衔接,以做到账表相符、表表相符。

> **探究与发现**
>
> 通过上述学习,你是否对"导入"所提出的问题进行了相关思考?你认为问题(1)该如何作答?

第二节 资产负债表

一、资产负债表的概念和意义

资产负债表是反映企业在某一特定日期(月末、季末、年末等)财务状况的报表。资产负债表反映了企业在某一特定日期所拥有或控制的经济资源、所承担的现时义务和所有者对净资产的要求权,也反映了资产、负债、所有者权益之间的相互关系。由于资产、负债、所有者权益是会计要素中的静态要素,因此,资产负债表也是一张"静态会计报表"。资产负债表是企业最主要的会计报表之一,对会计信息使用者了解企业财务状况具有十分重要的意义,具体体现为:

(一) 有助于了解企业资产状况

企业资产是企业从事生产经营活动的基础,也是企业利润的源泉,因此,无论是企业内部管理人员,还是企业外部投资者、债权人等利益相关者,都需要了解企业资产状况。通过资产负债表,人们可以得知企业资产的总额、资产的规模、各类资产的分布、资产的结构等,进而可以分析资产的质量、分析资产的盈利性等,为各种经济决策提供信息。

(二) 有利于了解企业负债状况和资本结构

企业资金来源是企业财务状况的另一个方面,合适的资金来源不仅能够保证企业资产的稳定,而且能够降低企业的资金成本,提高企业的经济效益。通过资产负债表,人们可以了解企业负债总额、企业资本总额,进而了解企业资本结构、分析企业融资能力等。

(三) 有利于了解企业偿债能力

企业偿债能力是指企业资产的金额大小和变现能力与负债的金额大小和偿还时间之

间的对比关系。资产总额大，变现速度快，则偿债能力强；负债总额大，偿还时间短，则企业偿债能力弱。通过企业资产负债表，人们可以直接对比企业的资产与负债，分析企业在一定时点上的偿债能力。

二、资产负债表的内容和格式

（一）资产负债表的内容

资产负债表编制的基本原理是会计恒等式，即：资产＝负债＋所有者权益。所以，资产负债表反映的内容也应包括资产、负债、所有者权益。

资产和负债应当分别以流动资产和非流动资产、流动负债和非流动负债列示。

满足下列条件之一的资产，应当归类为流动资产：① 预计在一个正常营业周期中变现、出售或耗用；② 主要为交易目的而持有；③ 预计在资产负债表日起一年内（含一年）变现；④ 自资产负债表日起一年内，交换其他资产或清偿负债的能力不受限制的现金或现金等价物。流动资产以外的资产应当归类为非流动资产。其中，正常营业周期，通常是指企业从购买用于加工的资产起至实现现金或现金等价物的期间。正常营业周期通常短于一年，在一年内可能有若干个营业周期，但也存在正常营业周期长于一年的情况，如房地产开发企业开发用于出售的房地产开发产品、造船企业制造用于出售的大型船只等，往往超过一年才变现、出售或耗用，仍应划分为流动资产；正常营业周期不能确定的，应当以一年（12 个月）作为正常营业周期。

满足下列条件之一的负债，应当归类为流动负债：① 预计在一个正常营业周期中清偿；② 主要为交易目的而持有；③ 自资产负债表日起一年内到期应予清偿；④ 企业无权自主地将清偿推迟至资产负债表日后一年以上。流动负债以外的负债应当归类为非流动负债。

资产负债表还应该反映所有者权益的内容，即反映实收资本、资本公积、盈余公积等内容。

（二）资产负债表的格式

资产负债表的格式，主要有账户式和报告式两种。

1. 账户式资产负债表

账户式资产负债表是根据"资产＝负债＋所有者权益"这一会计等式，将报表分为左右两方。左方列示资产项目，称为"资产方"；右方列示权益项目，称为"权益方"。权益部分又分为上下两块，上面列示负债，下面列示所有者权益。由于资产负债表的编制基础是会计恒等式，因此，资产负债表左右两方金额合计必然相等。由于这种格式与账户分为左右两方相类似，所以被称为"账户式"。它的优点是最后一行数字平衡，便于报表阅读者从左右两个方面对企业的财务状况进行比较和分析，也可以避免表身太长。我国企业采用这种列示方式。账户式资产负债表格式如表 7.1 所示。

表 7.1　　　　　　　　　　　　　资 产 负 债 表
编制单位：　　　　　　　　　　　　年　月　日　　　　　　　　　　　　　单位：元

资　　产	期末余额	上年年末余额	负债与所有者权益	期末余额	上年年末余额
流动资产 　（具体项目,略） 非流动资产 　（具体项目,略）			负债 流动负债 　（具体项目,略） 非流动负债 　（具体项目,略）		
			负债合计		
			所有者权益 　（具体项目,略）		
			所有者权益合计		
资产总计			负债与所有者权益总计		

2. 报告式资产负债表

报告式资产负债表是遵循"资产－负债＝所有者权益"的原理编制的。尽管该原理的基础仍然是会计恒等式,但其反映信息的重心与账户式资产负债表有所不同,它是以所有者为中心的。该格式的资产负债表反映企业的总资产,并报告企业所承担的总负债,总资产与总负债的差额即为报表要向所有者提供的净资产信息。该报告式资产负债表将报表分为上、中、下三个部分。在报表的上部列示各项资产项目,中部列示各项负债,下部列示所有者权益项目。报告式资产负债表格式如表 7.2 所示。

表 7.2　　　　　　　　　　　　　资 产 负 债 表
编制单位：　　　　　　　　　　　　年　月　日　　　　　　　　　　　　　单位：元

项　　目	期末余额	上年年末余额
资产： 　具体项目（略）		
资产总计		
负债： 　具体项目（略）		
负债总计		
所有者权益： 　具体项目（略）		
所有者权益总计		

注：资产总计－负债总计＝所有者权益

根据我国企业会计准则,一般企业的资产负债表基本格式和内容见表 7.3。

表 7.3　　　　　　　　　　　　　　　　资　产　负　债　表

编制单位：　　　　　　　　　　　　　　　年　　月　　日

会企 01 表

单位：元

资　　　产	期末余额	上年年末余额	负债和所有者权益（或股东权益）	期末余额	上年年末余额
流动资产：			流动负债：		
货币资金			短期借款		
交易性金融资产			交易性金融负债		
衍生金融资产			衍生金融负债		
应收票据			应付票据		
应收账款			应付账款		
应收款项融资			预收款项		
预付款项			合同负债		
其他应收款			应付职工薪酬		
存货			应交税费		
合同资产			其他应付款		
持有待售资产			持有待售负债		
一年内到期的非流动资产			一年内到期的非流动负债		
其他流动资产			其他流动负债		
流动资产合计			流动负债合计		
非流动资产：			非流动负债：		
债权投资			长期借款		
其他债权投资			应付债券		
			其中：优先股		
			永续债		
长期应收款			租赁负债		
长期股权投资			长期应付款		
其他权益工具投资			预计负债		
其他非流动金融资产			递延收益		
投资性房地产			递延所得税负债		
固定资产			其他非流动负债		
在建工程			非流动负债合计		
生产性生物资产			负债合计		
油气资产			所有者权益(或股东权益)：		
使用权资产			实收资本(或股本)		

(续表)

资产	期末余额	上年年末余额	负债和所有者权益（或股东权益）	期末余额	上年年末余额
无形资产			其他权益工具		
			其中：优先股		
			永续债		
开发支出			资本公积		
商誉			减：库存股		
长期待摊费用			其他综合收益		
递延所得税资产			专项储备		
其他非流动资产			盈余公积		
非流动资产合计			未分配利润		
			所有者权益（或股东权益）合计		
资产总计			负债和所有者权益（或股东权益）总计		

三、资产负债表的编制

企业应以日常会计核算记录的数据为基础进行归类、整理和汇总，加工成报表项目，形成资产负债表。

（一）"上年年末余额"的填列方法

资产负债表中的"年初余额"栏通常根据上年末资产负债表"期末余额"栏内所列数字填列。如果本年度资产负债表规定的各项目名称和内容与上年度不一致，应对上年末资产负债表各项目的名称和数字按照本年度的规定进行调整，按调整后的数字填入本表"上年年末余额"栏。

（二）"期末余额"的填列方法

资产负债表中的"期末余额"栏一般应根据资产、负债和所有者权益类账户的期末余额填列。具体可通过以下几种方式取得：

（1）根据总账余额填列。如其他权益工具投资、递延所得税资产、短期借款、应付票据、应交税费、实收资本、资本公积、其他综合收益、盈余公积、未分配利润（年末）等项目，一般直接根据总账期末余额填列；又如货币资金项目，需根据"库存现金""银行存款"和"其他货币资金"三个总账账户的期末余额的合计数填列；未分配利润（年中）项目，包括本年度实现的净利润未分配部分和以前年度未分配利润，也应根据"本年利润"和"利润分配"账户的期末余额之和或之差填列，如是未弥补亏损数则用"－"表示。

（2）根据总账和明细账期末余额分析计算填列。如长期借款项目，就是根据"长期借款"总账账户的期末余额减去"长期借款"账户所属明细账户中将于一年内到期的长期借款部分分析计算填列。"长期借款"账户所属明细账户中将于一年内到期的长期借款部分则填列在流动负债的一年内到期的长期负债项目。

（3）根据有关账户期末余额减去其备抵账户期末余额后的金额填列。如固定资产项目，应根据"固定资产""累计折旧""固定资产减值准备"账户余额计算确定。

（4）综合运用上述填列方法填列。如应收账款项目应根据"应收账款"所属明细账借方余额合计数加上"预收账款"所属明细账借方余额合计数减去与应收账款有关的"坏账准备"明细账贷方余额后的金额填列；预付款项项目应根据"预付账款"所属明细账借方余额合计数加上"应付账款"所属明细账借方余额合计数减去与"预付账款"有关的"坏账准备"明细账贷方余额后的金额填列；其他应收款项目应根据"应收利息""应收股利"和"其他应收款"账户的期末余额合计数减去"坏账准备"账户中相关坏账准备的期末余额后的金额填列；应付账款项目应根据"应付账款"所属明细账贷方余额合计数加上"预付账款"所属明细账贷方余额合计数后的金额填列；预收款项项目应根据"预收账款"所属明细账贷方余额合计数加上"应收账款"所属明细账贷方余额合计数后的金额填列。其他应付款项目应根据"应付利息""应付股利"和"其他应付款"账户的期末余额合计数填列。

（三）资产负债表可以生成的经济指标

本表所反映的期初、期末数据，通过计算可以生成反映企业财务状况的重要指标，这些指标对于了解掌握企业的发展状况具有重要意义，有助于报表使用者作出相关决策。比如，利用流动资产合计和流动负债合计可以计算生成流动比率，利用速动资产与流动负债合计可以计算生成速动比率，利用资产总额和负债总额可以计算生成资产负债率，利用负债总额与所有者权益总额可以计算出产权比率等，反映企业短期和长期偿债能力。再如，资产负债表的期末、期初数据变动可以反映企业财务状况的变动趋势，利用期初、期末固定资产总额可以计算分析企业固定资产投资的扩张程度；利用期初、期末所有者权益总额可以计算分析资本保值增值率等。

第三节　利　润　表

一、利润表的概念和意义

利润表是反映企业在一定会计期间的经营成果的会计报表，它反映的就是该期间收入、费用和利润的情况。

利润表的列报必须充分反映企业经营业绩的主要来源和构成，有助于使用者判断净利润的质量及其风险，有助于使用者预测净利润的持续性，从而作出正确的决策。通过利润表，可以反映企业一定会计期间收入的实现情况，如实现的营业收入有多少、实现的投资收益有多少、实现的营业外收入有多少等等；可以反映一定会计期间的费用耗费情况，如耗费的营业成本有多少,税金及附加有多少及销售费用、管理费用、财务费用各有多少,营业外支出有多少等;可以反映企业生产经营活动的成果,即净利润的实现情况,据以判断资本保值、增值等情况。

另外,根据企业会计准则的规定,对于费用的列报,企业应当采用"功能法"列报,即按照费用在企业所发挥的功能进行分类列报,通常分为从事经营业务发生的成本、管理费用、销售费用和财务费用等,并且将营业成本与其他费用分开披露。对企业而言,其活动通常可以划分为生产、销售、管理、融资等,每一种活动上发生的费用所发挥的功能并不相同,因此,按照费用功能法将其分开列报,有助于使用者了解费用发生的活动领域。例如企业为销售产品发生了多少费用、为一般行政管理发生了多少费用、为筹措资金发生了多少费用等等。这种方法通常能向报表使用者提供具有结构性的信息,能更清楚地揭示企业经营业绩的主要来源和构成,提供的信息更为相关。

二、利润表的格式和内容

利润表正表的格式一般有两种:单步式利润表和多步式利润表。

(一) 单步式利润表

单步式利润表是将当期所有的收入列在一起,然后将所有的费用列在一起,两者相减得出当期净损益。

(二) 多步式利润表

多步式利润表是通过对当期的收入、费用、支出项目按性质加以归类,按利润形成的主要环节列示一些中间性利润指标,分步计算当期净损益。

我国企业会计准则规定,企业应当采用多步式利润表,将不同性质的收入和费用类进行对比,从而可以得出一些中间性的利润数据,便于使用者理解企业经营成果的不同来源。企业可以分如下几个步骤编制利润表:

第一步,以营业收入为基础,减去营业成本、税金及附加、销售费用、管理费用、财务费用,加上或减去其他收益、投资收益、公允价值变动收益、信用减值损失、资产减值损失、资产处置收益,计算出营业利润。

第二步,以营业利润为基础,加上营业外收入,减去营业外支出,计算出利润总额。

第三步,以利润总额为基础,减去所得税费用,计算出净利润(或净亏损)。

其他综合收益反映企业根据企业会计准则规定未在损益中确认的各项利得和损失扣除所得税影响后的净额;综合收益总额反映企业净利润与其他综合收益的合计金额。

根据企业会计准则的规定,企业需要提供比较利润表,以使报表使用者通过比较不同期间利润的实现情况,判断企业经营成果的未来发展趋势。所以,利润表还就各项目再分为"本期金额"和"上期金额"两栏分别填列。一般企业的利润表格式如表7.4所示。

普通股或潜在普通股已公开交易的企业,以及正处于公开发行普通股或潜在普通股过程中的企业,还应当在利润表中列示每股收益信息。

表 7.4　　　　　　　　　　　　　　利　润　表

会企 02 表

编制单位：　　　　　　　　　　　　年　　月　　　　　　　　　　　　　　单位：元

项　　目	本期金额	上期金额
一、营业收入		
减：营业成本		
税金及附加		
销售费用		
管理费用		
研发费用		
财务费用		
其中：利息费用		
利息收入		
加：其他收益		
投资收益（损失以"－"号填列）		
其中：对联营企业和合营企业的投资收益		
以摊余成本计量的金融资产终止确认收益（损失以"－"号填列）		
净敞口套期收益（损失以"－"号填列）		
公允价值变动收益（损失以"－"号填列）		
信用减值损失（损失以"－"号填列）		
资产减值损失（损失以"－"号填列）		
资产处置收益（损失以"－"号填列）		
二、营业利润（亏损以"－"号填列）		
加：营业外收入		
减：营业外支出		
三、利润总额（亏损总额以"－"号填列）		
减：所得税费用		
四、净利润（净亏损以"－"号填列）		
（一）持续经营净利润（净亏损以"－"号填列）		
（二）终止经营净利润（净亏损以"－"号填列）		
五、其他综合收益的税后净额		
（一）不能重分类进损益的其他综合收益		
……		
（二）将重分类进损益的其他综合收益		
……		

(续表)

项　　　　目	本期金额	上期金额
六、综合收益总额		
七、每股收益：		
（一）基本每股收益		
（二）稀释每股收益		

三、利润表的编制方法

（一）"上期金额"栏的填列方法

利润表中的"上期金额"栏应根据上年该期利润表"本期金额"栏内所列数字填列。如果上年该期利润表规定的各个项目的名称和内容同本期不相一致，应对上年该期利润表各项目的名称和数字按本期的规定进行调整，填入"上期金额"栏。

（二）"本期金额"栏的填列方法

利润表中"本期金额"栏根据损益类账户的本期发生额分析填列。其中营业收入项目根据"主营业务收入"和"其他业务收入"账户的发生额分析填列；营业成本项目根据"主营业务成本"和"其他业务成本"账户的发生额分析填列。营业利润、利润总额、净利润项目根据本表中相关项目计算填列。

（三）利润表可以生成的经济指标

利用利润表中的本期和上期净利润可以计算生成净利润增长率，反映企业获利能力的增长情况和长期的盈利能力趋势；利用净利润、营业成本、销售费用、管理费用和财务费用可以计算生成成本费用利润率，反映企业投入产出情况。

利用本表数据与其他报表或有关资料，可以生成反映企业投资回报等有关情况的指标。比如，利用净利润和净资产可以计算净资产收益率，利用普通股每股市价与每股收益可以计算出市盈率等。

本章"探究与发现"参考答案

> **探究与发现**
>
> 通过上述学习，结合本书第一章会计核算基础的内容，你是否对"导入"所提出的问题进行了相关思考？你认为问题（2）该如何作答？

第四节　现金流量表

一、现金流量表的概念和意义

企业现金流量表是反映企业一定会计期间现金的流入和流出情况的一张动态报表。

现金流量的金额、时间及其确定性,对于投资者、债权人及经营管理者而言,均系十分重要的信息。无论负债的清偿、现金股利的分配及再投资以扩充营业,均有赖于充裕及配合时间的现金流量。因此,编制现金流量表具有重要的意义:

(1) 现金流量表能够说明企业一定时期内企业三类主要活动(经营活动、投资活动、筹资活动)的现金流入和流出情况,信息使用者由此不仅可以评估企业未来产生净现金流入的能力,还可以了解企业经济活动的结构、规模、发展方向。

(2) 现金流量表有助于分析企业未来获取现金的能力,用来分析企业的偿债能力和支付股利的能力,以及企业投资和理财活动对经营成果和财务状况的影响。

(3) 通过补充资料的形式,能够提供不涉及现金的投资和筹资活动方面的信息,使会计报表使用者能够全面了解和分析企业的投资与筹资活动情况。

企业的资产负债表表达特定日期的财务状况,利润表反映特定期间的经营成果,但资产负债表和利润表均是采用权责发生制基础确定的,使得账列的损益与当期营业活动的现金净流量相去甚远,无法自利润表获取营业活动的现金流量的信息,而对于企业的投资和理财活动也无法自资产负债表中直接获悉,因此也无法评估未来营运能力及财务弹性,现金流量表却可以满足这些信息需要。

二、现金流量表的编制基础

现金流量表是以现金为基础编制的。这里的现金是广义的概念,指的是现金及现金等价物,具体包括:

(1) 库存现金。库存现金是指企业持有的可随时用于支付的现金,即出纳手里保管的现金限额。

(2) 银行存款。银行存款是指企业存在银行或其他金融机构随时可以用于支付的存款,但如果存在银行或其他金融机构不能随时用于支付的存款,不作为现金流量表中的现金,而提前通知银行或其他金融机构便可提取的定期存款,则包括在现金流量表的现金概念中。

(3) 其他货币资金。其他货币资金是指企业存在银行有特定用途的资金,如外埠存款、银行本票存款、信用证存款、信用卡存款、存出投资款等。

(4) 现金等价物。现金等价物是指企业持有的期限短、流动性强、易于转换为已知金额的现金、价值变动风险很小的投资,通常指自购买日起 3 个月内到期的投资。

三、现金流量表的内容及结构

(一) 现金流量表的内容

现金流量表通常将企业一定时期内产生的现金流量分为经营活动产生的现金流量、投资活动产生的现金流量和筹资活动产生的现金流量三种。

1. 经营活动产生的现金流量

经营活动是指企业投资活动和筹资活动以外的所有交易和事项,包括销售商品或提供劳务、经营性租赁、购买商品或接受劳务、制造产品、广告宣传、推销产品、缴纳税款等。通过现金流量表中反映的经营活动产生的现金流入和现金流出,可以说明企业经营活动对现金流入和流出净额的影响程度。

2. 投资活动产生的现金流量

投资活动是指企业长期资产的购建和不包括在现金等价物范围内的投资及其处置活动,包括取得或收回权益性证券的投资,购买或收回债券投资,购建或处置固定资产、无形资产和其他长期资产等。通过现金流量表中所反映的投资活动产生的现金流量,可以分析企业通过投资获取现金流量的能力,以及投资产生的现金流量对企业现金流量净额的影响程度。

3. 筹资活动产生的现金流量

筹资活动是指导致企业所有者权益及借款规模和构成发生变化的活动,包括吸收权益性投资、发行债券、借入资金、偿还债务、支付股利等。通过现金流量表中所反映的筹资活动产生的现金流量,可以分析企业筹资的能力,以及筹资产生的现金流量对企业现金流量净额的影响程度。

(二)现金流量表的结构

现金流量表反映企业的经营活动、投资活动以及筹资活动产生的现金流入和流出情况。其中,经营活动产生的现金流量是按直接法编制的。现金流量表的格式如表7.5所示。

表 7.5 现 金 流 量 表

会企03表

编制单位: 年 月 单位:元

项 目	本期金额	上期金额
一、经营活动产生的现金流量:		
销售商品、提供劳务收到的现金		
收到的税费返还		
收到其他与经营活动有关的现金		
经营活动现金流入小计		
购买商品、接受劳务支付的现金		
支付给职工以及为职工支付的现金		
支付的各项税费		
支付其他与经营活动有关的现金		
经营活动现金流出小计		
经营活动产生的现金流量净额		
二、投资活动产生的现金流量:		
收回投资收到的现金		

(续表)

项　　　目	本期金额	上期金额
取得投资收益收到的现金		
处置固定资产、无形资产和其他长期资产收回的现金净额		
处置子公司及其他营业单位收到的现金净额		
收到其他与投资活动有关的现金		
投资活动现金流入小计		
购建固定资产、无形资产和其他长期资产支付的现金		
投资支付的现金		
取得子公司及其他营业单位支付的现金净额		
支付其他与投资活动有关的现金		
投资活动现金流出小计		
投资活动产生的现金流量净额		
三、筹资活动产生的现金流量：		
吸收投资收到的现金		
取得借款收到的现金		
收到其他与筹资活动有关的现金		
筹资活动现金流入小计		
偿还债务支付的现金		
分配股利、利润或偿付利息支付的现金		
支付其他与筹资活动有关的现金		
筹资活动现金流出小计		
筹资活动产生的现金流量净额		
四、汇率变动对现金及现金等价物的影响		
五、现金及现金等价物净增加额		
加：期初现金及现金等价物余额		
六、期末现金及现金等价物余额		

另外，在会计报表附注中，还需列示现金流量表的补充资料。补充资料部分反映不涉及现金收支的投资和筹资活动、将净利润调节为经营活动的现金流量以及现金及现金等价物净增加情况。其中，经营活动产生的现金流量是按间接法编制的。现金流量表补充资料的格式如表 7.6 所示。

表7.6　　　　　　　　　　　　　现金流量表补充资料　　　　　　　　　　　单位：元

补　充　资　料	本期金额	上期金额
1. 将净利润调节为经营活动现金流量：		
净利润		
加：信用减值准备		
资产减值准备		
固定资产折旧、油气资产折耗、生产性生物资产折旧		
无形资产摊销		
长期待摊费用摊销		
处置固定资产、无形资产和其他长期资产的损失（收益以"－"号填列）		
固定资产报废损失（收益以"－"号填列）		
净敞口套期损失（收益以"－"号填列）		
公允价值变动损失（收益以"－"号填列）		
财务费用（收益以"－"号填列）		
投资损失（收益以"－"号填列）		
递延所得税资产减少（增加以"－"号填列）		
递延所得税负债增加（减少以"－"号填列）		
存货的减少（增加以"－"号填列）		
经营性应收项目的减少（增加以"－"号填列）		
经营性应付项目的增加（减少以"－"号填列）		
其他		
经营活动产生的现金流量净额		
2. 不涉及现金收支的重大投资和筹资活动：		
债务转为资本		
一年内到期的可转换公司债券		
租入固定资产（不包括短期租赁和低价值资产租赁）		
3. 现金及现金等价物净变动情况：		
现金的期末余额		
减：现金的期初余额		
加：现金等价物的期末余额		
减：现金等价物的期初余额		
现金及现金等价物净增加额		

四、现金流量表的编制方法

现金流量表的编制方法有直接法和间接法两种。

（一）直接法

直接法是指直接从利润表中将应计制基础转换成现金制基础，列示各项现金流入的来源及现金流出的出路。通常以利润表中各损益项目为基础，调整资产负债表与损益有关的资产负债的变动。现金流量表主表各项目即按直接法填列。

（二）间接法

间接法是指以本期净利润为起点，调整不涉及现金的收入、费用、营业外收支以及应收应付等项目的增减变动，据此计算并列示经营活动的现金流量。采用间接法将净利润调节为经营活动的现金流量时，需要调整的项目分为四大类：一是实际没有支付现金的费用，如"资产减值准备""固定资产折旧""无形资产摊销"等项目。这些费用应加计入净利润中去。二是实际没有收到现金的收益，如"固定资产盘盈"等项目，这些收益应在净利润中减去。三是不属于经营活动的损益，如"处置固定资产损益""投资损益""财务费用"等项目，这些损益应根据实际发生数增减净利润。四是经营性应收应付项目的增减变动。对经营性应收项目的增加应冲减净利润，而对经营性应付项目的增加应增加净利润；反之，则反向调整净利润。

第五节 所有者权益变动表

一、所有者权益变动表概述

所有者权益变动表是反映构成所有者权益的各组成部分当期的增减变动情况及其原因的报表。所有者权益变动表应当全面反映一定时期所有者权益变动的情况，不仅包括所有者权益总量的增减变动，而且包括所有者权益增减变动的重要结构性信息，特别是要反映直接计入所有者权益的利得和损失，让报表使用者准确理解所有者权益增减变动的根源。

二、所有者权益变动表的格式和编制方法

（一）所有者权益变动表的格式

为了清楚地表明构成所有者权益的各组成部分当期的增减变动情况，所有者权益变动表应以矩阵的形式列示。一方面，列示导致所有者权益变动的交易或事项，改变了以往仅仅按照所有者权益的各组成部分反映所有者权益变动情况的做法，而是按所有者权益变动的来源对一定时期所有者权益变动情况进行全面反映；另一方面，按照所有者权益各组成部分及其总额列示交易或事项对所有者权益的影响。

基础会计

另外,根据企业会计准则的规定,企业需要提供所有者权益变动表,因此,所有者权益变动表还就各项目再分为"本年金额"和"上年金额"两栏分别填列。所有者权益变动表的具体格式如表 7.7 所示("上年金额"同"本年金额"的栏目,此处略)。

表 7.7　　　　　　　　　　　　　　所有者权益变动表

会企 04 表

编制单位：　　　　　　　　　　　　　　年　　月　　　　　　　　　　　　　　单位：元

项　　目	本年金额								
	实收资本（或股本）	其他权益工具	资本公积	减：库存股	其他综合收益	专项储备	盈余公积	未分配利润	所有者权益合计
一、上年年末余额									
加：会计政策变更									
前期差错更正									
其他									
二、本年年初余额									
三、本年增减变动金额（减少以"－"号填列）									
（一）综合收益总额									
（二）所有者投入和减少资本									
1. 所有者投入的普通股									
2. 其他权益工具持有者投入资本									
3. 股份支付计入所有者权益的金额									
4. 其他									
（三）利润分配									
1. 提取盈余公积									
2. 对所有者（或股东）的分配									
3. 其他									
（四）所有者权益内部结转									
1. 资本公积转增资本（或股本）									
2. 盈余公积转增资本（或股本）									

(续表)

项目	本年金额								
	实收资本（或股本）	其他权益工具	资本公积	减：库存股	其他综合收益	专项储备	盈余公积	未分配利润	所有者权益合计
3.盈余公积弥补亏损									
4.设定受益计划变额结转留存受益动额									
5.其他综合收益结转留存受益									
6.其他									
四、本年年末余额									

（二）所有者权益变动表的编制方法

所有者权益变动表各项目应当根据当期净利润、直接计入所有者权益的利得和损失项目、所有者投入资本和提取盈余公积、向所有者分配利润等情况分析填列。

本 章 小 结

会计报表是将日常会计核算资料，予以汇总、整理成一定的指标体系，以总括反映企业、单位在某一日期财务状况及在某一经营期间的经营成果和现金流动信息的综合性书面报告文件。会计报表有内部报表和外部报表两种，本书主要指的是后者。

资产负债表是反映企业在某一特定日期（月末、季末、年末等）财务状况的报表，是静态的报表，主要根据相关账户的余额来分析计算填列。

利润表是反映企业在一定会计期间的经营成果的会计报表，是动态的报表，主要根据损益类账户的发生额来填列。

企业现金流量表是反映企业一定会计期间现金的流入和流出情况的一张动态报表。

所有者权益变动表是反映构成所有者权益的各组成部分当期的增减变动情况及其原因的报表。

本 章 思 考 题

1. 什么是会计报表？其编制要求有哪些？
2. 什么是资产负债表？有何作用？使用上有何限制？
3. 为什么说利润表是动态的报表？其能否公允表达企业的盈利情况？
4. 现金流量表中现金的概念包含什么内容？结构包括哪些内容？编制方法有哪两种？

本章练习题

一、单项选择题

1. 编制资产负债表的理论依据是( )。
   A. 复式记账　　　B. 记账规则　　　C. 会计等式　　　D. 试算平衡

2. 某企业4月30日"本年利润"账户贷方余额为160 000元,它表示( )。
   A. 1—4月份累计净利润总额　　　B. 4月份利润总额
   C. 4月份应付利润总额　　　D. 1—4月份累计亏损总额

3. 下列资产负债表项目中,根据总分类账户期末余额直接填列的项目是( )。
   A. 实收资本　　　B. 货币资金　　　C. 存货　　　D. 应付账款

4. 构成资产负债表的会计要素是( )。
   A. 资产、负债、收入　　　B. 资产、费用、利润
   C. 资产、负债、费用　　　D. 资产、负债、所有者权益

5. 下列报表中,不属于对外会计报表的是( )。
   A. 资产负债表　　　B. 产品生产成本表
   C. 利润表　　　D. 现金流量表

6. 我国资产负债表的格式是( )。
   A. 单步式　　　B. 多步式　　　C. 账户式　　　D. 报告式

7. 按照会计报表所反映的内容分类,利润表属于( )。
   A. 财务状况报表　　　B. 财务成果报表
   C. 成本费用报表　　　D. 对内会计报表

8. 某企业期末"应收票据""银行存款""其他货币资金""库存现金"总账借方余额分别为:1 200元、3 000元、5 000元和2 400元。该企业资产负债表"货币资金"项目期末数为( )。
   A. 5 400元　　　B. 6 600元　　　C. 10 400元　　　D. 11 600元

9. 按照会计报表编报会计主体的编制不同,会计报表可以分为( )。
   A. 对内会计报表和对外会计报表　　　B. 财务状况报表和财务成果报表
   C. 个别会计报表和合并会计报表　　　D. 部门会计报表和地区会计报表

10. 下列账户余额,可能在资产负债表中用负数填列的是( )。
    A. "应收账款"账户　　　B. "应交税费"账户
    C. "累计折旧"账户　　　D. "无形资产"账户

11. 在资产负债表中,资产和负债项目排列顺序的依据是其( )。
    A. 数量大小　　　B. 入账日期　　　C. 流动性　　　D. 金额大小

12. 资产负债表中的"存货"项目,应根据( )填列。

A. "存货"科目的期末借方余额

B. "生产成本"科目的期末借方余额

C. "原材料""生产成本"和"库存商品"科目的期末借方余额之和

D. "原材料""生产成本""库存商品"和"预付账款"科目的期末借方余额之和

二、多项选择题

1. 资产负债表中,"未分配利润"项目期末数的填列方法是(　　)。

   A. 根据"利润分配"总账科目贷方余额直接填列

   B. 根据"利润分配"明细科目贷方余额直接填列

   C. 年度中间,根据"本年利润"和"利润分配"总账科目期末余额分析计算填列

   D. 年末,根据"利润分配"总账科目贷方或借方余额填列

2. "应付账款"总分类账期末余额与其所属各明细分类账期末余额(　　)。

   A. 一定是同方向的

   B. 一定是不同方向的

   C. 可能是同方向的,也可能是不同方向的

   D. 方向不同时,填列资产负债表时应该属于不同会计要素

3. 利润表是(　　)。

   A. 对外报表　　　　　　　　B. 静态报表

   C. 动态报表　　　　　　　　D. 反映企业财务成果的报表

4. 期末结账后,一般没有余额的账户是(　　)。

   A. 资产账户　　B. 收入账户　　C. 负债账户　　D. 费用账户

三、判断题

1. 资产负债表是反映企业某一特定日期全部资产、负债和所有者权益的报表,应按月编报。(　)

2. 资产负债表中"货币资金"项目应根据银行存款日记账余额填列。(　)

3. 资产负债表中"存货"项目应根据"库存商品"期末余额填列。(　)

4. 利润表能够反映企业的偿债能力和支付能力。(　)

5. 资产负债表的内容是反映资金的增加和减少。(　)

6. 现金流量表是反映一定期间的现金流入和流出情况的静态报表。(　)

7. 资产负债表是根据"资金占用=资金来源"这一会计等式编制的。(　)

8. 偿还银行长期借款属于筹资活动产生的现金流出。(　)

9. 现金流量表有直接法和间接法两种编制方法。(　)

10. 现金流量表所指的现金一般包括现金及现金等价物。(　)

四、实训题

习题 7-1

(一) 目的：练习资产负债表的填列。

(二) 资料：某公司 20××年12月31日部分总账及其所属的明细账余额如习题表 7.1 所示：

习题表 7.1　　　　　　　　20××年12月31日部分账户余额　　　　　　　　单位：元

总分类账户	余额 借方	余额 贷方	明细分类账户	余额 借方	余额 贷方
原材料	60 000				
材料采购	20 000				
库存商品	40 000				
生产成本	30 000				
应收账款	80 000		甲公司	86 000	
			乙公司		6 000
预收账款		50 000	A公司		70 000
			B公司	20 000	
预付账款	12 000		C公司	12 000	
应交税费		7 000	应交增值税		7 000
应付职工薪酬		3 000			
短期借款		80 000			

(三) 要求：

1. 根据上述资料计算并填列习题表 7.2 资产负债表中的空白项目。

习题表 7.2　　　　　　　　　产负债表(简化格式)

20××年12月31日　　　　　　　　　　　　　　　　　　单位：元

资　产	金　额	负债及所有者权益	金　额
货币资金	150 000	短期借款	(　　)
应收账款	(　　)	预收款项	(　　)
存货	(　　)	应付职工薪酬	(　　)
预付款项	(　　)	应交税费	(　　)
		实收资本	680 000
固定资产	(　　)	未分配利润	−20 000
资产总计	(　　)	负债及所有者权益总计	(　　)

2. 回答下列问题：

(1) 表中未分配利润项目"−20 000 元"反映的内容是(　　　　)。

A. 本年未实现的利润　　　　　　B. 本年未分配的利润
C. 累计未弥补的亏损　　　　　　D. 本年12月份未实现的利润

(2) 表中预付款项目应该是根据(　　)填列的。

A. 应付账款所属明细账借方余额　　B. 预收账款所属明细账借方余额
C. 应收账款所属明细账借方余额　　D. 预付账款所属明细账借方余额

习题 7-2

(一) 目的：练习利润表的填列。

(二) 资料：某公司20××年度有关会计科目的累计发生额如习题表7.3所示：

习题表7.3　　20××年有关会计科目的累计发生额　　单位：元

会　计　科　目	1—12月累计发生额
主营业务收入	525 000
主营业务成本	273 000
销售费用	42 000
税金及附加	39 900
其他业务收入	23 100
其他业务成本	19 950
制造费用	89 250
管理费用	29 400
财务费用	−1 050
投资收益	63 000
营业外收入	7 560
营业外支出	15 750
所得税费用	65 710

(三) 要求：

1. 根据上述资料分别计算该公司的营业收入、营业成本、营业利润、利润总额和净利润(写出计算过程)。

2. 根据上述资料及其有关计算结果回答下列问题：

(1) 期间费用的金额合计是(　　)。

A. 70 350 元　　B. 89 250 元　　C. 110 250 元　　D. 199 500 元

(2) "财务费用"科目"−1 050"元，表示什么意思？

(3) 根据本题的数据资料形成的会计报表是(　　)。

A. 20××年度资产负债表　　B. 20××年12月末资产负债表
C. 20××年度损益表　　　　D. 20××年12月末损益表

(4) 根据上述计算结果，该公司"本年利润"账户年终结转后应(　　)。

A. 有贷方余额　　　　　　B. 有借方余额
C. 无余额　　　　　　　　D. 余额方向不确定

习题 7-3

(一) 目的：练习现金流量表的编制。

(二) 资料：A 公司 20ⅩⅩ 年期末有关账户的收支和结存情况如下：

1. 经营活动产生的现金流量：

   (1) 本期收到主营业务收入现金(包括银行存款,下同)234 万元,支付客户退货现金 6 万元,应收账款期初余额 46.8 万元,期末余额 30 万元(减少 16.8 万元),应收票据期初余额 20 万元,期末余额 16 万元(减少 4 万元)。以上项目包括随货款一起收到的增值税款。

   (2) 收到出口商品退回增值税 5 万,消费税 2 万元。

   (3) 本期购入原材料,支付现金 117 万元,支付前期进货应付票据 10.34 万元。

   (4) 本期支付经营人员工资 6 万元(含补贴)。

   (5) 向税务部门交纳增值税款 26.8 万,交纳所得税款 24 万元。

   (6) 本期收入其他经营活动有关的现金 3 万元,支出 16 万元。

2. 投资活动产生的现金流量：

   (1) 本期收到某项债券到期本金 20 万元,债券利息 6 万元,存入银行。

   (2) 本期购进生产设备 2 套,支付现金 22 万元(含增值税)。

   (3) 本期出售旧设备 1 套,原值 40 万元,已提折旧 20 万元,收到现金 30 万元,支付运输费用 1 万元。

3. 筹资活动产生的现金流量：

   (1) 向银行借入长期借款收到现金 20 万元。

   (2) 偿还银行短期借款 10 万元,支付利息 1.6 万元。

(三) 要求：编制 A 公司 20ⅩⅩ 年度现金流量表。

拓 展 学 习

------◆------

访问上海证券交易所网站(https://www.sse.com.cn/)或深圳证券交易所网站(https://www.szse.cn/)任选一家上市公司的年报,了解其年报包括的内容,并思考以下问题：

(1) 在这家公司的资产负债表上,哪项资产的金额最大？为什么公司在这项资产上作了大笔投资？

(2) 公司利润表上是净利润还是净亏损？净利润或净亏损占营业收入的比重为多少？

(3) 利润表中营业利润和现金流量表中经营活动产生的现金流量金额有什么不同？为什么？

第八章

账户综合分类

 本章教学目标

通过本章的学习,学生应了解账户分类的必要性;熟悉账户按用途和结构分类;掌握账户按经济性质和经济内容分类。

 本章核心概念

账户的经济性质;账户的经济内容;账户用途;账户结构

 导入

小应同学是某高校会计学专业的大一学生,按学校课程安排,"基础会计"分两学期上完,大一春季学期开始修读专业课,"基础会计"学了一半。在暑假期间,小应希望实地考察一下会计工作的情况,在一家家具生产企业找到一份会计的实习工作。小应到了实习单位,财务经理安排他先看看公司的相关会计资料,了解公司对经济业务是如何进行处理的。小应就先翻阅了公司的会计账簿。他看到在账簿上面有很多他所熟悉的名称,是"基础会计"课上面老师曾经讲过的,按照会计科目开设了账户之后,就可以在相应的账簿上面登记经济业务的内容。小应看着账簿记录的内容,突然发现公司"应收账款"总账账户和"累计折旧"账户的余额在贷方,小应回想起在学校曾经学过的账户所反映的内容及借贷法则,记得这两个账户属于资产账户,余额应该是在借方的,这是怎么回事呢?

请带着以下问题进入本章的学习:

(1) 企业所设置的账户可以按照什么标准进行分类?

(2) "应收账款"总账账户在什么情况下会出现贷方余额?在填资产负债表时应注意什么问题?

(3) "固定资产"和"累计折旧"同属于资产账户,为何其结构不同?两者有何关系?

第一节 账户分类概述

本书第二章和第三章已经对账户的设置和使用进行了阐述,但为了正确地运用账户,有必要对账户进行科学分类,即在认识各个账户特性的基础上,概括它们的共性,从理论上探讨账户之间的内在联系,探明各个账户在整个账户体系中的地位和作用,掌握各类账户在提供会计信息方面的规律性。

账户的分类,可以有不同的标准,即可以从不同的角度进行分类,其中最主要的分类一是按照经济性质和经济用途进行分类;二是按用途和结构分类。掌握每一个账户所反映的经济业务内容和由此所决定的账户的性质,以及每一账户的经济用途和结构,对于学好以后的内容有着极为重要的意义。

第二节 账户按经济性质和经济内容分类

账户按经济性质和经济内容分类,就是按每一账户所反映和监督的企业经济活动内容来加以分类。账户之间的最本质差别在于其所反映的经济内容的不同,因而账户按经济性质和经济内容分类是账户分类的基础,也是最基本的分类。如前所述,企业会计对象的具体内容,按其经济特征可以归结为资产、负债、所有者权益、收入、费用和利润六项会计要素。与此相适应,账户按经济内容和经济性质的分类,可以在此基础上加以调整:

企业在一定期间内实现的利润经过分配后,除分配给投资者的利润要退出企业外,提取的盈余公积和未分配利润最终要归属于所有者权益。所以,账户按经济内容分类,可以将"本年利润""利润分配"和"盈余公积"账户并入所有者权益类账户。

对于制造业企业,为了进行产品成本计算,需要专门设置用来核算产品成本的账户,尽管生产成本是资产的一种特殊形式,为了起到账户成本计算的作用,还是应单独设置一类。

企业在一定期间所取得的收入和发生的费用,最终都体现在当期损益的计算中,因而将这些核算内容与损益计算直接相关的收入、费用账户归为一类,即损益类账户。

基于以上认识,账户按经济内容分类,可分为以下五类账户:资产类账户、负债类账户、所有者权益类账户、成本类账户和损益类账户。

资产类账户反映的经济内容是企业资产增减变动及其实有数额。按照资产的流动性,这一类账户可以进一步分为流动资产类账户和非流动资产类账户。其中,"待处理财产损溢"账户既可以核算待处理流动资产损溢,也可以核算待处理固定资产损溢,如果核算的是待处理流动资产损溢,则应归为流动资产类账户,否则,归为非流动资产类账户。

负债类账户反映的经济内容是企业负债增减变动及其实有数额。按照负债偿还期的长短,这一类账户可以进一步分为流动负债类账户和非流动负债类账户。

所有者权益类账户反映的经济内容是企业所有者权益增减变动及其实有数。可以将所有者权益类账户分为原始投入账户和经营积累账户两类：原始投入账户核算投资者投入企业的资本金和投入资本溢价等形成的资本公积；经营积累账户核算由企业在经营活动中从税后利润中提取的盈余公积和尚未分配的利润。

成本类账户反映的经济内容是企业在生产经营过程中为生产产品而发生的直接生产费用和为组织生产活动而间接发生的制造费用,这些费用最终要记入产品的成本,因此,这类账户称为成本类账户。除了"生产成本""制造费用"外,"材料采购""在建工程"账户也可以看成是成本类账户。"材料采购"账户核算企业采购过程中发生的材料采购成本；"在建工程"账户核算企业固定资产建造处于在建过程中、尚未达到可使用状态之前已发生的资产建造成本。

成本类账户与资产类账户有着密切的联系。资产一经耗用就转化为费用、成本；成本类账户的期末借方余额属于企业的资产,如"材料采购"账户的借方余额为在途材料,"生产成本"账户的借方余额为在产品,都是企业的流动资产。从这种意义上来说,成本类账户也是资产类账户。分类时,有的账户,如"材料采购"账户,既可以归入资产类账户,也可以归入成本类账户。

损益类账户反映的经济内容是一定时期内企业经营活动中所实现的收入、发生的成本、费用以及所得税(费用)等,并确定是利润还是亏损。这一类账户可以进一步分为营业损益类账户、非营业损益类账户和其他类账户。营业损益类账户主要是核算企业正常的经营活动所产生的收入、发生的成本、费用及损益；非营业损益类账户核算与企业正常的经营活动没有直接联系的利得、损失等；其他类账户主要核算应计的所得税费用的账户。

账户按照经济性质与经济内容分类情况见表 8.1。

表 8.1　　　　　　　　　账户按经济性质和经济内容分类表

账户类别与名称	账户类别与名称
一、资产类账户	材料采购
（一）流动资产类账户	原材料
库存现金	库存商品
银行存款	（二）非流动资产类账户
其他货币资金	长期股权投资
交易性金融资产	固定资产
应收票据	累计折旧
应收账款	固定资产清理
坏账准备	在建工程
预付账款	无形资产
其他应收款	待处理财产损溢

(续表)

账户类别与名称	账户类别与名称
二、负债类账户	盈余公积
（一）流动负债类账户	利润分配
短期借款	本年利润
应付票据	四、成本类账户
应付账款	生产成本
预收账款	制造费用
其他应付款	五、损益类账户
应付职工薪酬	（一）营业损益类账户
应付股利	主营业务收入
交易性金融负债	主营业务成本
应交税费	其他业务收入
应付利息	其他业务成本
（二）非流动负债类账户	税金及附加
长期借款	财务费用
应付债券	管理费用
长期应付款	销售费用
预计负债	公允价值变动损益
递延所得税负债	投资收益
三、所有者权益类账户	（二）营业外损益类账户
（一）原始投入类账户	营业外收入
实收资本	营业外支出
资本公积	（三）其他类账户
（二）经营积累类账户	所得税费用

第三节　账户按用途和结构分类

　　账户的用途，是指账户的作用以及能提供哪些会计指标，也即设置账户的目的；账户的结构，是指在账户中如何登记有关经济业务以及如何取得各项必需的会计数据或信息，也就是账户的借方登记什么、贷方登记什么、余额在借方还是在贷方、表示什么经济含义。账户仅仅按照经济内容和性质来划分，还存在着明显的缺陷：例如"固定资产"账户和"累计折旧"账户，按照经济内容划分都属于资产类账户，但由于各自的用途不同，它们增加和减少记录的方向及余额方向有着明显的区别。因此，尽管按照经济内容来分类是最基本的、主要的分类，按照用途和结构的分类则是在前者基础上的必要补充。账户按照经济用途和结构来分类可以通过表8.2予以概括：

表 8.2　　　　　　　　　　　　账户按用途结构分类表

账户类别与名称	账户类别与名称
一、盘存类账户	资本公积
库存现金	盈余公积
银行存款	利润分配
其他货币资金	**五、调整类账户**
原材料	坏账准备
库存商品	累计折旧
在建工程	**六、跨期摊提类账户**
固定资产	长期待摊费用
二、投资类账户	**七、集合分配类账户**
债权投资	制造费用
长期股权投资	**八、成本计算类账户**
三、结算类账户	材料采购
应收账款	生产成本
应收票据	**九、财产清查类账户**
其他应收款	待处理财产损溢
预付账款	**十、损益计算类账户**
短期借款	主营业务收入
应付账款	主营业务成本
应付票据	销售费用
其他应付款	税金及附加
预收账款	其他业务收入
应付职工薪酬	其他业务成本
应付利息	管理费用
应交税费	财务费用
应付股利	投资收益
预计负债	营业外收入
长期借款	营业外支出
应付债券	所得税费用
长期应付款	**十一、对比类账户**
四、资本及留存收益类账户	本年利润
实收资本	固定资产清理

一、盘存类账户

盘存类账户是用来核算实物资产和货币资产增减变动及结存情况的账户。盘存类账户的用途是可以提供与实物资产及货币资产的期末余额数据,并通过实地盘点的方法查明实存数验证账实是否相符,因此被称为盘存类账户。盘存类账户的共同结构是,借方登记实物资产与货币资产的增加数额,贷方登记减少数额,余额在借方,反映实际结存数额。其结构如表 8.3 所示。

表 8.3　　　　　　　　　　　　　　　　盘 存 类 账 户

借方	贷方
期初余额：期初结存的实物资产与货币资产数额 发 生 额：本期实物资产与货币资产减少数额	发 生 额：本期实物资产与货币资产增加数额
期末余额：实物资产与货币资产期末结存数额	

二、投资类账户

投资类账户是用来核算企业对外投资成本或投资应享有的权益数额增减变动及余额情况的账户。投资类账户的共同结构是，借方登记企业对外投资的成本或应享有被投资企业的权益的增加数额，贷方登记其减少数额，余额在借方，反映投资成本或权益数额。其结构如表 8.4 所示。

表 8.4　　　　　　　　　　　　　　　　投 资 类 账 户

借方	贷方
期初余额：期初投资成本或投资权益数额 发 生 额：本期投资成本或投资权益增加数额	发 生 额：本期投资成本或投资权益减少数额
期末余额：投资成本或投资权益余额	

三、结算类账户

结算类账户是用来核算企业与其他单位、个人及国家之间发生的应收、应付款项的账户。其共同用途是核算应收、应付款项的增减变动情况，明确企业期末债权债务数额。由于应收、应付款项的性质不同，即分属于债权与债务，结算账户又可以分为资产结算账户、负债结算账户以及资产负债结算账户。

1. 资产结算账户

资产结算账户是用来结算企业各种应收预付款项的增减变动及其期末实有数额的账户，其用途是专门反映企业在往来结算中的各种债权。这类账户的基本结构是借方登记各种应收款项的增加数额，贷方登记各种应收款项的减少数额，余额在借方，表示应收预付款项的实有数额。这些账户主要有"应收账款""其他应收款""应收票据""预付账款"等账户。其结构如表 8.5 所示。

表 8.5　　　　　　　　　　　　　　　　资 产 结 算 账 户

借方	贷方
期初余额：期初应收预付款项实有数额 发 生 额：本期应收预付款项增加数额	发 生 额：本期应收预付款项减少数额
期末余额：期末应收预付款项余额	

2. 负债结算账户

负债结算账户是用来核算企业应付预收款项的增减变动及其期末实有数额的账户，

其用途是专门反映企业在往来结算业务中的各种债务。这类账户的基本结构是借方登记各种应付预收款项的减少数额,贷方登记各种应付预收款项的增加数额,余额在贷方,表示应付预收款项的实有数额。这类账户主要有"应付账款""应付票据""其他应付款""预收账款""短期借款""应付职工薪酬""应交税费""应付股利""应付利息"以及非流动负债类账户。其结构如表8.6所示。

表 8.6 负债结算账户

借方	贷方
发 生 额:本期应付预收账款减少数额	期初余额:期初应付预收账款实有数额 发 生 额:本期应付预收账款增加数额
	期末余额:期末应付预收账款实有数额

3. 资产负债结算账户

资产结算账户和负债结算账户是对结算类账户的基本分类,但有时候会有某一个结算类账户同时用来核算企业的债权和债务,这就是资产负债结算账户。例如,企业与某单位有销售产品业务,当本企业向购货单位预收货款时,购货单位是企业的债权人,而当购货单位购货后,货款超过预收款项时,购货单位则为企业的债务人。对本企业来说,购货单位的债权就是本单位的债务,购货单位的债务就是本单位的债权。为了集中反映企业同某一单位或个人经常发生的债权债务关系及其结算情况,可在一个账户中同时反映应收和应付款项的增减变动及其结余情况。资产负债账户的基本结构见表8.7。

表 8.7 资产负债结算账户

借方	贷方
期初余额:期初应收款项大于应付款项的实有净债权数额	期初余额:期初应付款项大于应收款项的实有净债务数额
发 生 额:本期应收款项的增加数额 本期应付款项的减少数额	发 生 额:本期应付款项的增加数额 本期应收款项的减少数额
期末余额:期末应收款项大于应付款项的实有净债权数额	期末余额:期末应付款项大于应收款项的实有净债务数额

资产负债结算账户比较典型的是:如果企业预收账款不多,可以不单设"预收账款"账户,而用"应收账款"账户同时反映企业应收和预收款项的增减变动及其结果,此时的"应收账款"账户就是一个资产负债结算账户;如果企业预付账款不多,可以不单设"预付账款"账户,而用"应付账款"账户同时反映企业应付和预付款项的增减变动及其结果,此时的"应付账款"账户就是一个资产负债结算账户。对于企业采购业务中的债权债务,也可设置"供应单位往来"账户进行反映;对于企业销售业务中的债权债务,则可设置"购买单位往来"账户进行反映;对于企业的其他应收款和其他应付款,如果企业与某单位之间经常发生非购销关系的债权、债务往来,也可以设置"其他往来"账户反映。这些都是资产

负债结算账户的实际应用。

需要指出的是,资产负债结算账户(总账)的借方余额或贷方余额只表示债权和债务增减变动后的差额,并不一定表示企业债权债务的实际余额。这是因为一个企业在某一时点可能同时存在债权和债务。因此,在编制资产负债表时,应根据债权债务结算账户(总账)所属明细账的余额方向分析判断余额的性质,而不能直接根据总账余额填列有关项目,以便真实地反映企业债权债务的结算情况。

设置双重性质的账户是借贷记账法的优点之一,而结算账户中除上述账户外,"应交税费"和"应付职工薪酬"等也都具有双重性质。"应交税费"账户,从名称上看,应属债务结算账户,实际上如增值税等往往先发生借方金额,此时意味着资产的增加或负债的减少;将来实现销售后计算出来应交的税金,作为负债的增加,记入账户的贷方。在月末,就只能根据余额的方向来判断其账户的性质。"应付职工薪酬"账户也是同样道理,属于双重性质账户。

四、资本及留存收益类账户

资本账户是企业用来核算原始取得的资本和资本公积的增减变动及其实有数额的账户,包括"实收资本"账户和"资本公积"账户;留存收益账户则是企业用来核算在经营活动中积累的及尚未分配的收益的账户,具体包括"盈余公积"账户和"利润分配"账户。资本账户及留存收益账户核算的内容都是企业所有者的权益。该类账户的基本结构是贷方登记企业取得投资者投入资本、资本公积、盈余公积和未分配利润的增加数额,借方登记减少数额,余额在贷方,表示所有者权益的实有数额。其结构如表8.8所示。

表 8.8　　　　　　　　　　　　资本及留存收益类账户

借方	贷方
发 生 额:本期资本及留存收益的减少数额	期初余额:期初资本及留存收益的实有数额 发 生 额:本期资本及留存收益的增加数额
	期末余额:期末资本及留存收益的实有数额

五、调整类账户

调整类账户是专门用来调整其他相关账户(被调整账户)的数字,以便能够提供一定的会计指标而设置的账户。在会计核算中,由于经营管理或其他方面的需要,有时对一些会计要素项目,既需要在账户中保持原始数据,又需要反映其原始数据的变化,进而可以利用这两个不同性质的数据计算产生一个新的会计指标,提供经营管理所需要的信息。譬如,一个企业的固定资产核算,管理上既需要掌握固定资产的原始投资规模大小(原值),又需要掌握固定资产的磨损价值(折旧),固定资产原值减去已计提的折旧就是固定资产的净值(可以反映固定资产的新旧程度)。为此,在会计核算上,设置"固定资产"账户反映固定资产原始价值的增减变化及其余额,同时,设置"累计折旧"账户核算固定资产折旧的增减变化及其余额,通过这两个账户的数字,我们可以计算固定资产净值指标。

上述的"累计折旧"我们称之为"固定资产"的调整账户,"固定资产"账户则称为被调整账户。

调整账户按调整的方式基本可以分为备抵账户、附加账户、备抵附加账户三类。

1. 备抵账户

它用来抵减被调整账户的余额,以求得被调整账户的实际余额,其调整方式为:

$$被调整账户实际余额 = 被调整账户余额 - 备抵账户余额$$

备抵账户的结构与被调整账户的结构正好相反。如果被调整账户借方登记增加数,贷方登记减少数,余额在借方的话,那么,备抵账户贷方就登记增加数,借方登记减少数,余额一定在贷方;反之亦然。譬如,上文已经提及的"固定资产"账户(被调整账户)与"累计折旧"(备抵账户)账户的结构正好相反。假定"固定资产"账户借方余额为 1 000 000 元,"累计折旧"账户贷方余额为 400 000 元,那么,固定资产净值 = 1 000 000 - 400 000 = 600 000 元。还需要说明的是,虽然"累计折旧"账户的结构与权益类(负债、所有者权益)的账户结构相同,但是,由于设置"累计折旧"账户的目的在于抵减"固定资产"账户的余额,而"固定资产"账户属于资产性质的账户,所以,"累计折旧"账户仍然认为它是一个资产类的账户,而且无论是在会计科目表还是资产负债表中都将固定资产与累计折旧排列在一起,或者干脆直接从固定资产中扣除,反映固定资产净值。这一点对于其他调整账户而言都是一样的。被调整账户与备抵账户的结构如表 8.9 至表 8.12 所示。

如果被调整账户的结构是表 8.9 所示的结构,那么,备抵账户的结构应是表 8.10 所示的结构。

表 8.9　　　　　　　　　　　　　被调整账户(资产性质)

借方	贷方
期初余额:期初某项资产数额 发 生 额:本期某项资产的增加数额	发 生 额:本期某项资产的减少数额
期末余额:期末某项资产的数额	

表 8.10　　　　　　　　　　　　　(资产)备抵账户

借方	贷方
发 生 额:本期抵减数的减少数额	期初余额:期初累计抵减数额 发 生 额:本期抵减数的增加数额
	期末余额:期末累计抵减的数额

这类备抵账户由于被备抵账户属于资产性质账户,所以也称为"资产备抵账户"。例如,累计折旧是固定资产的资产性备抵账户,坏账准备是应收账款的资产性备抵账户等。

或者,如果被调整账户的结构为表 8.11 所示结构,那么,备抵账户的结构为表 8.12 所示。

表 8.11　　　　　　　　　　　被调整账户(权益性质)

借方	贷方
发　生　额:本期某项权益的减少数额	期初余额:期初某项权益数额 发　生　额:本期某项权益的增加数额
	期末余额:期末某项权益的数额

表 8.12　　　　　　　　　　　(权益)备抵账户

借方	贷方
期初余额:期初累计抵减数额 发　生　额:本期抵减数的增加数额	发　生　额:本期抵减数的减少数额
期末余额:期末累计抵减数额	

这类备抵账户由于被备抵账户属于权益性质账户,所以也称为"权益备抵账户"。例如,"利润分配"账户是"本年利润"账户的权益备抵账户。

2. 附加账户

它用来增加被调整账户的余额,以求得被调整账户的实际余额,其调整方式为:

$$被调整账户实际余额＝被调整账户余额＋附加账户余额$$

附加账户的结构与被调整账户的结构一样。如果被调整账户借方登记增加数额,贷方登记减少数额,余额在借方的话,那么,附加账户借方也登记增加数额,贷方登记减少数额,余额一定在借方。反之亦然。被调整账户与附加账户的结构如表 8.13 至表 8.16 所示。

如果被调整账户的结构是表 8.13 所示结构,那么,附加账户的结构为表 8.14 所示。

表 8.13　　　　　　　　　　　被 调 整 账 户

借方	贷方
期初余额:期初某项资产数额 发　生　额:本期某项资产的增加数额	发　生　额:本期某项资产的减少数额
期末余额:期末某项资产数额	

表 8.14　　　　　　　　　　　附 加 账 户

借方	贷方
期初余额:期初累计调整数额 发　生　额:本期调整数的增加数额	发　生　额:本期调整数的减少数额
期末余额:期末累计的调整数额	

或者,如果被调整账户的结构为表 8.15 所示,那么,附加账户的结构为表 8.16 所示。

表 8.15　　　　　　　　　　　　　　　被 调 整 账 户

借方	贷方
发 生 额：本期某项权益的减少数额	期初余额：期初某项权益数额 发 生 额：本期某项权益的增加数额
	期末余额：期末某项权益的数额

表 8.16　　　　　　　　　　　　　　　附 加 账 户

借方	贷方
发 生 额：本期调整数的减少数额	期初余额：期初累计调整数额 发 生 额：本期调整数的增加数额
	期末余额：期末累计的调整数额

与备抵账户一样，附加账户根据被调整账户的性质也可以分为资产附加账户和权益附加账户。

3. 备抵附加调整账户

还有些调整账户有时具有备抵的性质，有时具有附加的性质，我们称之为"备抵附加调整账户"。例如，有些制造业企业对原材料采用计划成本核算时，就需要设置"材料成本差异"账户，"原材料"账户购进与发出都以计划成本登记，期末余额仍为结存材料的计划成本。材料的实际成本与计划成本的差异称为材料成本差异，实际成本大于计划成本就是材料的超支价差，反之，是材料的节约价差。材料超支价差登记到"材料成本差异"账户的借方，节约价差登记到"材料成本差异"账户的贷方，期末，如果"材料成本差异"账户出现借方余额（超支价差），"原材料"账户借方余额（材料的计划成本）加上"材料成本差异"账户借方余额就是材料的实际成本，此时，"材料成本差异"账户是附加性质的调整账户；如果"材料成本差异"账户出现贷方余额（节约价差），"原材料"账户借方余额（材料的计划成本）减去"材料成本差异"账户借方余额就是材料的实际成本，此时，"材料成本差异"账户是备抵性质的调整账户。

六、跨期摊提类账户

由于会计核算的前提之一是会计分期，在会计分期假设前提下，企业会计核算采用权责发生制来处理本期的收入与费用。如果一项费用本期已经付款，但这项费用的受益期可能属于包括本期在内的若干会计期间，即这项费用属于跨期性的费用，按照权责发生制的要求，这项费用称为"待摊费用"。会计核算必须将这项待摊费用在包括本期在内的若干个会计期间合理划分清楚，其中，属于本期应计的部分将计入本期的成本或本期的期间费用，而将属于以后会计期间的费用暂时"挂账"，留待以后会计期间分期摊销，计入以后会计期间的成本或期间费用。因此，会计上对已付款但收益期在一年以上的费用设置"长期待摊费用"进行核算。还有一种情况是费用尚未支付，但费用实际上已经发生，因此需要记入当期的成本或期间费用,等若干个会计期间以后再支付,这种预先记入本期的成本或期间费用、以后才支付的费用就是"预提费用"(现在科目设置中往往以"应付或应计××费用"来明确化)。例如,会计上对本期应该承担但是将来才支付的短期借款利息采用"应付利息"账户进行核算。"长期待摊费用"账户、"应付利息"账户就是跨期摊提类账户。其账户结构如表 8.17 所示。

表 8.17　　　　　　　　　　　　跨期摊提类账户

借方	贷方
期初余额:期初已支付但尚未摊销的待摊费用数额	期初余额:期初已经预提但尚未支付的预提费用数额
发　生　额:本期支付的预提、待摊费用数额	发　生　额:本期应计入成本、期间费用的预提、待摊费用
期末余额:期末已支付但尚未摊销的待摊费用数额	期末余额:期末已预提但尚未支付的预提费用数额

七、集合分配类账户

集合分配类账户是专门用来归集和分配企业生产过程中某个阶段所发生的某些费用的账户。它的用途一是汇总费用,二是以一定的分配方法将所汇总的费用全部分配下去,因此,该类账户的基本结构是借方登记费用发生数,贷方登记费用的分配数,期末没有余额。比较典型的集合分配类账户有"制造费用"账户,它用来归集和分配制造业企业在生产过程中车间为组织和管理生产过程所支付和发生的不能直接计入产品成本的间接的费用。集合分配类账户的结构如表 8.18 所示。

表 8.18　　　　　　　　　　　　集合分配类账户

借方	贷方
期初余额:无余额	
发　生　额:归集各种费用的发生数额	发　生　额:分配到各受益对象的费用数额
期末余额:无余额	

八、成本计算类账户

成本计算类账户是专门用来计算某一成本计算对象实际成本的账户。对于制造业企业而言,在采购环节需要计算采购材料的成本,在生产环节需要计算产品的制造成本,即生产成本。成本计算要确定成本计算对象,即确定计算什么的成本,并按照成本计算对象开设账户。直接费用直接计入该账户,间接费用要通过一定的分配标准在成本计算对象之间进行合理分配,再记入该账户中,通过这样的账户计算出成本计算对象的总成本和单位成本,并结转成本到其他账户(库存商品)中。对于制造业企业而言,一般在采购环节设置"材料采购"来计算采购材料的成本,在生产环节设置"生产成本"来计算产品的制造成本。"材料采购"账户借方登记采购材料的买价和采购费用，贷方登记结转材料的采购成本，期末，如有余额在借方，表示材料款项已经确定但尚未运抵企业或尚未办理验收手续的在途材料成本；"生产成本"账户借方登记在生产过程中已经发生的生产费用，贷方登记结转的完工产品的成本，期末，如有余额在借方，表示已经发生生产费用但尚未完工的在产品成本。成本计算类账户的结构如表 8.19 所示。

表 8.19　　　　　　　　　　　成本计算类账户

借方	贷方
期初余额：期初在途材料或在产品成本数额 发 生 额：本期发生的采购材料费用或生产费用数额	发 生 额：本期已经验收入库的材料成本或完工产品成本数额
期末余额：期末在途材料或在产品成本数额	

九、财产清查类账户

财产清查类账户就是用来核算在财产清查过程中尚未查明原因或尚未有处理方案的盘盈和盘亏的账户。在财产清查过程中，需要设置一个"待处理财产损溢"账户，并通过这个账户核算在财产清查中发现的财产盘盈和盘亏等会计业务。会计上分两步（批准前、批准后）进行账务处理，首先，对于盘盈和盘亏等情况要依据有关清查报告及时在账户中予以登记，然后，要分析原因，明确责任，作出相应的处理决定，并在账户中作出调整，因此，"待处理财产损溢"账户具有暂记的性质。其账户的基本结构如表 8.20 所示。

表 8.20　　　　　　　　　　　财产清查类账户

借方	贷方
期初余额：期初尚待处理的盘亏数和损失数额 发 生 额：本期发生的尚待处理的盘亏和损失数额； 　　　　　本期已批准处理的盘盈和收益数额	期初余额：期初尚待处理的盘盈和收益数额 发 生 额：本期发生的尚待处理的盘盈和收益数额； 　　　　　本期已批准处理的盘亏和损失数额
期末余额：期末尚待处理的盘亏和损失数额	期末余额：期末尚待处理的盘盈和收益数额

十、损益计算类账户

损益计算类账户就是用来核算企业在本期经营活动中能够直接影响本期利润的各种收入、收益、成本、费用和损失的账户。这类账户基本上分为两类：一类用来核算收入、收益，其贷方登记收入、收益的增加数额，借方登记收入、收益的结转数额；另一类核算各种成本、费用和损失，其借方登记成本、费用和损失的增加数额，贷方登记成本、费用和损失的结转数额。无论收入、收益还是成本、费用和损失账户，期末，按照收益与费用配比原则要求，都要将其所归集的数字进行结转，结转到"本年利润"账户中，进行配比计算本期的利润。通过上述的"结转"程序，所有损益类的账户没有期末余额，就本期而言，其账户的

基础会计

使命也就结束了。损益计算类账户的基本结构如表 8.21 所示。

表 8.21　　　　　　　　　　　　损益计算类账户

借方	贷方
期初余额：无余额	期末余额：无余额
发　生　额：本期成本、费用和损失的发生数额； 　　　　　　本期收入、收益的结转数额	发　生　额：本期收入、收益的确认数额； 　　　　　　本期成本、费用、损失的结转数额
期初余额：无余额	期末余额：无余额

十一、对比类账户

对比类账户是账户借贷方分别以两种不同的计价标准进行核算对比，得以确定某一项业务或一定时期内的净收益（或净损失）的账户。譬如，通过设置和运用"本年利润"账户，将收入、收益类账户以及成本、费用和损失类账户本期的发生额同时结转到"本年利润"账户中，进行配比计算，确定本期的利润。又譬如，企业固定资产报废、毁损、出售等业务，一方面可以取得固定资产变价收入，另一方面还要核算固定资产的净值损失，清理过程中发生的相关支出和费用等，会计上为此设置"固定资产清理"账户予以核算，来确定固定资产处置的净收益或净损失。如果企业存货采用计划成本核算时，需要设置运用"材料采购"账户，其借、贷方分别采用实际成本和计划成本登记，可以确定采购材料的超支或节约数额，为材料的成本管理提供信息。对比类账户的结构如表 8.22 所示。

表 8.22　　　　　　　　　　　　对 比 类 账 户

借方	贷方
期初余额：期初一般无余额，如有余额为尚未对 　　　　　比的数额	
发　生　额：本期成本、费用和损失发生数额（转入 　　　　　数额）； 　　　　　结转净收益数额	发　生　额：本期收入、收益的发生数额（或转入 　　　　　数额）； 　　　　　结转净亏损
期末余额：期末一般无余额，如有余额为尚未对 　　　　　比的数额	

上述内容是以账户的用途和结构进行分类，有助于更好地理解和运用每一个账户。有些账户可能具有两种以上的用途，还有少数账户可能还不能归入其中的某一类。在今后的学习过程中，不仅需要掌握账户的性质和反映的经济内容，而且要善于把握每一个账户的用途和登记经济业务的具体结构。

> **探究与发现**
>
> 　　通过上述学习，你是否对"导入"所提出的问题进行了相关思考？你认为这三个问题应该分别如何作答？

本 章 小 结

账户的分类,可以有不同的标准,即从不同角度进行分类,其中最主要的分类一是按照经济性质和经济用途进行分类,二是按用途和结构分类。

账户按经济内容和经济性质的分类,可以在会计要素的基础上加以调整,可以分为资产、负债、所有者权益、成本和损益类。

成本类与资产类账户有着密切的联系。

账户仅仅按照经济内容和性质来划分,存在着明显的缺陷。因此,尽管按照经济内容来分类是最基本的、主要的分类,按照用途和结构的分类,则是在前者基础上的必要补充。

在账户按照用途和结构的分类中,结算类、调整类、集合分配类和跨期摊提类账户等的特点对于初学者有着很强的启示性。

本章思考题

1. 什么叫账户的用途和结构?为什么账户除了按经济性质和经济内容分类外,还有必要按用途和结构进行分类?
2. 成本类和资产类账户有什么联系?
3. 为什么在编制资产负债表时,对于一些结算类账户不能只看总分类账的余额,而更要分析其明细账的余额?通过学习,你觉得掌握这些结算账户的性质关键取决于什么?
4. 请列出四组调整账户和被调整账户,并说明原始数字和被调整后数字的经济含义。

本章练习题

一、单项选择题

1. 下列账户中,属于集合分配账户的是(　　)。
   A. "管理费用"账户　　　　　　　　　　B. "制造费用"账户
   C. "财务费用"账户　　　　　　　　　　D. "长期待摊费用"账户
2. 下列账户中,不属于损益类账户的是(　　)。
   A. "管理费用"账户　　　　　　　　　　B. "财务费用"账户
   C. "销售费用"账户　　　　　　　　　　D. "长期待摊费用"账户
3. 关于调整账户,下列说法错误的是(　　)。
   A. 调整账户与被调整账户反映的经济内容相同
   B. 调整账户与被调整账户的用途和结构相同
   C. 被调整账户反映会计要素的原始数据,调整账户反映的是同一要素的调整数字

D. 调整方式取决于被调整账户与调整账户的余额是在同一方向还是在相反方向

4. 按账户用途和结构的分类,下列账户中不属于调整账户的是( )。
   A. "累计折旧"账户   B. "利润分配"账户
   C. "主营业务成本"账户   D. "材料成本差异"账户

5. 关于盘存账户,下列说法中错误的是( )。
   A. 期初余额表示财产物资和货币资金的期初实存数
   B. 期末余额可以在借方,也可以在贷方
   C. 借方登记各项财产物资和货币资金的增加数
   D. 贷方登记各项财产物资和货币资金的减少数

6. 按账户用途和结构分类,下列账户中不属于成本计算账户的是( )。
   A. "生产成本"账户   B. "材料采购"账户
   C. "制造费用"账户   D. "在建工程"账户

7. 按账户经济内容分类,"制造费用"账户属于( )。
   A. 成本类账户   B. 损益类账户   C. 资产类账户   D. 负债类账户

8. 在账户按用途和结构的分类中,"本年利润"账户属于( )。
   A. 损益账户   B. 经营成果账户   C. 权益账户   D. 对比账户

9. 设置跨期摊提类账户所依据的原则是( )。
   A. 谨慎性   B. 收入与费用配比
   C. 权责发生制   D. 划分收益性支出与资本性支出

10. 下列账户中,属于盘存账户的是( )。
    A. "应收账款"账户   B. "本年利润"账户
    C. "生产成本"账户   D. "盈余公积"账户

11. 按用途和结构分类,"盈余公积"账户应属于( )。
    A. 资本及留存收益账户   B. 收入账户
    C. 所有者投资账户   D. 盘存账户

12. 下列账户中,期末无余额的是( )。
    A. "生产成本"账户   B. "营业外收入"账户
    C. "应付职工薪酬"账户   D. "盈余公积"账户

二、多项选择题

1. 调整账户与被调整账户( )。
   A. 反映的经济内容不同   B. 反映的经济内容相同
   C. 结构不同   D. 结构一致

2. 按经济内容分类,"材料采购"账户可同时属于( )。
   A. 资产类账户   B. 结算账户   C. 成本类账户   D. 费用账户

3. 下列账户中,属于损益类账户的有( )。
   A. "营业外收入"账户   B. "管理费用"账户
   C. "应交税费"账户   D. "主营业务成本"账户
4. 下列账户中,属于调整账户的是( )。
   A. "坏账准备"账户   B. "利润分配"账户
   C. "累计折旧"账户   D. "材料成本差异"账户
5. 下列会计账户中,属于跨期摊提类账户的有( )。
   A. "预付账款"账户   B. "长期待摊费用"账户
   C. "应付利息"账户   D. "应交税费"账户
6. 下列账户中,属于对比账户的是( )。
   A. "固定资产清理"账户   B. "制造费用"账户
   C. "本年利润"账户   D. "材料采购"账户
7. 下列账户中,属于损益类账户的是( )。
   A. "本年利润"账户   B. "制造费用"账户
   C. "所得税费用"账户   D. "管理费用"账户
8. 下列账户中,属于调整账户的是( )。
   A. "累计折旧"账户   B. "利润分配"账户
   C. "坏账准备"账户   D. "本年利润"账户

三、判断题

1. 按用途和结构分类,"材料采购"账户应属于资产结算账户。（ ）
2. 按经济内容分类,"本年利润"账户应属于所有者权益类账户。（ ）
3. 按用途和结构分类,"累计折旧"账户应属于附加调整账户。（ ）
4. 按经济内容分类,"预提费用"账户应属于资产类账户。（ ）
5. 按用途和结构分类,"生产成本"应属于盘存或成本计算账户。（ ）
6. 按经济内容分类,"应付账款"账户属于负债类,但在出现借方余额时,也可以属于资产类。（ ）
7. 属于所有者权益的所有账户,它们的用途和结构都是相同的。（ ）
8. 盘存账户的余额总是在贷方。（ ）
9. 按用途和结构分类,"应付利息"账户和"长期待摊费用"账户属于同一类。（ ）
10. 留存收益账户包括"实收资本"账户和"利润分配"账户。（ ）

四、实训题

习题 8-1

（一）目的：练习账户按经济内容和用途结构分类。

基础会计

（二）资料：账户名称为应收账款、应付账款、短期借款、制造费用、银行存款、应付票据、预付账款、长期待摊费用、本年利润、实收资本、财务费用、管理费用、库存现金、生产成本、累计折旧、盈余公积、库存商品、利润分配——未分配利润、应交税费、固定资产、主营业务收入、主营业务成本、其他业务成本、材料采购、在建工程。

（三）要求：将上列账户名称填入习题表 8.1 的相应栏目内。

习题表 8.1　　　　　　　　账户名称表

	资产账户	负债账户	所有者权益账户	成本账户	损益账户
盘存账户					
结算账户					
跨期摊提账户					
资本账户					
留存收益账户					
调整账户					
集合分配账户					
成本计算账户					
损益计算账户					
对比账户					

拓 展 学 习

美国著名会计学家乔治·H.索特的《会计理论的"事项"法》(Sorter, 1969)提出应以"事项法"来构筑会计理论，认为会计的功能或目标是提供与各种可能的决策模型相关的事项信息，这些信息应当尽量以其原始的形式保存。会计的任务是提供颗粒度尽可能细的事项信息，让信息使用者根据决策需要汇总加工，运用在各自的决策模型中。

请阅读乔治·H.索特的《会计理论的"事项"法》，了解我国会计理论界关于"事项法"会计理论的发展情况，并思考：

(1) 传统的会计利用会计账户分类，对数据进行各种汇总，最后生成高度浓缩的综合数据。事项法在事项信息的基础上要不要作基本分类，如何分类，分类的标准又是什么？如果按照事项法处理会计信息，目前设置的账户能否满足需要？

(2) 传统会计以会计报告的形式为用户提供信息，那么事项法应以什么形式和结构提供信息？提供怎样的信息？如何满足用户的需求？目前的会计报告体系能否满足需求？

第九章

账务处理程序

 本章教学目标

通过本章的学习,学生应了解账务处理程序运用的意义;熟悉各种账务处理程序的流程、特点和优缺点及适用范围;掌握记账凭证账务处理程序的运用及科目汇总表的编制方法。

 本章核心概念

账务处理程序;记账凭证账务处理程序;科目汇总表

 导入

小应同学在查看公司各类账簿记录时,还发现总账账面记录非常简单,每月借贷方仅有两三笔记录。经过进一步了解,发现该家具公司规模较大,业务量较多,公司的记账程序是取得发票等原始凭证后,据以编制记账凭证,再根据记账凭证编制科目汇总表,后根据科目汇总表登记总账。小应回想起在学校曾经学过的会计业务循环的内容,觉得两者程序有所不同。

请带着以下问题进入本章的学习:

(1) 本书第二章第六节介绍的会计业务循环是哪种账务处理程序?

(2) 分析该公司采用的记账程序与本书第二章第六节中的会计业务循环的不同之处。该公司采用的记账程序是否适合该公司?

第一节 账务处理程序及其选择要求

在实际工作中,填制和审核会计凭证、登记账簿和编制会计报表等会计方法都不是孤立运用的,而是以一定的形式相互联系、相互结合,成为一个完整的会计方法体系。为使会计工作有条不紊地进行,确保账簿记录能及时地提供管理所需要的会计信息,就必须明确各种凭证、各种账簿和各种报表之间的衔接关系,并把它们有机地组织起来。

一、账务处理程序的作用

账务处理程序,亦称会计核算形式或会计核算组织程序。它是账簿组织、记账程序和记账方法三者有机结合的方式。账簿组织是核心部分,是指会计凭证和账簿的种类、格式以及各种凭证与各种账簿之间的相互联系。记账程序和记账方法是指从审核、整理原始凭证开始,到填制记账凭证、登记各种账簿、编制会计报表为止的一系列工作程序和方法。

账务处理程序是做好会计工作的一个重要前提。企业可结合自身的业务性质、组织规模、经济业务繁简程序等特点,选用适当的账务处理程序。合理地安排和科学地组织账务处理程序,对于提高会计工作的质量和效率、简化会计核算手续、节约费用支出、正确及时地编制会计报表等均起着极其重要的作用。

二、运用账务处理程序的要求

实践证明,一个适用的、合理的账务处理程序,一般应当满足以下要求:

(1) 要适应本单位经济活动的特点、规模的大小和业务的繁简等实际情况。由于企业的规模大小不一,经济业务有繁有简,凭证量有多有少,所以企业采用的账务处理程序必须适合其经营特点。

(2) 要能够及时、正确、系统和全面地提供必需的核算资料,满足本单位和主管部门经济管理的需要。账务处理程序,应有利于会计核算工作的分工协作和内部牵制,有利于及时、正确、完整和综合地提供有用的会计核算资料,有利于会计检查和会计分析。

(3) 要在保证核算资料正确、完整的前提下,保证会计工作的质量,同时在此基础上力求简化核算手续、节约人力和物力,提高核算工作的效率。

第二节 账务处理程序的种类与特点

不同的凭证账簿组织、记账程序和记账方法相互结合在一起,就构成了不同的账务处理程序。我国目前一般采用的账务处理程序有:记账凭证账务处理程序、汇总记账凭证账务处理程序、科目汇总表账务处理程序、多栏式日记账账务处理程序四种。这些账务处理程序既有共同点,又有各自的特点。共同点表现在都要根据原始凭证填制记账凭证,一般都是根据会计凭证登记日记账和分类账,都要根据账簿记录编制会计报表。各种账务处理程序的特点主要表现为登记总账的依据和程序不同,下面将分别予以阐述。

一、记账凭证账务处理程序

(一) 记账凭证账务处理程序的基本内容

记账凭证账务处理程序是根据原始凭证或原始凭证汇总表编制记账凭证,然后根据记账凭证中确定的应借、应贷科目及金额逐笔登记总分类账户的一种账务处理程序。它是最基本的账务处理程序,反映了账务处理程序的一般内容,其他各种账务处理程序基本上是在这种账务处理程序的基础上发展和演变而形成的。

采用记账凭证账务处理程序时,账簿的设置情况为:现金日记账、银行存款日记账、总分类账和明细分类账。其中,总分类账和日记账均可采用三栏式,而明细分类账则可根据管理的需要设置,如采用三栏式、数量金额式或多栏式。记账凭证可采用通用记账凭证格式,也可以采用收款凭证、付款凭证和转账凭证三种格式。

记账凭证账务处理程序如下:

① 根据原始凭证或原始凭证汇总表编制记账凭证;② 根据收款凭证、付款凭证逐笔登记现金日记账和银行存款日记账;③ 根据记账凭证及其所附的原始凭证或原始凭证汇总表逐笔登记明细分类账;④ 根据记账凭证逐笔登记总分类账;⑤ 月终,将现金日记账、银行存款日记账余额、各种明细分类账余额的合计数分别与相应的总分类账余额相核对;⑥ 月终,根据总分类账和明细分类账的记录编制会计报表。

记账凭证账务处理程序如图 9-1 所示:

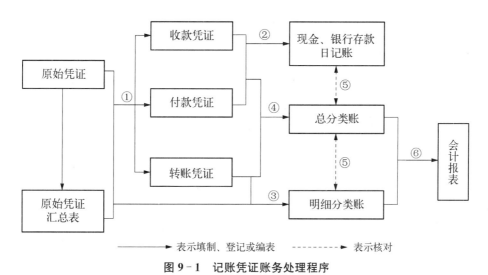

图 9-1 记账凭证账务处理程序

(二) 记账凭证账务处理程序的实例

【例 9-1】现以 PD 企业 20××年 12 月经济业务为例,说明记账凭证账务处理程序的过程。

PD 企业 20××年 12 月初总账账户余额如下:

账　户	借方金额	账　户	贷方金额
库存现金	2 800	累计折旧	91 040
银行存款	166 400	短期借款	40 000
应收账款	86 000	应付账款	30 000
原材料	40 000	应交税费	6 680
库存商品	62 520	应付职工薪酬	200 000
固定资产	360 000	实收资本	200 000
生产成本	22 000	盈余公积	10 000
		本年利润	72 000
		利润分配	90 000
合　计	739 720	合　计	739 720

该企业20××年12月份发生下列经济业务：

(1) 2日，企业向银行取得3个月的短期借款120 000元存入存款户，到期还本付息。

(2) 5日，从银行提取现金200 000元，并支付职工工资。

(3) 6日，采购员小张预借差旅费2 000元，以现金支付。

(4) 8日，从LH厂购入甲材料500千克，每千克买价60元，运输费1 000元，增值税进项税额3 990元，款项尚未支付。材料已验收入库，结转甲材料的采购成本。

(5) 10日，购入1台机床，价款6 000元，运输费500元，增值税进项税额825元，款项均以银行存款支付，机床已交付车间使用。

(6) 12日，向ZX厂销售B产品800台，每台售价90元，每台成本40元，增值税率13%，货款及增值税尚未收到。结转已销产品成本。

(7) 15日，以银行存款支付车间办公费650元，行政管理部门办公费350元。

(8) 17日，本月制造A产品领用甲材料100千克，每千克成本62元，制造B产品领用乙材料150千克，每千克成本32元。

(9) 20日，收到ZX厂的应收账款81 360元，存入银行。

(10) 25日，采购员小张报销差旅费1 800元，余款退回财务。

(11) 27日，车间报废旧机床一台，原价48 000元，已提折旧40 000元，发生清理费700元，已银行存款支付，材料估价960元，进原材料仓库。机床已清理完毕，结转清理净损益。

(12) 31日，以银行存款支付生产用动力费1 200元，其中，A产品应负担700元，B产品应负担500元。

(13) 31 日,按工资总额分配如下:生产工人工资 100 000 元,其中,生产 A 产品工人工资 60 000 元,生产 B 产品工人工资 40 000 元,车间管理人员工资 80 000 元,管理部门人员工资 20 000 元。

(14) 31 日,计提职工福利费分配如下:生产工人福利费 10 000 元,其中,生产 A 产品工人福利费 6 000 元,生产 B 产品工人福利费 4 000 元,车间管理人员福利费 8 000 元,管理部门人员福利费 2 000 元。

(15) 31 日,计提车间使用的固定资产折旧 6 000 元,厂部使用的固定资产折旧 4 000 元。

(16) 31 日,结转本月制造费用,并按生产工人工资比例分配。

(17) 31 日,假定 A 产品全部完工,B 产品全部未完工,结转完工产品成本(12 月"生产成本"期初余额均为 A 产品在产品成本)。

(18) 31 日,按应交增值税的 7% 和 3% 分别计算应交城市维护建设税和教育费附加。

(19) 31 日,按税前利润的 25%(假定无纳税调整事项)计提应交所得税。

(20) 31 日,将损益类账户结转至本年利润账户。

(21) 31 日,按本年净利润的 10% 计提盈余公积。

(22) 31 日,宣告向投资者分配利润 40 000 元。

(23) 31 日,将"本年利润"账户和"利润分配"所属明细账余额结转至"利润分配——未分配利润"账户。

根据上述资料进行账务处理的程序是:

第一步:根据 PD 企业 20×× 年 12 月份发生的经济业务编制专用记账凭证(收款凭证,付款凭证,转账凭证),如表 9.1 至表 9.32 所示。

表 9.1　　　　　　　　　　　　　收 款 凭 证
借方科目:银行存款　　　　　　　20×× 年 12 月 2 日　　　　　　　银收字第 1 号

摘　要	贷方科目		金　额	过　账
	一级科目	明细科目		
取得借款	短期借款		120 000	√
合　计			120 000	

附单据 1 张

财务主管　　　记账　　　出纳　　　审核　　　制单　王林

表 9.2 付款凭证

贷方科目：银行存款　　　　　20××年12月5日　　　　　银付字第1号

摘　要	借方科目		金　额	过　账
	一级科目	明细科目		
提　现	库存现金		200 000	√
合　计			200 000	

附单据1张

财务主管　　　记账　　　出纳　　　审核　　　制单 王林

表 9.3 付款凭证

贷方科目：库存现金　　　　　20××年12月5日　　　　　现付字第1号

摘　要	借方科目		金　额	过　账
	一级科目	明细科目		
发放工资	应付职工薪酬		200 000	√
合　计			200 000	

附单据1张

财务主管　　　记账　　　出纳　　　审核　　　制单 王林

表 9.4 付款凭证

贷方科目：库存现金　　　　　20××年12月6日　　　　　现付字第2号

摘　要	借方科目		金　额	过　账
	一级科目	明细科目		
预支差旅费	其他应收款	小　张	2 000	√
合　计			2 000	

附单据1张

财务主管　　　记账　　　出纳　　　审核　　　制单 王林

表 9.5

转 账 凭 证

20××年12月8日　　　　　　　转字第1号

摘要	科目名称		借方金额	贷方金额	过账
	一级科目	明细科目			
购料	材料采购	甲材料	31 000		√
	应交税费	应交增值税(进)	3 990		√
	应付账款	LH厂		34 990	√
合计			34 990	34 990	

附单据3张

财务主管　　　　　记账　　　　　审核　　　　　制单　王林

表 9.6

转 账 凭 证

20××年12月8日　　　　　　　转字第2号

摘要	科目名称		借方金额	贷方金额	过账
	一级科目	明细科目			
结转采购成本	原材料	甲材料	31 000		√
	材料采购	甲材料		31 000	√
合计			31 000	31 000	

附单据1张

财务主管　　　　　记账　　　　　审核　　　　　制单　王林

表 9.7

付 款 凭 证

贷方科目：银行存款　　　20××年12月10日　　　　银付字第2号

摘要	借方科目		金额	过账
	一级科目	明细科目		
购买机床	固定资产		6 500	√
	应交税费	应交增值税(进)	825	√
合计			7 325	

附单据3张

财务主管　　　　记账　　　　出纳　　　　审核　　　　制单　王林

表 9.8 转 账 凭 证
20××年12月12日　　　　　　　转字第3号

摘要	科目名称		借方金额	贷方金额	过账
	一级科目	明细科目			
销售产品	应收账款	ZX厂	81 360		√
	主营业务收入	B产品		72 000	√
	应交税费	应交增值税(销)		9 360	√
合　计			81 360	81 360	

财务主管　　　　记账　　　　审核　　　　制单 王林

附单据2张

表 9.9 转 账 凭 证
20××年12月12日　　　　　　　转字第4号

摘要	科目名称		借方金额	贷方金额	过账
	一级科目	明细科目			
结转已售产品成本	主营业务成本	B产品	32 000		√
	库存商品	B产品		32 000	√
合　计			32 000	32 000	

财务主管　　　　记账　　　　审核　　　　制单 王林

附单据1张

表 9.10 付 款 凭 证
贷方科目：银行存款　　　20××年12月15日　　　　银付字第3号

摘要	借方科目		金额	过账
	一级科目	明细科目		
支付办公费	制造费用		650	√
	管理费用		350	√
合　计			1 000	

财务主管　　　记账　　　出纳　　　审核　　　制单 王林

附单据2张

表9.11　　　　　　　　　　　　　转账凭证
20××年12月17日　　　　　　　　转字第5号

摘要	科目名称		借方金额	贷方金额	过账
	一级科目	明细科目			
耗费材料	生产成本	A产品	6 200		√
		B产品	4 800		√
	原材料	甲材料		6 200	√
		乙材料		4 800	√
合计			11 000	11 000	

财务主管　　　　　记账　　　　　审核　　　　　制单　王林

附单据1张

表9.12　　　　　　　　　　　　　收款凭证
借方科目：银行存款　　　　20××年12月20日　　　　银收字第2号

摘要	贷方科目		金额	过账
	一级科目	明细科目		
收回应收款	应收账款	ZX厂	81 360	√
合计			81 360	

财务主管　　　　　记账　　　　　审核　　　　　制单　王林

附单据1张

表9.13　　　　　　　　　　　　　收款凭证
借方科目：库存现金　　　　20××年12月25日　　　　现收字第1号

摘要	贷方科目		金额	过账
	一级科目	明细科目		
报销差旅费	其他应收款	小张	200	√
合计			200	

财务主管　　　　记账　　　　出纳　　　　审核　　　　制单　王林

附单据1张

表 9.14   转 账 凭 证

20××年12月25日   转字第6号

摘要	科目名称		借方金额	贷方金额	过 账
	一级科目	明细科目			
报销差旅费	管理费用	差旅费	1 800		√
	其他应收款	小张		1 800	√
合 计			1 800	1 800	

附单据1张

财务主管   记账   审核   制单 王林

表 9.15   转 账 凭 证

20××年12月27日   转字第7号

摘要	科目名称		借方金额	贷方金额	过 账
	一级科目	明细科目			
车间报废旧机床	固定资产清理		8 000		√
	累计折旧		40 000		√
	固定资产			48 000	√
合 计			48 000	48 000	

附单据1张

财务主管   记账   审核   制单 王林

表 9.16   付 款 凭 证

贷方科目：银行存款   20××年12月27日   银付字第4号

摘要	借方科目		金额	过 账
	一级科目	明细科目		
报废旧机床	固定资产清理		700	√
合 计			700	

附单据1张

财务主管   记账   出纳   审核   制单 王林

表 9.17　　　　　　　　　　　　　转 账 凭 证
20××年12月27日　　　　　　　　　　　转字第 8 号

摘　要	科目名称		借方金额	贷方金额	过　账
	一级科目	明细科目			
车间报废旧机床	原材料		960		√
	固定资产清理			960	√
合　计			960	960	

财务主管　　　　　　记账　　　　　　审核　　　　　　制单　王林

附单据 1 张

表 9.18　　　　　　　　　　　　　转 账 凭 证
20××年12月27日　　　　　　　　　　　转字第 9 号

摘　要	科目名称		借方金额	贷方金额	过　账
	一级科目	明细科目			
车间报废旧机床	营业外支出		7 740		√
	固定资产清理			7 740	√
合　计			7 740	7 740	

财务主管　　　　　　记账　　　　　　审核　　　　　　制单　王林

附单据 0 张

表 9.19　　　　　　　　　　　　　付 款 凭 证
贷方科目：银行存款　　　　20××年12月31日　　　　　银付字第 5 号

摘　要	借方科目		金　额	过　账
	一级科目	明细科目		
支付生产用动力费	生产成本	A 产品	700	√
		B 产品	500	√
合　计			1 200	

财务主管　　　　记账　　　　出纳　　　　审核　　　　制单　王林

附单据 2 张

表9.20

转 账 凭 证

20××年12月31日　　　　　　　　　　　转字第10号

摘　要	科目名称		借方金额	贷方金额	过　账
	一级科目	明细科目			
分配工资费用	生产成本	A产品	60 000		√
		B产品	40 000		√
	制造费用		80 000		√
	管理费用		20 000		√
	应付职工薪酬	工资		200 000	√
合　计			200 000	200 000	

附单据1张

财务主管　　　　　　记账　　　　　　审核　　　　　　制单　王林

表9.21

转 账 凭 证

20××年12月31日　　　　　　　　　　　转字第11号

摘　要	科目名称		借方金额	贷方金额	过　账
	一级科目	明细科目			
分配职工福利费	生产成本	A产品	6 000		√
		B产品	4 000		√
	制造费用		8 000		√
	管理费用		2 000		√
	应付职工薪酬	职工福利费		20 000	√
合　计			20 000	20 000	

附单据1张

财务主管　　　　　　记账　　　　　　审核　　　　　　制单　王林

表9.22

转 账 凭 证

20××年12月31日　　　　　　　　　　　转字第12号

摘　要	科目名称		借方金额	贷方金额	过　账
	一级科目	明细科目			
计提折旧费用	制造费用		6 000		√
	管理费用		4 000		√
	累计折旧			10 000	√
合　计			10 000	10 000	

附单据1张

财务主管　　　　　　记账　　　　　　审核　　　　　　制单　王林

表9.23

转 账 凭 证

20××年12月31日　　　　　　　　　　　　转字第13号

摘　要	科目名称		借方金额	贷方金额	过　账
	一级科目	明细科目			
结转制造费用	生产成本	A产品	56 790		√
		B产品	37 860		√
	制造费用			94 650	√
合　计			94 650	94 650	

附单据1张

财务主管　　　　　记账　　　　　审核　　　　　制单　王林

表9.24

转 账 凭 证

20××年12月31日　　　　　　　　　　　　转字第14号

摘　要	科目名称		借方金额	贷方金额	过　账
	一级科目	明细科目			
结转完工产品成本	库存商品	A产品	151 690		√
	生产成本	A产品		151 690	√
合　计			151 690	151 690	

附单据1张

财务主管　　　　　记账　　　　　审核　　　　　制单　王林

表9.25

转 账 凭 证

20××年12月31日　　　　　　　　　　　　转字第15号

摘　要	科目名称		借方金额	贷方金额	过　账
	一级科目	明细科目			
计提城建税	税金及附加		454.50		√
计提教育费附加	应交税费	应交城建税		318.15	√
		应交教育费附加		136.35	√
合　计			454.50	454.50	

附单据1张

财务主管　　　　　记账　　　　　审核　　　　　制单　王林

表9.26

转 账 凭 证

20××年12月31日　　　　　　　转字第16号

摘要	科目名称		借方金额	贷方金额	过账
	一级科目	明细科目			
计提应交所得税	所得税费用		913.88		√
	应交税费	应交所得税		913.88	√
合　计			913.88	913.88	

附单据 1 张

财务主管　　　　记账　　　　审核　　　　制单　王林

表9.27

转 账 凭 证

20××年12月31日　　　　　　　转字第17号

摘要	科目名称		借方金额	贷方金额	过账
	一级科目	明细科目			
结转损益类账户	主营业务收入	B产品	72 000		√
	本年利润			72 000	√
合　计			72 000	72 000	

附单据 0 张

财务主管　　　　记账　　　　审核　　　　制单　王林

表9.28

转 账 凭 证

20××年12月31日　　　　　　　转字第18号

摘要	科目名称		借方金额	贷方金额	过账
	一级科目	明细科目			
结转损益类账户	本年利润		69 258.38		√
	主营业务成本			32 000	√
	税金及附加			454.50	√
	管理费用			28 150	√
	所得税费用			913.88	√
	营业外支出			7 740	√
合　计			69 258.38	69 258.38	

附单据 0 张

财务主管　　　　记账　　　　审核　　　　制单　王林

表 9.29

转 账 凭 证

20××年12月31日　　　　　　转字第 19 号

摘　要	科目名称		借方金额	贷方金额	过　账
	一级科目	明细科目			
计提盈余公积	利润分配	提取法定盈余公积	7 474.16		√
	盈余公积	法定盈余公积		7 474.16	√
合　计			7 474.16	7 474.16	

附单据 1 张

财务主管　　　　　记账　　　　　审核　　　　　制单　王林

表 9.30

转 账 凭 证

20××年12月31日　　　　　　转字第 20 号

摘　要	科目名称		借方金额	贷方金额	过　账
	一级科目	明细科目			
拟定分配利润	利润分配	应付现金股利或利润	40 000		√
	应付股利			40 000	√
合　计			40 000	40 000	

附单据 1 张

财务主管　　　　　记账　　　　　审核　　　　　制单　王林

表 9.31

转 账 凭 证

20××年12月31日　　　　　　转字第 21 号

摘　要	科目名称		借方金额	贷方金额	过　账
	一级科目	明细科目			
结转本年利润	本年利润		74 741.62		√
	利润分配	未分配利润		74 741.62	√
合　计			74 741.62	74 741.62	

附单据 1 张

财务主管　　　　　记账　　　　　审核　　　　　制单　王林

表9.32　　　　　　　　　　　　　　转 账 凭 证
20××年12月31日　　　　　　　　　　转字第22号

摘要	科目名称		借方金额	贷方金额	过账
	一级科目	明细科目			
结转利润分配数	利润分配	未分配利润	47 474.16		√
		提取法定盈余公积		7 474.16	√
		应付现金股利或利润		40 000.00	√
合　计			47 474.16	47 474.16	

附单据1张

财务主管　　　　　　记账　　　　　　审核　　　　　　制单　王林

第二步：根据收款凭证、付款凭证逐笔登记现金日记账和银行存款日记账，如表9.33和表9.34所示。

表9.33　　　　　　　　　　　　　　现金日记账

月	日	凭证		摘要	对应科目	收入	支出	余额
		种类	号数					
12	1			期初余额				2 800
	5	银付	1	提现	银行存款	200 000		
		现付	1	发工资	应付职工薪酬		200 000	
				本日合计				2 800
	6	现付	2	预支差旅费	其他应收款		2 000	800
	25	现收	1	报销差旅费	其他应收款	200		1 000
	31			本月合计		200 200	202 000	1 000

表9.34　　　　　　　　　　　　　　银行存款日记账

月	日	凭证		摘要	对应科目	借方	贷方	余额
		种类	号数					
12	1			期初余额				166 400
	2	银收	1	借款	短期借款	120 000		286 400
	5	银付	1	提现	库存现金		200 000	86 400
	10	银付	2	买机床	固定资产		6 500	
					应交税费—增(进)		825	79 075
	15	银付	3	办公费	制造费用		650	
					管理费用		350	78 075
	20	银收	2	收回货款	应收账款	81 360		159 435
	27	银付	4	清理机床	固定资产清理		700	158 735
	31	银付	5	动力费	生产成本		1 200	157 535
	31			本月合计		201 360	210 225	157 535

第三步：根据记账凭证及其所附的原始凭证或原始凭证汇总表逐笔登记明细分类账。下面以"生产成本"明细账为例(如表9.35至表9.36所示)，其他明细账略。

假定12月初生产成本22 000元为A产品的成本，其中，直接材料10 000元，直接人工8 000元，制造费用4 000元。

表9.35　　　　　　　　　　　　　生产成本明细分类账
产品名称：A产品

20××年		凭证		摘要	借方(成本项目)					余额
月	日	种类	号数		直接材料	直接人工	制造费用	动力费	合计	
12	1			期初余额	10 000	8 000	4 000		22 000	22 000
	17	转	5	领用材料	6 200				6 200	28 200
	31	银付	5	动力费				700	700	28 900
	31	转	10	工资		60 000			60 000	88 900
	31	转	11	福利费		6 000			6 000	94 900
	31	转	13	制造费用			56 790		56 790	151 690
	31	转	14	完工产品	16 200	74 000	60 790	700	151 690	0
	31			期末余额	0	0	0	0	0	0

表9.36　　　　　　　　　　　　　生产成本明细分类账
产品名称：B产品

20××年		凭证		摘要	借方(成本项目)					余额
月	日	种类	号数		直接材料	直接人工	制造费用	动力费	合计	
12	17	转	5	领用材料	4 800				4 800	4 800
	31	银付	5	动力费				500	500	5 300
	31	转	10	工资		40 000			40 000	45 300
	31	转	11	福利费		4 000			4 000	49 300
	31	转	13	制造费用			37 860		37 860	87 160
	31			期末余额	4 800	44 000	37 860	500	87 160	87 160

第四步：根据记账凭证逐笔登记总分类账，如表9.37至表9.63所示。

表9.37　　　　　　　　　　　　　　**科目名称：库存现金**

月	日	凭证		摘要	借方	贷方	借/贷	余额
		种类	号数					
12	1			期初余额			借	2 800
	5	银付	1	提　现	200 000			
		现付	1	发工资		200 000		
	6	现付	2	预支差旅费		2 000		
	25	现收	1	报销差旅费	200			
	31			本月合计	200 200	202 000	借	1 000

表 9.38　　　　　　　　　　　　**科目名称：银行存款**

月	日	凭证 种类	凭证 号数	摘要	借方	贷方	借/贷	余额
12	1			期初余额			借	166 400
	2	银收	1	取得借款	120 000			
	5	银付	1	提　现		200 000		
	10	银付	2	购固定资产		7 325		
	15	银付	3	办公费		1 000		
	20	银收	2	收回货款	81 360			
	27	银付	4	清理费用		700		
	31	银付	5	动力费		1 200		
	31			本月合计	201 360	210 225	借	157 535

表 9.39　　　　　　　　　　　　**科目名称：原材料**

月	日	凭证 种类	凭证 号数	摘要	借方	贷方	借/贷	余额
12	1			期初余额			借	40 000
	8	转	2	结转成本	31 000			
	17	转	5	领　料		11 000		
	27	转	8	残　料	960			
	31			本月合计	31 960	11 000	借	60 960

表 9.40　　　　　　　　　　　　**科目名称：材料采购**

月	日	凭证 种类	凭证 号数	摘要	借方	贷方	借/贷	余额
12	1			期初余额			平	0
	8	转	1	购　料	31 000			
	8	转	2	结转成本		31 000		
	31			本月合计	31 000	31 000	平	0

表 9.41　　　　　　　　　　　　**科目名称：其他应收款**

月	日	凭证 种类	凭证 号数	摘要	借方	贷方	借/贷	余额
12	1			期初余额			平	0
	6	现付	2	预支差旅费	2 000			
	25	现收	1	报销差旅费		2 000		
	31			本月合计	2 000	2 000	平	0

表9.42　　　　　　　　　　　　　　　　科目名称：库存商品

月	日	凭证		摘要	借方	贷方	借/贷	余额
		种类	号数					
12	1			期初余额			借	62 520
	12	转	4	结转成本		32 000		
	17	转	14	入库	151 690			
	31			本月合计	151 690	32 000	借	182 210

表9.43　　　　　　　　　　　　　　　　科目名称：固定资产

月	日	凭证		摘要	借方	贷方	借/贷	余额
		种类	号数					
12	1			期初余额			借	360 000
	10	转	2	购买	6 500			
	27	转	7	报废机床		48 000		
	31			本月合计	6 500	48 000	借	318 500

表9.44　　　　　　　　　　　　　　　　科目名称：应收账款

月	日	凭证		摘要	借方	贷方	借/贷	余额
		种类	号数					
12	1			期初余额			借	86 000
	12	转	3	销货	81 360			
	20	银收	2	收回货款		81 360		
	31			本月合计	81 360	81 360	借	86 000

表9.45　　　　　　　　　　　　　　　　科目名称：生产成本

月	日	凭证		摘要	借方	贷方	借/贷	余额
		种类	号数					
12	1			期初余额			借	22 000
	17	转	5	领料生产	11 000			
	31	银付	5	动力费	1 200			
	31	转	10	工资费用	100 000			
	31	转	11	福利费	10 000			
	31	转	13	制造费用	94 650			
	31	转	14	产品完工		151 690		
	31			本月合计	216 850	151 690	借	87 160

表 9.46　　　　　　　　　　　科目名称：固定资产清理

月	日	凭证 种类	凭证 号数	摘要	借方	贷方	借/贷	余额
12	1			期初余额			平	0
	27	转	7	报废机床	8 000			
		银付	4	清理费用	700			
		转	8	残料入库		960		
		转	9	结转损失		7 740		
	31			本月合计	8 700	8 700	平	0

表 9.47　　　　　　　　　　　科目名称：制造费用

月	日	凭证 种类	凭证 号数	摘要	借方	贷方	借/贷	余额
12	1			期初余额			平	0
	15	银付	3	办公费	650			
	31	转	10	工资费用	80 000			
	31	转	11	福利费	8 000			
	31	转	12	折旧费用	6 000			
	31	转	13	结　转		94 650		
	31			本月合计	94 650	94 650	平	0

表 9.48　　　　　　　　　　　科目名称：累计折旧

月	日	凭证 种类	凭证 号数	摘要	借方	贷方	借/贷	余额
12	1			期初余额			贷	91 040
	27	转	7	报废机床	40 000			
	31	转	12	折旧费用		10 000		
	31			本月合计	40 000	10 000	贷	61 040

表 9.49　　　　　　　　　　　科目名称：短期借款

月	日	凭证 种类	凭证 号数	摘要	借方	贷方	借/贷	余额
12	1			期初余额			贷	40 000
	2	银收	1	取得借款		120 000		
	31			本月合计	0	120 000	贷	160 000

表9.50　　　　　　　　　　　　　　　　　科目名称：**应付账款**

月	日	凭证 种类	凭证 号数	摘要	借方	贷方	借/贷	余额
12	1			期初余额			贷	30 000
	8	转	1	购料		34 990	贷	64 990
	31			本月合计		34 990		

表9.51　　　　　　　　　　　　　　　　　科目名称：**应交税费**

月	日	凭证 种类	凭证 号数	摘要	借方	贷方	借/贷	余额
12	1			期初余额			贷	6 680
	8	转	1	进项税额	3 990			
	10	银付	2	进项税额	825			
	12	转	3	销项税额		9 360		
	31	转	15	城建税及附加		454.50		
	31	转	16	所得税		913.88		
	31			本月合计	4 815	10 728.38	贷	12 593.38

表9.52　　　　　　　　　　　　　　　　　科目名称：**应付职工薪酬**

月	日	凭证 种类	凭证 号数	摘要	借方	贷方	借/贷	余额
12	1			期初余额			贷	200 000
	5	现付	1	发放工资	200 000			
	31	转	10	工资费用		200 000		
	31	转	11	福利费		20 000		
	31			本月合计	200 000	220 000	贷	220 000

表9.53　　　　　　　　　　　　　　　　　科目名称：**实收资本**

月	日	凭证 种类	凭证 号数	摘要	借方	贷方	借/贷	余额
12	1			期初余额			贷	200 000
	31			本月合计	0	0	贷	200 000

表9.54　　　　　　　　　　　　　　　　　科目名称：**盈余公积**

月	日	凭证 种类	凭证 号数	摘要	借方	贷方	借/贷	余额
12	1			期初余额			贷	10 000
	31	转	19	提取		7 474.16		
	31			本月合计	0	7 474.16	贷	17 474.16

表 9.55　　　　　　　　　　　科目名称：应付股利

月	日	凭证 种类	凭证 号数	摘要	借方	贷方	借/贷	余额
12	1			期初余额			平	0
	31	转	20	分配利润		40 000		
	31			本月合计	0	40 000	贷	40 000

表 9.56　　　　　　　　　　　科目名称：本年利润

月	日	凭证 种类	凭证 号数	摘要	借方	贷方	借/贷	余额
12	1			期初余额			贷	72 000
	31	转	17	结转收入		72 000		
	31	转	18	结转支出	69 258.38			
	31	转	21	结转净利润	74 741.62			
	31			本月合计	144 000.00	72 000	平	0

表 9.57　　　　　　　　　　　科目名称：利润分配

月	日	凭证 种类	凭证 号数	摘要	借方	贷方	借/贷	余额
12	1			期初余额			贷	90 000
	31	转	19	提盈余公积	7 474.16			
	31	转	20	分配利润	40 000.00			
	31	转	21	结转净利润		74 741.62		
	31	转	22	结转已分配利润	47 474.16	47 474.16		
	31			本月合计	94 948.32	122 215.78	贷	117 267.46

表 9.58　　　　　　　　　　　科目名称：主营业务收入

月	日	凭证 种类	凭证 号数	摘要	借方	贷方	借/贷	余额
12	1			期初余额			平	0
	12	转	3	销货		72 000		
	31	转	20	结转收入	72 000			
	31			本月合计	72 000	72 000	平	0

表 9.59　　　　　　　　　　　　　　**科目名称：主营业务成本**

月	日	凭证 种类	凭证 号数	摘要	借方	贷方	借/贷	余额
12	1			期初余额			平	0
	12	转	4	销货成本	32 000			
	31	转	18	结转支出		32 000		
	31			本月合计	32 000	32 000	平	0

表 9.60　　　　　　　　　　　　　　**科目名称：税金及附加**

月	日	凭证 种类	凭证 号数	摘要	借方	贷方	借/贷	余额
12	1			期初余额			平	0
	31	转	15	城建税及附加	454.50			
	31	转	18	结转支出		454.50		
	31			本月合计	454.50	454.50	平	0

表 9.61　　　　　　　　　　　　　　**科目名称：管理费用**

月	日	凭证 种类	凭证 号数	摘要	借方	贷方	借/贷	余额
12	1			期初余额			平	0
	15	银付	3	办公费	350			
	25	转	6	差旅费	1 800			
	31	转	10	工资费用	20 000			
	31	转	11	福利费	2 000			
	31	转	12	折旧费用	4 000			
	31	转	18	结转支出		28 150		
	31			本月合计	28 150	28 150	平	0

表 9.62　　　　　　　　　　　　　　**科目名称：所得税费用**

月	日	凭证 种类	凭证 号数	摘要	借方	贷方	借/贷	余额
12	1			期初余额			平	0
	31	转	16	计提	913.88			
	31	转	18	结转支出		913.88		
	31			本月合计	913.88	913.88	平	0

表9.63　　　　　　　　　　　科目名称：营业外支出

月	日	凭证 种类	凭证 号数	摘要	借方	贷方	借/贷	余额
12	1			期初余额			平	0
	27	转	9	结转净损失	7 740			
	31	转	18	结转支出		7 740		
	31			本月合计	7 740	7 740	平	0

第五步：月终，将现金日记账、银行存款日记账余额、各种明细分类账余额的合计数分别与相应的总分类账余额相核对(略)。

第六步：月终，根据总分类账和明细分类账的记录编制会计报表(以资产负债表和利润表为例)，如表9.64和表9.65所示。

表9.64　　　　　　　　　　　　　资产负债表

会企01表

编制单位：PD企业　　　　　　　20××年12月31日　　　　　　　　　　单位：元

资产	期末余额	上年年末余额	负债和所有者权益（或股东权益）	期末余额	上年年末余额
流动资产：		略	流动负债：		略
货币资金	158 535.00		短期借款	160 000.00	
交易性金融资产			交易性金融负债		
衍生金融资产			衍生金融负债		
应收票据			应付票据		
应收账款	86 000.00		应付账款	64 990.00	
应收款项融资			预收款项		
预付款项			合同负债		
其他应收款			应付职工薪酬	220 000.00	
存货	330 330.00		应交税费	12 593.38	
合同资产			其他应付款	40 000.00	
持有待售资产			持有待售负债		
一年内到期的非流动资产			一年内到期的非流动负债		
其他流动资产			其他流动负债		
流动资产合计	574 865.00		流动负债合计	497 583.38	
非流动资产：			非流动负债：		
债权投资			长期借款		
其他债权投资			应付债券		
			其中：优先股		
			永续债		

(续表)

资　　产	期末余额	上年年末余额	负债和所有者权益（或股东权益）	期末余额	上年年末余额
长期应收款			租赁负债		
长期股权投资			长期应付款		
其他权益工具投资			预计负债		
其他非流动金融资产			递延收益		
投资性房地产			递延所得税负债		
固定资产	257 460.00		其他非流动负债		
在建工程			非流动负债合计		
生产性生物资产			负债合计	497 583.38	
油气资产			所有者权益（或股东权益）：		
使用权资产			实收资本（或股本）	200 000.00	
无形资产			其他权益工具		
			其中：优先股		
			永续债		
开发支出			资本公积		
商誉			减：库存股		
长期待摊费用			其他综合收益		
递延所得税资产			专项储备		
其他非流动资产			盈余公积	17 474.16	
非流动资产合计	257 460.00		未分配利润	117 267.46	
			所有者权益（或股东权益）合计	334 741.62	
资产总计	832 325.00		负债和所有者权益（或股东权益）总计	832 325.00	

表 9.65　　　　　　　　　利　润　表

编制单位：PD 企业　　　　　20××年 12 月　　　　　会企 02 表　单位：元

项　　　　目	本期金额	上期金额
一、营业收入	72 000.00	
减：营业成本	32 000.00	
税金及附加	454.50	
销售费用		

(续表)

项 目	本期金额	上期金额
管理费用	28 150.00	
研发费用		
财务费用		
其中：利息费用		
利息收入		
加：其他收益		
投资收益（损失以"—"号填列）		
其中：对联营企业和合营企业的投资收益		
以摊余成本计量的金融资产终止确认收益（损失以"—"号填列）		
净敞口套期收益（损失以"—"号填列）		
公允价值变动收益（损失以"—"号填列）		
信用减值损失（损失以"—"号填列）		
资产减值损失（损失以"—"号填列）		
资产处置收益（损失以"—"号填列）		
二、营业利润（亏损以"—"号填列）	11 395.50	
加：营业外收入		
减：营业外支出	7 740.00	
三、利润总额（亏损总额以"—"号填列）	3 655.50	
减：所得税费用	913.88	
四、净利润（净亏损以"—"号填列）	2 741.62	
（一）持续经营净利润（净亏损以"—"号填列）	2 741.62	
（二）终止经营净利润（净亏损以"—"号填列）		
五、其他综合收益的税后净额		
（一）不能重分类进损益的其他综合收益		
……		
（二）将重分类进损益的其他综合收益		
……		
六、综合收益总额	2 741.62	
七、每股收益：		
（一）基本每股收益		
（二）稀释每股收益		

(三) 记账凭证账务处理程序的特点及优缺点

与其他账务处理程序相比较而言,记账凭证账务处理程序的主要特点是直接根据每一张记账凭证逐笔登记总分类账。

记账凭证账务处理程序的优点是简单明了,易于理解、掌握,便于分工记账,总分类账可以比较详细地反映全部经济业务的发生和完成情况。其缺点是登记总账工作量很大,因而,这种程序只适用于规模较小、经济业务较简单的企业。

> **探究与发现**
>
> 通过上述学习,你是否对"导入"所提出的问题进行了相关思考?你认为问题(1)该如何作答?

二、汇总记账凭证账务处理程序

(一) 汇总记账凭证账务处理程序的基本内容

汇总记账凭证账务处理程序是根据记账凭证定期编制汇总记账凭证,月末再据以登记总分类账的一种账务处理程序。

采用汇总记账凭证账务处理程序时,账簿的设置情况为:现金日记账、银行存款日记账、总分类账和有关明细分类账,其格式要求基本上与记账凭证账务处理程序相同。汇总记账凭证的格式受记账凭证格式的影响,既可使用一种统一的汇总凭证,也可使用汇总收款凭证、汇总付款凭证和汇总转账凭证三种专用格式。

汇总记账凭证账务处理程序如下:① 根据原始凭证或原始凭证汇总表编制记账凭证;② 根据收款凭证、付款凭证逐笔登记现金日记账和银行存款日记账;③ 根据记账凭证及其所附的原始凭证或原始凭证汇总表逐笔登记明细分类账;④ 根据收款凭证、付款凭证和转账凭证定期编制汇总收款凭证、汇总付款凭证和汇总转账凭证;⑤ 月终,根据各种汇总记账凭证登记总分类账;⑥ 月终,将现金日记账、银行存款日记账余额、各种明细分类账余额的合计数与相应的总分类账余额相核对;⑦ 月终,根据总分类账和明细分类账的记录编制会计报表。

汇总记账凭证账务处理程序如图9-2所示:

(二) 汇总记账凭证的编制

汇总记账凭证包括汇总收款凭证、汇总付款凭证和汇总转账凭证。

1. 汇总收款凭证

汇总收款凭证是按现金或银行存款科目的借方设置,根据一定期间内的全部现金或银行存款收款凭证,分别按与设证科目相对应的贷方科目加以归类,定期(如5天或10天)汇总填列一次,每月编制一张。月终时,结算出汇总收款凭证的合计数,据以登记总分类账。

基础会计

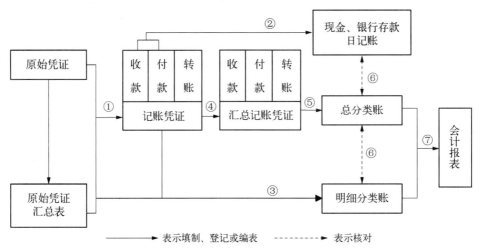

图 9‑2 汇总记账凭证账务处理程序

2. 汇总付款凭证

汇总付款凭证是按现金或银行存款科目的贷方设置,根据一定期间内的全部现金或银行存款付款凭证,分别按与设证科目相对应的借方科目加以归类,定期(如 5 天或 10 天)汇总填列一次,每月编制一张。月终时,结算出汇总付款凭证的合计数,据以登记总分类账。

3. 汇总转账凭证

汇总转账凭证是根据转账凭证填制的,通常是按每一贷方科目分别设置,根据一定期间内的全部转账凭证,按与设证科目相对应的借方科目加以归类,一般是 5 天或 10 天定期汇总填制,按月编制一张。月终时,结算出汇总转账凭证的合计数,据以登记总分类账中有关账户借方和设证科目贷方。汇总转账凭证是以一个贷方科目与一个或几个借方科目相对应编制的,因此,为了便于编制汇总转账凭证,平时填制转账凭证时,应使科目的对应关系保持一个贷方科目同一个或几个借方科目相对应,而尽量避免一个借方科目同几个贷方科目相对应。如果本期内对应关系相同的转账凭证不多,也可不编制汇总转账凭证,而是直接根据转账凭证逐笔计入总分类账。

(三) 汇总记账凭证账务处理程序的实例

【例 9‑2】仍用【例 9‑1】的资料,说明汇总记账凭证账务处理程序的过程。

第一步:根据原始凭证或原始凭证汇总表编制记账凭证。处理方法与【例 9‑1】相同,如表 9.1 至表 9.32 所示。

第二步:根据收款凭证、付款凭证逐笔登记现金日记账和银行存款日记账。处理方法与【例 9‑1】相同,如表 9.33 和表 9.34 所示。

第三步:根据记账凭证及其所附的原始凭证或原始凭证汇总表逐笔登记明细分类账。处理方法与【例 9‑1】相同,如表 9.35 和表 9.36 所示。

第四步:根据收款凭证、付款凭证和转账凭证定期编制汇总收款凭证、汇总付款凭证和汇总转账凭证,如表 9.66 至表 9.74 所示。

表 9.66　　　　　　　　　　　　　汇总收款凭证
借方科目：银行存款　　　　　　　20××年12月　　　　　　　　　　　　汇收1号

贷方科目	金　额				总账页数(略)	
	(1)	(2)	(3)	合计	借方	贷方
短期借款	120 000			120 000		
应收账款		83 360		81 360		
附注	(1) 自　1　日至　10　日　凭证自　银收1　号至　　　号共　1　张 (2) 自　11　日至　20　日　凭证自　银收2　号至　　　号共　1　张 (3) 自　21　日至　31　日　凭证自　　　号至　　　号共　0　张					

财务主管　　　　　　　记账　　　　　　　审核　　　　　　　制单　李浩

表 9.67　　　　　　　　　　　　　汇总收款凭证
借方科目：库存现金　　　　　　　20××年12月　　　　　　　　　　　　汇收2号

贷方科目	金　额				总账页数(略)	
	(1)	(2)	(3)	合计	借方	贷方
其他应收款			200	200		
附注	(1) 自　1　日至　10　日　凭证自　　　号至　　　号共　0　张 (2) 自　11　日至　20　日　凭证自　　　号至　　　号共　0　张 (3) 自　21　日至　31　日　凭证自　现收1　号至　　　号共　1　张					

财务主管　　　　　　　记账　　　　　　　审核　　　　　　　制单　李浩

表 9.68　　　　　　　　　　　　　汇总付款凭证
贷方科目：银行存款　　　　　　　20××年12月　　　　　　　　　　　　汇付1号

借方科目	金　额				总账页数(略)	
	(1)	(2)	(3)	合计	借方	贷方
库存现金	200 000			200 000		
固定资产	6 500			6 500		
应交税费	825			825		
制造费用		650		650		
管理费用		350		350		
固定资产清理			700	700		
生产成本			1 200	1 200		
附注	(1) 自　1　日至　10　日　凭证自　银付1　号至　银付2　号共　2　张 (2) 自　11　日至　20　日　凭证自　银付3　号至　　　号共　1　张 (3) 自　21　日至　31　日　凭证自　银付4　号至　银付5　号共　2　张					

财务主管　　　　　　　记账　　　　　　　审核　　　　　　　制单　李浩

表 9.69   **汇总付款凭证**

贷方科目：库存现金   20××年12月   汇付2号

借方科目	金额				总账页数(略)	
	(1)	(2)	(3)	合计	借方	贷方
应付职工薪酬	200 000			200 000		
其他应收款	2 000			2 000		
附注	(1) 自 __1__ 日至 __10__ 日 凭证自 __现付1__ 号至 __现付2__ 号共 __2__ 张 (2) 自 __11__ 日至 __20__ 日 凭证自 ____ 号至 ____ 号共 __0__ 张 (3) 自 __21__ 日至 __31__ 日 凭证自 ____ 号至 ____ 号共 __0__ 张						

财务主管   记账   审核   制单 李浩

表 9.70   **汇总转账凭证**

贷方科目：应付账款   20××年12月   汇转1号

借方科目	金额				总账页数(略)	
	(1)	(2)	(3)	合计	借方	贷方
材料采购	31 000			31 000		
应交税费	3 990			3 990		
附注	(1) 自 __1__ 日至 __10__ 日 凭证自 __转1__ 号至 ____ 号共 __1__ 张 (2) 自 __11__ 日至 __20__ 日 凭证自 ____ 号至 ____ 号共 __0__ 张 (3) 自 __21__ 日至 __31__ 日 凭证自 ____ 号至 ____ 号共 __0__ 张						

财务主管   记账   审核   制单 李浩

表 9.71   **汇总转账凭证**

贷方科目：材料采购   20××年12月   汇转2号

借方科目	金额				总账页数(略)	
	(1)	(2)	(3)	合计	借方	贷方
原材料	31 000			31 000		
附注	(1) 自 __1__ 日至 __10__ 日 凭证自 __转2__ 号至 ____ 号共 __1__ 张 (2) 自 __11__ 日至 __20__ 日 凭证自 ____ 号至 ____ 号共 __0__ 张 (3) 自 __21__ 日至 __31__ 日 凭证自 ____ 号至 ____ 号共 __0__ 张						

财务主管   记账   审核   制单 李浩

表 9.72
贷方科目：应交税费

汇总转账凭证
20××年12月

汇转3号

借方科目	金额				总账页数(略)	
	(1)	(2)	(3)	合计	借方	贷方
应收账款	9 360			9 360		

附注：
(1) 自 __1__ 日至 __10__ 日　凭证自_____号至_____号共 __0__ 张
(2) 自 __11__ 日至 __20__ 日　凭证自　转3　号至_____号共 __1__ 张
(3) 自 __21__ 日至 __31__ 日　凭证自_____号至_____号共 __0__ 张

财务主管　　　　　记账　　　　　审核　　　　　制单　李浩

表 9.73
贷方科目：主营业务收入

汇总转账凭证
20××年12月

汇转4号

借方科目	金额				总账页数(略)	
	(1)	(2)	(3)	合计	借方	贷方
应收账款	81 360			81 360		

附注：
(1) 自 __1__ 日至 __10__ 日　凭证自_____号至_____号共 __0__ 张
(2) 自 __11__ 日至 __20__ 日　凭证自　转3　号至_____号共 __1__ 张
(3) 自 __21__ 日至 __31__ 日　凭证自_____号至_____号共 __0__ 张

财务主管　　　　　记账　　　　　审核　　　　　制单　李浩

表 9.74
贷方科目：应付职工薪酬

汇总转账凭证
20××年12月

汇转3号

借方科目	金额				总账页数(略)	
	(1)	(2)	(3)	合计	借方	贷方
生产成本	100 000			100 000		
制造费用	80 000			80 000		
管理费用	20 000			20 000		

附注：
(1) 自 __1__ 日至 __10__ 日　凭证自_____号至_____号共 __0__ 张
(2) 自 __11__ 日至 __20__ 日　凭证自_____号至_____号共 __0__ 张
(3) 自 __21__ 日至 __31__ 日　凭证自　转10　号至_____号共 __1__ 张

财务主管　　　　　记账　　　　　审核　　　　　制单　李浩

（其他汇总转账凭证略）

第五步：月终，根据各种汇总记账凭证登记总分类账（以"银行存款"总分类账为例，其余略），如表 9.75 所示。

表 9.75　　　　　　　　　　　　　　科目名称：**银行存款**

月	日	凭证 种类	凭证 号数	摘　　要	对方科目	借方	贷方	借/贷	余额
12	1			期初余额				借	166 400
	31	汇收	1	1—31日借款	短期借款	120 000			
				1—31 收回款	应收账款	81 360			
	31	汇付	1	1—31 提现	库存现金		200 000		
				1—31 购机床	固定资产		6 500		
				1—31 增值税	应交税费		825		
				1—31 办公费	制造费用		650		
				1—31 办公费	管理费用		350		
				1—31 清理费	固定资产清理		700		
				1—31 动力费	生产成本		1 200		
	31			本月合计		201 360	210 225	借	157 535

第六步：月终，将现金日记账、银行存款日记账余额、各种明细分类账余额的合计数分别与相应的总分类账余额相核对(略)。

第七步：月终，根据总分类账和明细分类账的记录编制会计报表(以资产负债表和利润表为例)，如表 9.64 和表 9.65 所示。

(四) 汇总记账凭证账务处理程序的特点及优缺点

汇总记账凭证账务处理程序是记账凭证账务处理程序的发展，根据汇总记账凭证登记总分类账是这一账务处理程序的特点。

汇总记账凭证账务处理程序的优点是：简化了总分类账的登记工作，有利于及时编制会计报表；由于汇总记账凭证是按照科目对应关系归类汇总编制的，因此账户间的对应关系清楚，便于分析经济业务的来龙去脉、掌握经济活动的变化，便于查对账目，避免了记账凭证账务处理程序和科目汇总表账务处理程序的缺点。其不足之处是，核算工作量仍然不少，凭证、账簿之间的关系比较复杂。这种账务处理程序通常适用于规模较大、业务量较多的大型企业。

三、科目汇总表账务处理程序

(一) 科目汇总表账务处理程序的基本内容

科目汇总表账务处理程序是根据记账凭证定期编制科目汇总表，再根据科目汇总表登记总分类账的一种账务处理程序。这种账务处理程序也是在记账凭证账务处理程序的基础上发展而来的。

采用科目汇总表账务处理程序时，需要设置的各种账簿除总分类账外(总分类账只能采用不设立"对方科目"栏的借方、贷方、余额三栏式),其他同汇总记账凭证账务处理程序。至于凭证的设置,除了将汇总记账凭证改为科目汇总表外,也基本相同。

科目汇总表记账凭证账务处理程序如下:① 根据原始凭证或原始凭证汇总表编制记账凭证;② 根据收款凭证、付款凭证逐笔登记现金日记账和银行存款日记账;③ 根据记账凭证及其所附的原始凭证或原始凭证汇总表逐笔登记明细分类账;④ 根据收款凭证、付款凭证和转账凭证定期编制科目汇总表;⑤ 月终,根据科目汇总表登记总分类账;⑥ 月终,将现金日记账、银行存款日记账余额、各种明细分类账余额的合计数分别与相应的总分类账余额相核对;⑦ 月终,根据总分类账和明细分类账的记录编制会计报表。

科目汇总表记账凭证账务处理程序如图 9-3 所示。

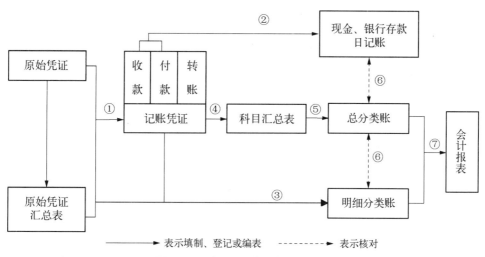

图 9-3 科目汇总表账务处理程序

(二) 科目汇总表的编制

科目汇总表又称记账凭证汇总表,是指根据一定时期内的全部记账凭证按科目进行归类,并计算出每一总账科目的本期借方、贷方发生额所编制的汇总表。科目汇总表根据记账凭证逐月或定期(5 天或 10 天)编制,一个月可编制多张(一般至少 3 张)。

(三) 科目汇总表账务处理程序的实例

【例 9-3】仍用【例 9-1】的资料,说明科目汇总表账务处理程序的过程。

第一步:根据原始凭证或原始凭证汇总表编制记账凭证。处理方法与【例 9-1】相同,如表 9.1 至表 9.32 所示。

第二步:根据收款凭证、付款凭证逐笔登记现金日记账和银行存款日记账。处理方法与【例 9-1】相同,如表 9.33 至表 9.34 所示。

第三步:根据记账凭证及其所附的原始凭证或原始凭证汇总表逐笔登记明细分类账。处理方法与【例 9-1】相同,如表 9.35 和表 9.36 所示。

第四步:根据收款凭证、付款凭证和转账凭证定期编制科目汇总表,如表 9.76 所示。

表 9.76 科目汇总表

20××年12月　　　　　　　　单位：元

会计科目	总账页数	1—10号凭证 号至 号止		11—20号凭证 号至 号止		21—31号凭证 号至 号止	
		借方	贷方	借方	贷方	借方	贷方
库存现金	略	200 000	202 000	—	—	200	—
银行存款		120 000	207 325	81 360	1 000	—	1 900
原材料		31 000	—	—	11 000	960	—
材料采购		31 000	31 000	—	—	—	—
生产成本		—	—	11 000	—	205 850	151 690
库存商品		—	—	—	32 000	151 690	—
应收账款		—	—	81 360	81 360	—	—
其他应收款		2 000	—	—	—	—	2 000
固定资产		6 500	—	—	—	—	48 000
累计折旧		—	—	—	—	40 000	10 000
固定资产清理		—	—	—	—	8 700	8 700
制造费用		—	—	650	—	94 000	94 650
短期借款		—	120 000	—	—	—	—
应付账款		—	34 990	—	—	—	—
应交税费		4 815	—	—	9 360	—	1 368.38
应付职工薪酬		200 000	—	—	—	—	220 000
应付股利		—	—	—	—	—	40 000
盈余公积		—	—	—	—	—	7 474.16
本年利润		—	—	—	—	144 000	72 000
利润分配		—	—	—	—	94 948.32	122 215.78
管理费用		—	—	350	—	27 800	28 150
主营业务收入		—	—	—	72 000	72 000	—
主营业务成本		—	—	32 000	—	—	32 000
税金及附加		—	—	—	—	454.5	454.5
营业外支出		—	—	—	—	7 740	7 740
所得税费用		—	—	—	—	913.88	913.88
合计		595 315	595 315	206 720	206 720	849 256.7	849 256.7

第五步：月终，根据科目汇总表登记总分类账(以"银行存款"总分类账为例，其余略)，如表9.77所示。

表 9.77　　　　　　　　　　　科目名称：银行存款

月	日	凭证		摘　要	借方	贷方	借/贷	余额
		种类	号数					
12	1			期初余额			借	166 400
	10	科汇	1—10	1—10 日发生额	120 000	207 325		
	20	科汇	11—20	11—20 日发生额	81 360	1 000		
	31	科汇	21—31	21—31 日发生额	—	1 900		
				本月合计	201 360	210 225	借	157 535

第六步：月终，将现金日记账、银行存款日记账余额、各种明细分类账余额的合计数与相应的总分类账余额相核对(略)。

第七步：月终，根据总分类账和明细分类账的记录编制会计报表(以资产负债表和利润表为例)，如表 9.64 和表 9.65 所示。

(四) 科目汇总表账务处理程序的特点及优缺点

科目汇总表账务处理程序的特点，是相对于记账凭证账务处理程序而言的，是根据定期编制的科目汇总表登记总分类账。

科目汇总表账务处理程序的优点是：根据科目汇总表登记总分类账，简化了总账的登记工作；通过编制科目汇总表，起到了试算平衡的作用，能及时发现差错，可以保证总账的正确性。其不足之处是，汇总时不分列对应科目，因而不能反映各科目的对应关系，不便于分析经济业务的来龙去脉，不便于查对账目。这种账务处理程序主要适用于规模较大、业务量较多的企业。

> **探究与发现**
>
> 通过上述学习，你是否对"导入"所提出的问题进行了相关思考？你认为问题(2)该如何作答？

本章"探究与发现"参考答案

四、多栏式日记账账务处理程序

(一) 多栏式日记账账务处理程序的基本内容

多栏式日记账账务处理程序是根据收款凭证、付款凭证逐笔登记多栏式现金日记账和多栏式银行存款日记账，月终，根据多栏式日记账登记总分类账的一种账务处理程序。

采用多栏式日记账账务处理程序时，账簿的设置情况为：现金和银行存款日记账采用多栏式，总分类账一般为三栏式，明细分类账可根据需要采用不同的格式。记账凭证一般采用收款凭证、付款凭证和转账凭证三种。

多栏式日记账记账凭证账务处理程序如下：① 根据原始凭证或原始凭证汇总表编制记账凭证；② 根据收款凭证、付款凭证逐笔登记多栏式现金日记账和多栏式银行存款日记账;③根据记账凭证及其所附的原始凭证或原始凭证汇总表逐笔登记明细分类账;④月终,根据多栏式现金日记账、多栏式银行存款日记账及转账凭证(或根据转账凭证编制的科目汇总表)登记总分类账;⑤月终,将各种明细分类账余额的合计数分别与相应的总分类账余额相核对;⑥月终,根据总分类账和明细分类账的记录编制会计报表。

多栏式日记账记账凭证账务处理程序如图9-4所示。

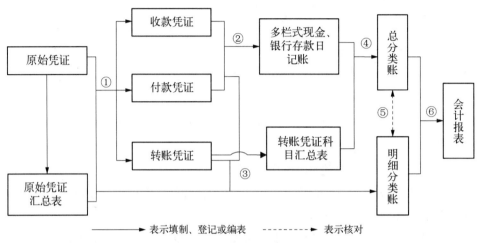

图9-4 多栏式日记账账务处理程序

(二)多栏式日记账账务处理程序的实例

【例9-4】仍用【例9-1】的资料,说明多栏式日记账账务处理程序的过程。

第一步:根据原始凭证或原始凭证汇总表编制记账凭证。处理方法与【例9-1】相同,如表9.1至表9.32所示。

第二步:根据收款凭证、付款凭证逐笔登记多栏式现金日记账和多栏式银行存款日记账(以"多栏式现金日记账"为例),如表9.78所示。

表9.78　　　　　　　　　　多栏式现金日记账

月	日	凭证 种类	凭证 号数	摘要	贷方 银行存款	贷方 其他应收款	收入合计	借方 应付职工薪酬	借方 其他应收款	支出合计	余额
12	1			期初余额							2 800
	5	银付	1	提现	200 000		200 000				
		现付	1	发工资				200 000		200 000	2 800
	6	现付	2	预支差旅费					2 000	2 000	800
	25	现收	1	报销差旅费		200	200				1 000
	31			期末余额			200 200			202 000	1 000

第三步：根据记账凭证及其所附的原始凭证或原始凭证汇总表逐笔登记明细分类账。处理方法与【例9-1】相同，如表9.35和表9.36所示。

第四步：根据多栏式现金日记账、银行存款日记账及转账凭证（或根据转账凭证编制的科目汇总表）登记总分类账（以"库存现金"总分类账为例），如表9.79所示。

表9.79　　　　　　　　　　　科目名称：库存现金

月	日	凭证		摘要	借方	贷方	借/贷	余额
		种类	号数					
12	1			期初余额			借	2 800
				本期发生额	200 200	202 000		
	31			期末余额			借	1 000

第五步：月终，将各种明细分类账余额的合计数分别与相应的总分类账余额相核对（略）。

第六步：月终，根据总分类账和明细分类账的记录编制会计报表（以资产负债表和利润表为例），如表9.64和表9.65所示。

(三) 多栏式日记账账务处理程序的特点及优缺点

在多栏式日记账账务处理程序下，由于现金日记账、银行存款日记账都按对应账户设置专栏，起到了汇总收、付款凭证的作用。月终可根据这些日记账的本月收、付方发生额和各对应账户的发生额登记总分类账。登记时，根据多栏式日记账"收入合计栏"的本月发生额合计数，记入现金、银行存款总分类账的借方，并将"收入栏"下对应贷方科目的本月发生额合计数记入有关总分类账户的贷方。同理，根据多栏式日记账"付出合计栏"的本月发生额合计数，记入现金、银行存款总分类账账户的贷方，并将"付出栏"下对应借方科目的本月发生额合计数记入有关总分类账户的借方。对于转账业务，则可视业务量的大小，或逐笔登记总分类账，或根据转账凭证编制转账凭证科目汇总表，再据以登记总分类账。可见，多栏式日记账账务处理程序的主要特点是根据多栏式日记账登记总分类账。

多栏式日记账账务处理程序的优点是可以简化总分类账的登记工作；缺点是在业务繁杂、会计科目设置较多的企业里，必然造成日记账专栏过多，账页庞大，不便于记账的现象。所以，这种账务处理程序适用于企业规模不很大、运用会计科目较少的单位。

本 章 小 结

账务处理程序是会计凭证和账簿组织与记账程序和方法有机结合的方式。任何企业、单位都必须结合自身经营的特点和管理的要求，选择合适的账务处理程序，以便科学地组织本单位的会计核算工作，提高会计工作效率，减少不必要的环节和手续，提高会计信息的质量。

根据登记总账的依据和方法的不同,账务处理程序主要有记账凭证账务处理程序、汇总记账凭证账务处理程序、科目汇总表账务处理程序和多栏式日记账账务处理程序等几种。

记账凭证账务处理程序的特点是直接根据记账凭证逐笔登记总分类账;汇总记账凭证账务处理程序的特点是根据汇总记账凭证登记总分类账;科目汇总表账务处理程序的特点是根据科目汇总表登记总分类账;多栏式日记账账务处理程序的特点是根据多栏式日记账登记总分类账。

不同的账务处理程序有各自的优缺点及适用性,不同单位要根据其规模大小、不同业务量和不同业务性质采用不同的账务处理程序。

本章思考题

1. 何谓账务处理程序?账务处理程序有何重要作用?
2. 合理的账务处理程序一般应符合哪些要求?
3. 简述各类账务处理程序的优缺点及其适用性。
4. 试比较汇总记账凭证与科目汇总表的异同。

本章练习题

一、单项选择题

1. 在记账凭证账务处理程序下登记总分类账的特点是( )。
   A. 逐日登记总分类账　　　　　　B. 逐笔登记总分类账
   C. 汇总登记总分类账　　　　　　D. 逐月登记总分类账

2. 各种账务处理程序的主要区别在于( )。
   A. 汇总的记账凭证不同　　　　　B. 登记总分类账的依据和方式不同
   C. 汇总的凭证格式不同　　　　　D. 节省工作时间不同

3. 设计账务处理程序是( )的一项重要内容。
   A. 会计凭证设计　　　　　　　　B. 会计制度设计
   C. 会计账簿设计　　　　　　　　D. 会计报表设计

4. 编制科目汇总表的直接依据是( )。
   A. 原始凭证　　　　　　　　　　B. 原始凭证汇总表
   C. 记账凭证　　　　　　　　　　D. 汇总记账凭证

5. 在会计核算中最基本的账务处理程序是( )。
   A. 汇总记账凭证账务处理程序　　B. 科目汇总表账务处理程序
   C. 多栏式日记账账务处理程序　　D. 记账凭证账务处理程序

6. 科目汇总表账务处理程序与汇总记账凭证账务处理程序的主要共同点是(　　)。
   A. 保持科目之间的对应关系　　　　B. 简化总分类账登记工作
   C. 进行发生额试算平衡　　　　　　D. 记账凭证汇总方式相同
7. 科目汇总表账务处理程序的缺点是(　　)。
   A. 能反映账户间的对应关系　　　　B. 不能反映账户间的对应关系
   C. 不能进行试算平衡　　　　　　　D. 会计科目的设置受到限制
8. 科目汇总表汇总的是(　　)。
   A. 部分科目的借、贷方余额　　　　B. 全部科目的借、贷方余额
   C. 全部科目的借、贷方发生额　　　D. 部分科目的借、贷方发生额
9. 科目汇总表账务处理程序登记总分类账的依据是(　　)。
   A. 原始凭证　　B. 记账凭证　　C. 科目汇总表　　D. 汇总记账凭证
10. 汇总付款凭证是根据现金或银行存款的付款凭证,按现金或银行存款科目的(　　)分别设置,并按(　　)会计科目加以归类汇总。
    A. 借方;借方　　B. 贷方;贷方　　C. 借方;贷方　　D. 贷方;借方

二、多项选择题

1. 我国可采用的账务处理程序一般有(　　)。
   A. 记账凭证账务处理程序　　　　　B. 科目汇总表账务处理程序
   C. 汇总记账凭证账务处理程序　　　D. 多栏式日记账账务处理程序
2. 账务处理程序亦可称为(　　)。
   A. 会计核算形式　　　　　　　　　B. 会计工作组织形式
   C. 会计核算组织程序　　　　　　　D. 记账程序
3. 在不同账务处理程序下登记总分类账的依据可能有(　　)。
   A. 记账凭证　　B. 原始凭证　　C. 汇总记账凭证　　D. 科目汇总表
4. 收款凭证贷方科目可能有(　　)。
   A. 库存现金　　B. 固定资产　　C. 实收资本　　D. 短期借款
5. 多栏式日记账账务处理程序登记总分类账的依据是(　　)。
   A. 多栏式现金日记账　　　　　　　B. 汇总原始凭证
   C. 多栏式银行存款日记账　　　　　D. 转账凭证或汇总转账凭证
6. 下列(　　)适用于规模较大、业务量多的单位。
   A. 记账凭证账务处理程序　　　　　B. 汇总记账凭证账务处理程序
   C. 科目汇总表账务处理程序　　　　D. 多栏式日记账账务处理程序
7. 记账凭证账务处理程序的特点是(　　)。
   A. 简单明了,便于掌握　　　　　　B. 登记总分类账的工作量小
   C. 登记总分类账的工作量大　　　　D. 便于了解经济业务的动态

8. 科目汇总表的特点有（　　）。
   A. 减少总分类账登记的工作量　　B. 可以进行试算平衡
   C. 反映账户间的对应关系　　　　D. 根据科目汇总表登记总分类账
9. 汇总记账凭证账务处理程序应设置（　　）。
   A. 汇总记账凭证　　　　　　　　B. 三栏式总分类账
   C. 多栏式总分类账　　　　　　　D. 三栏式日记账
10. 在各种不同的账务处理程序下，登记明细分类账的依据可能是（　　）。
   A. 原始凭证及原始凭证汇总表　　B. 多栏式日记账
   C. 记账凭证　　　　　　　　　　D. 科目汇总表

三、判断题

1. 记账凭证账务处理程序是最基本的账务处理程序，其特点是根据记账凭证汇总表登记总分类账和明细分类账。（　　）
2. 不同单位可以根据其经营业务的特点、经营规模大小、业务繁简和经营管理的需要选择合适的账务处理程序使用，账务处理程序可以随时更换。（　　）
3. 采用科目汇总表账务处理程序，不仅可以减少登记总分类账的工作量，而且便于了解各账户之间的对应关系。（　　）
4. 汇总记账凭证账务处理程序在反映账户间的对应关系的同时还可以起到试算平衡的作用。（　　）
5. 任何一种账务处理程序都可以设置三栏式、多栏式或是数量金额式三种格式均可的明细分类账。（　　）
6. 在科目汇总表账务处理程序下，需要设置三栏式或多栏式的现金和银行存款日记账。（　　）
7. 账务处理程序的主要内容包括会计工作人员的岗位设置。（　　）
8. 汇总转账凭证是根据转账凭证按每个会计科目的贷方分别设置并按对应的借方会计科目归类汇总的。（　　）
9. 多栏式日记账账务处理程序可以简化总分类账的核算过程。（　　）
10. 无论采用何种账务处理程序，其登记现金日记账和银行存款日记账的依据都是一样的。（　　）

四、实训题

习题 9-1

（一）目的：练习记账凭证账务处理程序。

（二）资料：SKL企业20××年7月各总分类账户期初余额见资料1,7月份发生的主要经济业务见资料2。

1. 20××年7月各总分类账户期初余额如习题表9.1所示。

习题表9.1　　　　　　　　SKL企业各总分类账户期初余额
20××年7月　　　　　　　　　　　　　　　　　　　　　　　　单位：元

账户名称	借方余额	账户名称	贷方余额
库存现金	450	短期借款	75 000
银行存款	1 100 400	应付账款	211 500
应收票据	15 000	累计折旧	630 000
应收账款	75 000	应交税费	8 250
原材料	263 000	实收资本	2 188 500
库存商品	141 000	盈余公积	150 000
生产成本	19 600	本年利润	207 000
固定资产	1 800 000	利润分配	19 200
无形资产	75 000		
合　　计	3 489 450	合　　计	3 489 450

2. SKL企业20××年7月份发生如下经济业务：

(1) 2日，收到HY厂前欠货款75 000元，存入银行。

(2) 3日，从银行提取现金3 000元备用。

(3) 3日，以现金支付采购员小马的预借差旅费2 400元。

(4) 4日，以银行存款支付前欠FY厂货款211 500元。

(5) 5日，提取现金105 000元，并发放工资。

(6) 9日，向JS厂购入材料一批，买价100 000元，增值税税率13%，款项以银行存款支付，材料已验收入库。

(7) 11日，向DT厂销售产品，总售价164 000元，增值税税率13%，款项尚未收到。

(8) 12日，车间领用材料198 000元，投入生产使用。

(9) 13日，厂部行政管理部门耗用材料3 600元。

(10) 20日，上月份KY公司签发的一张商业承兑汇票计15 000元，以兑现并存入银行。

(11) 23日，采购员小马报销差旅费2 250元，余额以现金退回。

(12) 25日，从银行提取现金4 600元备用。

(13) 25日，以现金支付车间办公费2 800元，厂部行政办公费1 800元。

(14) 26日，以银行存款支付广告费10 000元。

(15) 27日，从银行取得短期借款60 000元，存入银行。

(16) 31 日,以银行存款支付固定资产修理费 8 800 元,其中生产车间应负担 5 700 元,厂部行政管理部门应负担 3 100 元。

(17) 31 日,计提本月固定资产折旧费 30 000 元,其中生产车间负担 20 000 元,厂部行政管理部门负担 10 000 元。

(18) 31 日,分配本月份工资,其中生产工人工资 40 000 元,车间管理人员工资 20 000 元,厂部行政管理人员工资 45 000 元。

(19) 31 日,按工资总额的 10% 计提应付福利费。

(20) 31 日,结转本月制造费用。

(21) 31 日,结转本月完工产品成本 300 600 元。

(22) 31 日,结转本月售出产品成本 104 000 元。

(23) 31 日,按当月应交纳的增值税额的 7% 计提应交城市维护建设税,并按当月应交纳的增值税额的 3% 计提应交教育费附加。

(24) 31 日,将本月损益类账户结转至本年利润账户。

(三) 要求:根据所发生的经济业务,采用记账凭证账务处理程序进行账务处理。

1. 编制收款凭证、付款凭证和转账凭证(以会计分录形式表示,并指明凭证种类及号数)。
2. 根据记账凭证逐笔登记现金日记账和银行存款日记账(格式如本书表 9.33 所示)。
3. 根据记账凭证逐笔登记总分类账(格式如本书表 9.37 所示)。
4. 根据核对相符的账簿资料编制资产负债表(格式如本书表 9.64 所示)和利润表(格式如本书表 9.65 所示)。

习题 9-2

(一) 目的:练习科目汇总表账务处理程序。
(二) 资料:沿用习题 9-1 的资料。
(三) 要求:根据所发生的经济业务,采用科目汇总表账务处理程序进行账务处理。

1. 根据习题 9-1 第 1 题已编的记账凭证编制科目汇总表(格式如本书表 9.76 所示)。
2. 根据科目汇总表登记银行存款总分类账(格式如本书表 9.77 所示)。

拓 展 学 习

访问国内外会计软件厂商的网站,了解其产品功能、模块构成和应用环境,为你所熟悉的公司选择合适的会计软件。比较电子计算机会计处理程序与手工记账程序的不同。

第十章

会计工作的组织与管理

 本章教学目标

通过本章的学习,学生应了解会计核算组织工作的意义与要求、会计机构的设置原则与内容;熟悉我国会计人员的资格条件和职称分类;掌握我国会计规范的主要内容与层次划分。

 本章核心概念

会计工作组织;会计机构;集中核算形式;非集中核算形式;会计法;企业会计准则;基本准则;具体准则

 导入

小钱是某高校的会计。一天,赵老师来财务部报销办公室的支出,并提供了各项支出的原始票据。小钱看了后指着两张餐费发票说"学校对接待费支出有严格控制,不允许超出预算",建议赵老师用其他票据如出租车票等来代替。

请带着以下问题进入本章的学习:

(1) 会计职业道德有哪些内容?

(2) 会计小钱违反了哪些会计职业道德?

第一节 会计工作组织的意义与要求

一、会计工作组织的意义

会计是经济管理的重要组成部分,在企业管理中是一项综合性的管理活动,会计工作又是一项系统的工作,同企业其他管理有着密切的关系,并处于重要地位。科学、合理地组织好会计工作,对于顺利完成各项会计任务,保证实现会计目标,充分发挥会计的职能作用等各方面都有着十分重要的意义。

会计工作组织就是根据会计工作的特点,对会计机构的设置、会计工作人员的配备、会计规范的制定与执行等项工作所作的统筹安排。会计工作组织的内容,从广义上说,凡是与组织会计工作有关的一切事物都属于会计工作组织的内容;从狭义的角度看,会计工作组织的内容主要包括会计机构设置、会计人员的配备、会计规范的制定和执行以及会计档案等。合理组织会计工作的意义可以归纳为以下几个方面:

(1) 有利于保证会计工作的质量,提高会计工作的效率。会计工作是一项严密细致的工作,有一连串的记录、计算、分类、汇总和分析,不仅涉及本单位的许多部门和人员,有些工作还涉及外单位,必须加强组织,才能提高效率。

(2) 可以确保会计工作与其他经济管理工作协调一致。会计工作是综合性的经济管理工作,与企业整个经营管理息息相关。会计工作要以生产经营活动为中心,建立健全规章制度,加强组织,相互配合,才能提高企业管理水平。

(3) 可加强各单位内部的经济责任制。会计工作的任务是核算和监督企业、事业、机关等单位的资金运动情况,促使各单位厉行增产节约,加强和完成经济责任制。

总之,会计工作是一项要求极高的综合性经济管理活动,科学、有效地组织和管理会计工作,对于贯彻执行国家的法律、法规,维护财经纪律,建立良好的社会经济秩序都具有十分重要的意义。

二、组织会计工作应符合的要求

要保证科学、有效地组织和管理会计工作,应遵循以下几项要求:

(一) 统一性要求

组织和管理会计工作要符合国家对会计工作的统一要求,按会计法规制度来组织会计工作。各单位的会计核算,既要反映、监督和检查经济活动是否符合党和国家的方针政策,是否符合计划或预算的有关规定,又要为编制和修订计划、预算,制定政策,进行综合平衡提供依据。

(二) 适应性要求

适应性要求是指组织和管理会计工作要适应各单位生产经营特点和实际情况。各单位经济活动的特点,决定着会计核算的内容和特点。国家对组织会计工作的统一要求,是从整个国家的情况和需要出发的。在符合国家统一要求的情况下,各单位必须结合实际情况和具体要求加以组织,才能发挥会计应有的作用。

(三) 效益性要求

效益性要求是指组织和管理会计工作时,在保证核算工作质量的前提下,尽量节约时间和费用。应力求精简、合理,提高工作效率;各种程序和手续要切合实际,避免烦琐;会计凭证、账簿、报表的设计,会计机构的设置,会计人员的配备,也都要符合以上要求。

(四) 内部控制及责任制要求

内部控制及责任制要求,是指组织和管理会计工作时,要遵循内部控制的原则,在保证贯彻整个单位责任制的同时,建立和完善会计工作自身的责任制,从现金出纳、财产物资进出以及各项费用的开支等内容形成彼此相互牵制的机制,防止工作中的失误和弊端。对会计工作进行合理分工,不同岗位上的会计人员各司其职,使得会计处理手续和会计工作程序达到规范化、条理化。

综上所述,组织会计工作,应在保证会计工作质量的前提下,尽量节约耗用在会计工作上的时间和费用。会计账、证、表的设计,各种核算程序的选择、有关措施的确定,会计机构的设置和会计人员的配备等,应做到讲成本与讲效益相结合,符合精简节约的原则,既要组织好会计工作,又要减少人、财、物的消耗。

第二节 会 计 机 构

一、会计机构的设置

会计机构是指各企事业单位内部直接从事和组织领导会计工作的职能部门。任何一个企业或其他经济组织,如果没有一个有力的和高效率的会计机构,就不可能对经济业务活动进行有效的反映、管理、监督和控制。我国《会计法》明确规定:"各单位应当根据会计业务的需要,设置会计机构,或者在有关机构中设置会计人员并制定会计主管人员。"可见,建立和健全会计机构,是加强会计工作、保证会计工作顺利进行的重要条件。

我国各类单位为数众多,经营规模、范围、管理形式和特点都不同,因而在会计机构的设置上必须因地因事制宜,不可千篇一律。要根据单位规模的大小和业务量的繁简来确定,并且和单位的组织机构相适应。

单位会计机构的组织,因单位类型不同而有所不同。在大、中型单位,一般单设会计科或处(或财会科、财务科),负责整个单位的会计工作。在某些经营规模大、业务量庞大、会计任务繁重的单位,会计机构还可以在科或处以下再划分科、组,以利于明确职责范围和建立正常的工作秩序。在规模较小、会计业务不多的单位,可不设专门的会计机构,但也应在有关机构中设置会计人员并指定会计主管人员负责和办理会计工作。不具备设置会计机构和会计人员的单位,应当委托经批准设立从事会计代理记账业务的中介机构代理记账。

二、会计工作的组织方式

会计部门承担哪些会计工作,与单位的其他部门部门之间如何分工,这些都与会计工作的组织形式有关。为了科学地组织会计工作,就必须根据单位规模的大小、业务的繁简以及单位内部其他各组织机构的设置情况,来确定企业会计工作的组织形式。会计工作的组织形式一般包括集中核算和非集中核算两种。

(一)集中核算形式

集中核算组织形式,就是单位经济业务的明细核算、总分类核算、会计报表编制和各有关项目的考核分析等会计工作，集中由单位会计部门进行；其他职能部门的会计组织或会计人员，只负责登记原始记录和填制原始凭证，经初步整理，为单位会计部门进一步核算提供资料。

(二) 非集中核算形式

非集中核算组织形式，就是把某些业务的凭证整理、明细核算、有关会计报表，特别是适应单位内部日常管理需要的内部报表的编制和分析，分散到直接从事该项业务的部门进行，如制造业企业材料的明细核算由供应部门及其所属的仓库进行；但总分类核算、全单位性会计报表的编制和分析仍由单位会计部门集中进行。单位会计部门还应对单位内部各单位的会计工作进行业务上的指导和监督。

一个单位实行集中核算还是非集中核算，主要取决于经营管理上的需要。

集中核算与非集中核算是相对的，而不是绝对的。在一个单位内部，对各个业务部门可以根据管理上的要求，分别采取集中核算或非集中核算。此外，集中核算或非集中核算的具体内容和方法也不一定完全相同。但是，无论采取哪一种组织形式，各单位对外的现金收支、银行存款上的往来，应收和应付款项的结算，都应由单位会计部门集中办理。

三、会计工作岗位责任制

(一) 会计工作岗位责任制的含义

会计工作岗位责任制，就是在财务会计机构内部按照会计工作的内容和会计人员的配备情况，进行合理的分工，使每项会计工作都有专人负责，每位会计人员都能明确自己的职责的一种管理制度。为了科学地组织会计工作，应建立健全会计部门内部的岗位责任制，将会计部门的工作划分为若干个工作岗位，并根据分工情况为每个岗位规定其各自的职责和要求。分工可以一人多岗或者一岗多人。但出纳人员不得兼任稽核、会计档案保管和收入、费用、债券账务账目的登记工作。会计人员的工作岗位应当有计划地进行轮换。各个岗位的会计人员，既要认真履行本岗位职责，又要从企业全局出发，相互协作，共同做好会计工作。

(二) 会计工作岗位的设置

不同的单位，可以根据自身管理的需要、业务的内容以及会计人员配备情况，确定各自的岗位分布。会计工作岗位可设置为：

第一类是业务工作岗位，有出纳、财产物资核算、工资核算、成本费用核算、财务成果核算、资金核算、往来核算、稽核、档案管理等九大类。实行会计电算化的单位还可以设置相应的工作岗位，如电脑数据维护、数据录入等。会计工作岗位可以一人一岗、一人多岗或一岗多人，但出纳人员不得兼管稽核、会计档案保管和收入、费用、债权债务账目的登记。会计工作岗位应当定期进行轮换。

第二类是单位中层领导的会计机构负责人，一般大中型企事业单位设置为财务部经理、财务部部长、财务科科长、财务处处长等。担任此项职务需要具有会计师专业技术职务资格,主管一个重要方面的财务会计工作时间两年以上。

第三类是单位高层领导的总会计师,《会计法》规定,国有和国有资产占控股或主导地位的大中型企业必须设总会计师职位。担任总会计师职务需要取得会计师专业技术职务资格以后,再主管一个单位或单位内部一个重要方面的财务会计工作时间三年以上。有不少外企、私企设置为财务总监、CFO 的,其职责与国企的总会计师虽不完全一致,但同属企业高层领导。

会计工作岗位的设置并非是固定模式,企事业单位可以根据自身的需要设置。总之,应做到各项会计工作有岗有责,各司其职。必要时可以将各岗位人员进行适当的轮换,以便于提高会计人员的综合能力,也有利于各岗位之间的相互协调与配合。

第三节 会 计 人 员

会计人员通常是指在国家机关、社会团体、公司、企事业单位和其他组织中专门从事财务会计工作、处理会计业务、完成会计任务的人员,包括一般会计人员和出纳员、会计主管人员和会计机构的负责人等。合理地配备会计人员,提高会计人员的综合素质是每个单位做好会计工作的决定性因素,对会计核算管理系统的运行起着关键的作用。各企业事业和机关等单位的会计机构,都必须根据实际需要配备一定数量的会计人员。

为了使会计人员充分发挥其积极性,使会计人员在工作时有明确的方向和办事准则,更好地完成会计的各项工作任务,就应当明确会计人员的职责、权限和任免的各项规定。

一、会计人员的职责

根据《会计法》的规定,会计人员的主要职责主要包括以下几个方面:

(一) 进行会计核算

会计人员应当按照会计制度的规定,切实做好记账、算账、报账工作。各单位必须根据实际发生的经济业务事项进行会计核算,要认真填制和审核原始凭证,编制记账凭证,登记会计账簿,正确计算各项收入、支出、成本、费用、财务成果。按期结算、核对账目,进行财产清查,在保证账证相符、账账相符、账实相符的基础上,按照手续完备、数字真实、内容完整的要求编制和报出财务会计报告。

(二) 实行会计监督

实行会计监督,就是通过会计工作,对本单位的各项经济业务和会计手续的合法性、合理性进行监督。对不真实、不合法的原始凭证不予受理,对账簿记录与实物、款项不符的问题,应按有关规定进行处理或及时向本单位领导人报告;对违反国家统一的财政制度,财务规定的收支不予受理。同时,各单位必须依照法律和国家有关规定,接受财政、审计、税务机关的监督,如实提供会计凭证、会计账簿、会计报表和其他会计资料以及有关情况。

各单位应当建立、健全本单位内部会计监督制度。单位内部会计监督制度应当符合下列要求：

(1) 记账人员与经济业务事项和会计事项的审批人员、经办人员、财物保管人员的职责权限应当明确，并相互分离、相互制约。

(2) 重大对外投资、资产处置、资金调度和其他重要经济业务事项的决策和执行的相互监督、相互制约程序应当明确。

(3) 财产清查的范围、期限和组织程序应当明确。

(4) 对会计资料定期进行内部审计的办法和程序应当明确。

(三) 编制财务计划及财务预算，并考核、分析其执行情况

会计人员应根据会计资料并结合其他资料，按照国家各项政策和制度规定认真编制并严格执行财务计划、预算，遵照经济核算原则，定期检查和分析财务计划、预算的执行情况。遵守各项收支制度、费用开支范围和开支标准，合理使用资金，考核资金使用效果等。

(四) 拟定本单位办理会计事项的具体办法

会计主管人员应根据国家的有关会计法规、准则和其他相关规定，结合本单位具体情况，制定本单位办理会计事项的具体办法，包括会计人员岗位责任制度、钱账分管制度、内部稽核制度、财产清查制度、成本计算办法、会计政策的选择以及会计档案的保管制度等。

(五) 办理其他会计事项

这一条为现代会计管理与实务的应用、发展留下了余地。

二、会计人员的主要权限

为了保障会计人员更好地履行其职责，《会计法》及其他相关法规在明确了会计人员职责的同时，也赋予了会计人员相应的权限，具体有以下三个方面的权限：

(1) 会计人员有权要求本单位有关部门、人员认真执行国家批准的计划、预算，即督促本单位有关部门严格遵守国家财经纪律和财务会计制度。如果本单位有关部门有违反国家法规的情况，会计人员有权拒绝付款、拒绝报销或拒绝执行，并及时向本单位领导或上级有关部门报告。

(2) 会计人员有权履行其管理职能，参与本单位编制计划、制订定额、对外签订经济合同，参加有关的生产、经营管理会议和业务会议。即会计人员有权以其特有的专业地位参加企业的各种管理活动，了解企业的生产经营情况，并提出自己的建议。

(3) 会计人员有权对本单位各部门进行会计监督和检查。即会计人员有权监督、检查本单位内部有关部门的财务收支、资金使用和财产保管、收发、计量、检验等情况，本单位有关部门要大力协助会计人员的工作。

会计人员在正常工作过程中的权限是受法律保护的，任何人干扰、阻碍会计人员依法行使其正当权利，都会受到法律的追究乃至制裁。

三、会计人员的任职要求

(一) 会计人员的职称划分与评价标准

为了充分调动会计人员的积极性,不断提高其业务水平,发挥其在会计工作中的作用,国家规定:对企事业和行政机关等单位的会计人员,依据其学历、从事财务工作的年限、业务水平和工作成绩,并通过专业技术资格考试和评审后,可以确定专业技术职称。根据《关于深化会计人员职称制度改革的指导意见》(人社部发〔2019〕8号,以下简称《指导意见》)规定,目前会计专业职称分别定为:助理会计师、会计师、高级会计师、正高级会计师。其中助理会计师是初级职称;会计师是中级职称;高级会计师和正高级会计师为高级职称。

会计人员参加各层级会计人员职称评价必须具备的基本条件有:① 遵守《中华人民共和国会计法》和国家统一的会计制度等法律法规;② 具备良好的职业道德,无严重违反财经纪律的行为;③ 热爱会计工作,具备相应的会计专业知识和业务技能;④ 按照要求参加继续教育。

除必须达到上述标准条件外,还应分别具备以下条件:

1. 助理会计师

(1) 基本掌握会计基础知识和业务技能。

(2) 能正确理解并执行财经政策、会计法律法规和规章制度。

(3) 能独立处理一个方面或某个重要岗位的会计工作。

(4) 具备国家教育部门认可的高中毕业(含高中、中专、职高、技校)以上学历。

2. 会计师

(1) 系统掌握会计基础知识和业务技能。

(2) 掌握并能正确执行财经政策、会计法律法规和规章制度。

(3) 具有扎实的专业判断和分析能力,能独立负责某领域会计工作。

(4) 具备博士学位;或具备硕士学位,从事会计工作满1年;或具备第二学士学位或研究生班毕业,从事会计工作满2年;或具备大学本科学历或学士学位,从事会计工作满4年;或具备大学专科学历,从事会计工作满5年。

3. 高级会计师

(1) 系统掌握和应用经济与管理理论、财务会计理论与实务。

(2) 具有较高的政策水平和丰富的会计工作经验,能独立负责某领域或一个单位的财务会计管理工作。

(3) 工作业绩较为突出,有效提高了会计管理水平或经济效益。

(4) 有较强的科研能力,取得一定的会计相关理论研究成果,或主持完成会计相关研究课题、调研报告、管理方法或制度创新等。

(5) 具备博士学位,取得会计师职称后,从事与会计师职责相关工作满2年;或具备硕士学位,或第二学士学位或研究生班毕业,或大学本科学历或学士学位,取得会计师职称后,从事与会计师职责相关工作满5年;或具备大学专科学历,取得会计师职称后,从事与会计师职责相关工作满10年。

4. 正高级会计师

(1) 系统掌握和应用经济与管理理论、财务会计理论与实务,把握工作规律。

(2) 政策水平高,工作经验丰富,能积极参与一个单位的生产经营决策。

(3) 工作业绩突出,主持完成会计相关领域重大项目,解决重大会计相关疑难问题或关键性业务问题,提高单位管理效率或经济效益。

(4) 科研能力强,取得重大会计相关理论研究成果,或其他创造性会计相关研究成果,推动会计行业发展。

(5) 一般应具有大学本科及以上学历或学士以上学位,取得高级会计师职称后,从事与高级会计师职责相关工作满5年。

(二) 会计人员的任职资格评价方式

从事一定的会计工作必须具备一定的任职资格,我国会计人员任职资格是通过全国统一考试或评审进行认定的。目前,我国从事会计工作的资格评价有两大类,即会计专业技术资格评价和注册会计师资格评价。

1. 会计专业技术资格评价

会计专业技术资格是聘任会计职务的前提条件,人社部的《指导意见》规定:会计专业技术资格综合采用考试、评审、考评结合等多种评价方式,建立适应不同层级会计工作职业特点的评价机制。助理会计师、会计师实行全国统一的会计专业技术资格考试;高级会计师采取考试与评审相结合方式;正高级会计师一般采取评审方式。

我国会计技术资格考试分为三个等级:初级资格、中级资格和高级资格。取得初级资格的考试科目为:初级会计实务、经济法基础,参加初级资格考试的人员必须在一个考试年度内通过全部科目的考试;取得中级资格的考试科目为:中级会计实务、财务管理、经济法,中级资格考试以两年为一个周期,参加考试的人员必须在连续的两个考试年度内通过全部科目的考试;取得高级资格考试科目为:高级会计实务。

2. 注册会计师的资格评价

根据《中华人民共和国注册会计师法》的规定,我国实行注册会计师统一考试制度,具备注册会计师技术资格并满足一定的其他条件才可能成为注册会计师,才可以从事注册会计师工作。根据规定,具有高等专科以上学历或者具有会计或相关专业(指审计、统计、经济)中级以上技术职称的中国公民,均可参加注册会计师全国统一考试。考试划分为专业阶段考试和综合阶段考试。考生在通过专业阶段考试的全部科目后,才能参加综合阶段考试。

专业阶段考试设会计、审计、财务成本管理、公司战略与风险管理、经济法、税法6个科目。专业阶段考试的单科考试合格成绩5年内有效。对在连续5个年度考试中取得专业阶段考试全部科目考试合格成绩的考生,财政部考委会颁发注册会计师全国统一考试专业阶段考试合格证书。

综合阶段考试设职业能力综合测试1个科目。综合阶段考试科目应在取得注册会计师全国统一考试专业阶段考试合格证书后5个年度考试中完成。对取得综合阶段考试科目考试合格成绩的考生,财政部考委会颁发注册会计师全国统一考试全科考试合格证书。

考试合格并从事审计业务工作2年以上的,可以向省、自治区、直辖市注册会计师协会申请注册,成为注册会计师。

四、会计人员的职业道德

职业道德是就职人员的职业品质、工作作风和工作纪律的统一。会计人员职业道德是指在一定的社会经济条件下,对会计职业行为及职业活动的系统要求或明文规定,它是社会道德体系的一个重要组成部分,是职业道德在会计职业行为和会计职业活动中的具体体现。它要求会计人员在其工作中正确处理人与人之间、个人与社会之间关系的行为规范和准则。它体现了社会主义经济利益对会计工作的要求,是会计人员在长期实践中形成的。加强会计职业道德建设,提高会计人员的道德素质,对于正确贯彻国家有关政策法令,加强企业管理,提高经济效益,具有十分重要的意义。

根据我国会计工作和会计人员的实际情况,结合国际上对会计职业道德的一般要求,我国会计人员职业道德的内容可以概括为爱岗敬业、诚实守信、廉洁自律、客观公正、坚持准则、提高技能、参与管理、强化服务。

(一) 爱岗敬业

爱岗就是会计人员热爱本职工作,安心本职岗位,并为做好本职工作尽心尽力、尽职尽责。敬业是指会计人员对其所从事的会计职业的正确认识和恭敬态度,并用这种严肃恭敬的态度,认真地对待本职工作,将身心与本职工作融为一体。

(二) 诚实守信

诚实守信要求会计人员谨慎,信誉至上,不为利益所诱惑,不伪造账目,不弄虚作假,如实反映单位经济业务事项。同时,还应当保守本单位的商业秘密,除法律规定和单位领导人同意外,不得私自向外界提供或者泄露本单位的会计信息。

(三) 廉洁自律

廉洁自律要求会计人员必须树立正确的人生观和价值观,严格划分公私界限,做到不贪不占,遵纪守法,清正廉洁。要正确处理会计职业权利与职业义务的关系,增强抵制行业不正之风的能力。

(四) 客观公正

客观是指会计人员开展会计工作时,要端正态度,依法办事,实事求是,以客观事实为依据,如实地记录和反映实际经济业务事项,会计核算要准确,记录要可靠,凭证要合法。公正是指会计人员在履行会计职能时,要做到公平公正,不偏不倚,保持应有的独立性,以维护会计主体和社会公众的利益。

（五）坚持准则

坚持准则要求会计人员熟悉财经法律、法规和国家统一的会计制度,在处理经济业务过程中,不为主观或他人意志左右,始终坚持按照会计法律、法规和国家统一的会计制度的要求进行会计核算,实施会计监督,确保所提供的会计信息真实、完整,维护国家利益、社会公众利益和正常的经济秩序。

（六）提高技能

提高技能要求会计人员通过学习、培训和实践等途径,不断提高会计理论水平、会计实务能力、职业判断能力、自动更新知识的能力、提高会计信息能力、沟通交流能力以及职业经验。运用所掌握的知识、技能和经验,开展会计工作,履行会计职责,以适应深化会计改革和会计国际化的需要。

（七）参与管理

参与管理要求会计人员在做好本职工作的同时,树立参与管理的意识,努力钻研相关业务,全面熟悉本单位经营活动和业务流程,主动向领导反映经营管理活动中的情况和存在的问题,主动提出合理化建议,协助领导决策,参与经营管理活动,做好领导的参谋。

（八）强化服务

强化服务要求会计人员具有强烈的服务意识、文明的服务态度和优良的服务质量。会计人员必须端正服务态度,做到讲文明、讲礼貌、讲信誉、讲诚实,坚持准则,真实、客观地核算单位的经济业务,努力维护和提升会计职业的良好社会形象。

以上八项,是每一个会计从业者在会计工作中应具备的基础职业道德,会计从业者应在实践中自觉遵循,会计人员违反职业道德的,由所在单位进行处罚,情节严重的,由会计证发证机关吊销其会计证。

本章"探究与发现"参考答案

> **探究与发现**
>
> 通过上述学习,你是否对"导入"所提出的问题进行了相关思考？你认为问题(1)和(2)该分别如何作答？

第四节 会 计 规 范

会计规范是指人们在从事与会计有关的活动时,所应遵循的约束性或指导性的行为准则。从会计规范的形成看,可以分为两大类：一类是在实践中自发形成的,另一类是人们通过一定程序方式制定的。前者是人们在会计活动中逐步形成的习惯、规则和惯例,它是非强制性的；后者则是由权威人士或专业机构在自发形成的惯例基础上经过归纳、提炼、抽象及引申后形成的。一般而言,自发形成的会计规范,多具有原始、初级和缺乏条理的特征,在会计发展的早期,这种规范一直处于主导地位。随着经济的发展和会计地位的提升,自觉的会计规范占据了统治地位,它比前者无论在形式上还是内容上都前进了一大步,表现出更强的可操作性。

我国企业会计工作的基本规范由会计法律、企业会计准则以及其他会计法规构成。

一、会计法

第一层次是会计基本法,即《中华人民共和国会计法》(简称《会计法》),它是会计核算工作最高层次的法律规范,是制定其他各层次会计法规的依据,是会计工作的基本法。因此,《会计法》也被称为是一切会计法规制度的"母法"。该法于1985年1月21日由第六届人民代表大会常务委员会第九次会议决议通过,并于同年5月1日起施行,目的是加强会计工作,保障会计人员依法行使职权,发挥会计工作的作用。《会计法》对会计工作的主体、客体、方法程序等做了规定,明确财政部是我国会计工作的最高政府管理部门。《会计法》自1985年发布实施以来,特别是经过1999年修订和1993年、2017年两次修正后,在规范会计行为、提高会计信息质量、维护市场经济秩序、推进法治社会建设方面发挥了重要作用。然而,近年来,随着我国全面深化改革的持续推进,《会计法》的实施环境已经发生了重大变化,经济社会发展和会计改革工作中的新情况、新问题亟需以法律形式加以明确和规范,要求我们修订完善《会计法》,以良法促进发展、保障善治,因此,财政部在2019年10月21日发布了《中华人民共和国会计法修订草案(征求意见稿)》,对会计法进行第二次修订。

《会计法》是一项重要的经济法规,是制定其他一切会计法规、制度、方法、手续、程序等的法律依据,它涉及会计工作的各个方面,2019年发布的征求意见稿主要包括:

(1) 总则部分。总则说明了会计法的作用、适用范围、会计人员行使职权的保障措施、会计工作的管理体制等内容。如总则中规定,国务院财政部门主管全国的会计工作,县级以上地方各级人民政府的财政部门管理本行政区域内的会计工作,特别强调了单位负责人对本单位的会计工作和会计资料的真实性、完整性负责。

(2) 会计核算部分。本部分规定了会计核算的内容和要求。《会计法》规定了会计核算的基本内容,如资产、负债、净资产的增减变动;收入、支出、费用的增减变动;财务成果的计算和处理;等等。为了保证会计信息的质量,《会计法》规定了对填制会计凭证、登记会计账簿、编制财务报表等会计核算全过程的基本要求。这是保证会计信息符合国家宏观经济信息管理来要求,满足有关各方了解企业财务状况和经营成果以及企业加强内部经营管理需要的重要条件。

(3) 会计监督部分。本部分规定了会计监督实行的原则。单位通过内部控制、内部审计等手段,确保会计凭证、会计账簿、财务会计报告和其他会计资料真实、完整;单位负责人应当保证会计机构、会计人员依法履行职责,不得授意、指使、强令会计机构、会计人员违法办理会计事项。会计机构、会计人员对违反本法和国家统一的会计制度规定的会计事项,有权拒绝办理或者按照职权予以纠正。会计机构、会计人员发现会计账簿记录与实物、款项及有关资料不相符的,按照国家统一的会计制度的规定有权自行处理的,应当及时处理;无权处理的,应立即向单位负责人报告请求查明原因,作出处理。单位还必须接受会计师事务所的审计,国家有关部门依法实施的监督检查。

(4) 会计机构和会计人员部分。本部分规定了会计机构的设置和会计人员的配备。《会计法》规定了会计机构的设置、会计人员的配备、会计人员所必须具备的素质,以及会计机构、会计人员的职责等。

(5) 法律责任部分。本部分规定了违反会计法的法律责任。《会计法》规定了单位负责人、会计人员违反会计法应负的法律责任,会计人员受理不合法、不真实的原始凭证应负的法律责任,以及单位负责人打击报复会计人员、财政部门及有关行政的工作人员滥用职权等应负的法律责任。

(6) 附则部分。本部分主要包括对本法中所涉及的国家统一的会计制度、代理记账等术语的解释以及一些特殊机构、特殊监管的规定。

二、企业会计准则

第二层次是会计准则。企业会计准则经国务院批准,由主管国家会计工作的财政部依据会计法制定和颁布,是统一会计核算标准、保证会计信息质量的基本准则。现行的企业会计准则包括适用于小企业的《小企业会计准则》和适用于小企业外其他企业的《企业会计准则》。

《企业会计准则》包括基本准则、具体准则和应用指南三个层次。

基本准则是进行会计核算工作必须共同遵守的基本要求,体现了会计核算的基本规律。会计准则中的基本准则由总则、会计信息质量要求、会计要素准则、会计计量和财务会计报告组成,是对会计核算要求所作的原则性规定。它具有覆盖面广、概括性强等特点。基本会计准则还是制定具体准则的主要依据和指导原则。

具体准则是根据基本准则的要求,对经济业务的会计处理作出具体规定的准则。它的特点是操作性强,可以据其直接组织该项业务的核算。

应用指南是对具体准则涉及的重点难点问题提供释例和操作指引。

到目前为止,我国财政部已经颁布了1项基本准则,42项具体会计准则,36项应用指南和13个解释公告。会计准则填补了我国市场经济条件下新型经济业务会计处理规定的空白,提高了会计准则的国际化,使会计准则更具趋同性,减少了中国投资人了解境外上市公司以及境外投资人了解中国上市公司的成本,消除了相互之间理解会计政策与会计信息的隔阂,必将促进国际间的贸易与投资活动。

三、其他会计法规

我国还颁布了会计从业人员的法规和会计工作的法规、制度。关于人员规定的法规包括:《会计人员职权条例》《中华人民共和国注册会计师法》《总会计师条例》,以及有关会计交接工作的规定和会计人员技术职称等规定。关于会计工作的法规、制度包括:《会计基础工作规范》《会计档案管理办法》等。

本 章 小 结

为了保证会计工作的顺利进行,充分发挥会计管理的作用,必须合理组织好会计的工作。会计工作的组织,包括会计机构的设置、会计人员的配备及会计规范的制定与执行。

会计机构是直接从事和组织领导会计工作的职能部门。一般来说,在大、中型单位,一般单设会计部、处或科(或财会部、处或科),负责整个单位的会计工作。在会计机构内部可根据会计业务需要设置会计工作岗位;在规模较小、会计业务量不多的单位,可不设专门的会计机构,但也应在有关机构中设置会计人员并指定会计主管人员,负责和办理会计工作;对不具备设置会计机构和会计人员的单位,应当委托经批准设立从事会计代理记账业务的中介机构代理记账。

对于本单位发生的经济业务,会计机构和人员对其组织核算一般有两种形式:集中核算和非集中核算。

会计人员是在企事业及会计师事务所等单位专门从事会计工作的人员。单位会计人员是指在企业、行政事业单位从事会计工作的人员,包括总会计师、会计机构负责人或会计主管及一般会计人员。注册会计师是会计师事务所从事审计和会计咨询服务的会计人员。会计人员在会计工作中必须遵守爱岗敬业、诚实守信、廉洁自律、客观公正、坚持准则、提高技能等职业道德规范。

会计规范是一套规范、约束会计工作的法律、法规和制度的总称。根据我国法律规范体系的构成和层次,我国企业的会计规范是由会计法、会计准则和其他会计法规构成的。

本章思考题

1. 会计工作的组织内容是什么?
2. 简述会计人员职业道德的内容。
3. 我国会计规范体系包括哪几个层次?
4. 简述我国会计准则体系的内容。

本章练习题

一、单项选择题

1. 我国现行的会计准则提高了对会计国际化的要求,使会计准则更具有(　　)。
   A. 趋同性　　　　B. 实践性　　　　C. 一致性　　　　D. 统一性

2. 会计人员违反职业道德,由( )进行处罚,情节严重的由会计证发证机关( )。

　　A. 公安机关;处罚　　　　　　　　　B. 税务机关;处罚

　　C. 工商管理部门;处罚　　　　　　　D. 所在单位处罚;吊销会计证

3. 《会计法》总则中特别强调了( )对本单位的会计工作和会计资料的真实性、完整性负责。

　　A. 单位负责人　　　B. 会计　　　　　C. 出纳　　　　　D. 会计部门

4. 在一个单位内部,对各个业务部门可以( )。

　　A. 分别采用集中核算和非集中核算　　B. 都采用集中核算

　　C. 都采用非集中核算　　　　　　　　D. 统一用一种核算的组织形式

5. 在一些规模小、会计业务简单的单位,应( )。

　　A. 不设专职人员　　　　　　　　　　B. 在单位领导机构中设置会计人员

　　C. 在有关机构中配备专职人员　　　　D. 单独设置会计机构

6. 下列不属于会计专业职务的是( )。

　　A. 助理会计师　　　　　　　　　　　B. 高级会计师

　　C. 会计师　　　　　　　　　　　　　D. 总会计师

7. 在大、中型企业,领导和组织企业会计工作的是( )。

　　A. 高级会计师　　　B. 经理　　　　　C. 厂长　　　　　D. 总会计师

二、多项选择题

1. 我国现行的会计准则由( )构成。

　　A. 基本准则　　　　　　　　　　　　B. 具体准则

　　C. 应用指南　　　　　　　　　　　　D. 会计法

2. 会计人员的职业道德包括( )。

　　A. 熟悉财经的法律、法规、规章和国家统一的会计制度

　　B. 提供合法、真实、准确、及时、完整的会计信息

　　C. 实事求是、客观公正的办理会计事项

　　D. 保守本单位的商业秘密

3. 我国《会计法》规定,对于( )应当办理会计手续,进行会计核算。

　　A. 资产、负债、净资产的增减变动　　B. 收入、支出、费用的增减变动

　　C. 财务成果的计算和处理　　　　　　D. 其他需要办理的会计事项

4. 会计人员的职责有( )。

　　A. 实行会计监督

　　B. 进行会计核算

　　C. 编制各项财务预算,考核和分析其执行情况

　　D. 拟定本单位办理会计事项的具体办法和制度

5. 无论采用集中核算还是非集中核算,(   )都应由厂级会计部门进行。
   A. 总分类核算   B. 编制对外会计报表
   C. 填制原始凭证   D. 对外的货币资金收支和债权债务结算
6. 会计工作的组织主要包括(   )。
   A. 会计规范的建立   B. 会计机构的设置
   C. 会计工作的废止   D. 会计人员的配备

三、判断题

1. 会计人员违反职业道德由税务部门处罚,情节严重的由会计证发证机关吊销会计证。（   ）
2. 基本会计准则是会计工作的基本法。（   ）
3. 我国的《会计法》规定,企业的会计确认标准、计量方法一经确定不可改变。（   ）
4. 各个企业和行政、事业单位都必须单独设置专职的会计机构。（   ）
5. 实行会计工作岗位制,可以一岗多人,也可以一岗一人或一人多岗。（   ）
6. 会计制度是处理会计业务的标准和准绳。（   ）
7. 会计机构负责人除了要达到会计人员的要求外,还必须具备会计师以上专业技术职务资格。（   ）
8. 无论采取集中核算还是非集中核算,各单位对外的现金收支、银行存款上的往来,债权和债务的结算,都应由会计部门集中办理。（   ）

拓 展 学 习

访问财政部会计准则委员会网站(https://www.casc.org.cn/),了解企业会计准则的构成及具体内容。

参考文献与推荐阅读书目

1. 任永平等：《基础会计学》（第二版），立信会计出版社 2010 年版。
2. 陈国辉、迟旭升：《基础会计》（第六版），东北财经大学出版社 2018 年版。
3. 张捷、刘英明：《基础会计》（第六版），中国人民大学出版社 2019 年版。
4. 吴国萍：《基础会计学》（第五版），上海财经大学出版社 2019 年版。
5. 段华：《基础会计理论与实务》，复旦大学出版社 2015 年版。
6. 中华人民共和国财政部：《企业会计准则》（合订本），经济科学出版社 2020 年版。
7. 企业会计准则编审委员会：《企业会计准则详解与实务：条文解读＋实务应用＋案例讲解》（2021 年版），人民邮电出版社 2021 年版。
8. 中华人民共和国财政部：《会计基础工作规范》（中华人民共和国财政部令第 98 号）。
9. 平准：《会计基础工作规范详解与实务：条文解读＋实务应用＋案例详解》（第二版），人民邮电出版社 2021 年版。